아내의 미소

아내의 미소

초판 1쇄 인쇄 2019년 6월 30일
초판 1쇄 발행 2019년 7월 05일

지은이 | 정창순
펴낸이 | 김경옥
디자인 | 류요한
펴낸곳 | 도서출판 온북스

등록번호 | 제 312-2003-000042호
등록일 | 2003년 8월 14일
주소 | 서울시 은평구 은평로 194-6, 502호
전화 | 02-2263-0360
팩스 | 02-2274-4602

ISBN 978-89-92364-53-9 03810

정 창 순 수 필 집

아내의 미소

온북스
ONBOOKS

"농사나 짓지"

누구나 쉽게 하는 말들입니다. 그런 걸 보면 농사란 정말 하찮은 것이고 누구에게나 쉬운 모양입니다. 나는 그런 농사에 평생을 매달려 살아왔습니다. 그런데도 농사란 늘 힘들고 어렵기만 했습니다. 농부로 살아가는 것을 한 번도 자랑스럽게 생각해 본 일은 더욱 없었습니다.

수렁논 몇 마지기에 매달려 오리 길이 넘는 골짜기를 오가며 벼농사를 짓던 아버지께서 골짜기 위쪽의 자그마한 배 과수원을 사 가지고 이사를 하시는 바람에 나는 어린 시절부터 배 과수원에서 자라게 되었습니다.

나는 애초에 배 농사를 지으며 살겠다는 생각은 없었습니다. 그러기에 몇 번인가 배 과수원을 버리고 뛰쳐나갔으나 결국은 제자리로 돌아오고는 했었습니다, 실은 무능했던 내가 밀리고 밀려서 제자리로 돌아온 것입니다. 그러다 보니 나도 모르게 배 농사를 짓는 농부가 되어버린 것입니다. 그렇게 한세상 농부로 살아왔습니다.

젊은 시절, 한때는 문학에 심취하여 밤잠을 설치기도 했었으나 결혼하고 아이들이 생기자 현실로 돌아와 모든 것을 접고 흙을 일구며 살아왔습니다. 뒤늦게, 아이들이 모두 성장하여 제자리를 찾고 나이 쉰을 바라보게 되면서 농부로서 틀이 잡혀가기 시작할 즈음, 우연히 눈에 들어온 잡지의 문예작품 현상공모전에 수필을 투고하여 당선이 되었습니다. 그렇게 해서 잠자고 있던 문학에 대한 열망이 다시 일어났고, 월간 <시문학> 신인 우수작품상을 통하여 시인으로도 등단하기에 이르렀습니다. 그러나 지금까지도 나는 농부의 본분을 잊지 않고 있습니다.

이번에 묶은 몇 편의 수필들은 읽어보시라 권하기에는 아직 수준에 미치지 못하겠으나 제가 농사일 틈틈이 써놓았던 것입니다. 그러기에 고향의 흙냄새는 배어 있으리라는 생각에서, 고향의 흙냄새를 조금이라도 맡아보시라는 마음으로 출간을 하게 되었습니다. 잠시 시간을 내어 읽어주신다면 감사하겠습니다.

배나무 밭 "석일농원"에서

정 창 순 드림

사랑의 의미를 펴다

임 무 정(문학평론가)

수필가 정창순 님이, 산문집 <아내의 미소>를 상재한다.

아내 사랑의 화신인 정창순 님은 고향의 흙냄새를 맡으며 시상을 가다듬은 선비다. 너른 배밭 등성이를 지키는 푸른 바람이다.

개구리참외로, 지금은 성환 배로 유명한 배 특산지 성환에서 태어나 자란 그는 가족사에 남다른 애착을 갖고 성장했다.

일찍이 여러 차례 문예지 등에 당선되는 당당한 필력의 소유자이기도 한 그는 한동안 완전히 문학과 절연하고 농경 생활에 매달렸으나, 끈질긴 문학에의 집념은 그를 다시 문학의 산문, 수필의 세계로 이끌어 내어 해외 기행문도 집필한다.

그의 작품은 아내 사랑, 향토적 인간 고독, 유년의 뿌리 찾기인 고향 이미지와 인간의 실존적 의미를 긍정하는 의미를 담고 있다. 다시 말해 이 작가의 창작열의 원천은 사랑의 어울림이다.

이런 측면에서 생활 서정시인이자 작가인 정창순 님의 이 작품은 튼실한 휴머니즘의 메시지를 담고 있다.

1부 아내의 미소

목 차

2부 농촌 일기

3부 길 위에서

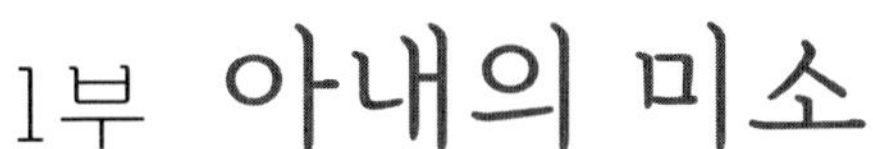

1부 아내의 미소

105동에서 만난 사람들

아내가 중환자실에서 다시 일반실로 올라가게 되어 마음이 놓였다. 입원실은 105동에 있는 6인실이다. 병원에서 6인실 병상은 언제나 부족하여 배정받기가 어려웠으나 수술을 받고서 치료를 더해야 할 환자들은 원무과에서 6인실로 배정하여 주었다. 6인실에 있으면 입원비 걱정을 덜 수 있는 데다 무료하지 않아서 좋았다. 거기다 이번에는 6인실로 옮길 때마다 창 곁의 병상이 돌아왔다. 여섯 개의 병상이 한쪽에 세 개씩 마주 보고 배치되어 있는데 그중에 3병상과 4병상은 창 곁의 병상이 된다. 창 곁의 병상으로 배정받으면 조금 공간을 넓게 쓸 수 있는 데다 아무 때나 창밖을 내다볼 수 있어 무료함을 달랠 수 있었다.

수술 후 복강에 고이는 불순물을 뽑아내기 위하여 연결한 몇 개의 가는 호스 끝에 오물 주머니들이 대롱대롱 매달렸다. 아내는 하루하루 점차 회복되어 가고 있었다. 오물 주머니를 몇 개인가 허리에 매달고도 조금씩 운동을 시작한 아내는 오물 주머니를 하나씩 뽑아내기 시작하면서 제법 멀리까지 복도를 돌아다니고 있었다. 그리되니 간병을 하던 나 역시 긴장이 풀리면서 마음이 차분하게 가라앉아 갔다.

아침나절 환자가 퇴원하여 비워졌던 맞은편 4병상에 다른 환자가 왔다. 그런데 그 자리에 다시 온 환자가 2인실에서 한동안 같이 있었던 장정회 님이다. 그분은 친정 오라버님에게 간을 나눠주기 위한 이식수술을 끝내고 6인실로 배정받아 오게 된 것이다. 처음 2인실에서 만났던 사람과 수술이 끝나서 다시 6인실에서 만나게 되니 반가웠다.

105동은 서울아산병원 신관 10층에 있는 병동이다. 10층에는 1병동에서 6병동까지 모두 여섯 개의 병동이 있다. 그런데 104병동에는 간이식 환자들이 따로 입원하고 있는 병실이 있다. 그곳을 지나다 보면 축복받은 사람들이라는 생각이 든다. 그들은 불행하게도 간장에 병을 얻었지만 건강한 사람의 간을 이식받을 수 있어 다시 소중한 삶을 이어 갈 수 있었기 때문이다. 사람의 장기 중에서 유일하게 간장만큼은 손상되었던 곳이 회복될 수 있다고 한다. 간이식 후에라도 섭생을 잘하면 다시 건강한 삶을 살 수도 있을 것이라는 희망을 품을 수도 있을 것이다.

아내와 나는 11층으로 올라가서 운동을 했다. 11층은 1병동에서 6병동까지 통로가 한 번도 끊어지거나 막히지 않고 연결되어 있어 걷기운동을 하기에는 안성맞춤이었다. 우리가 있는 10층에서는 홀수형 엘리베이터가 서질 않기 때문에 계단을 걸어 올라가거나 환자용 엘리베이터를 타야 하는 번거로움이 있었지만 11층으로 한층 올라가서 운동을 하는 때가 많았다.

11층에서 아내를 운동시키기 위해서 복도를 걷다가 청주에서 오신 그 아주머니를 만났다. 아내의 항암제 투여가 끝나고 대장의 종양과 간에 전이된 종양이 있는 간엽을 잘라낸 수술이 있었던 2008년 8월 같은 병실에 있었던 아주머니다. 아주머니는 당뇨가 심해서 수술한 상처가 아물지 않아서 이제껏 퇴원하지 못하고 있다 한다. 걱정스러운 일이 아닐 수 없다. 지방에서 올라와 아직까지 퇴원하지 못하고 있으니 얼마나 힘들 것인가는 짐작하고도 남을 일이었다. 그래서 우울한 마음으로 돌아 나오다가 젊은 부부를 만났는데 아산에서 올라왔다고 한다. 천안과 아산은 한동네 같아서 이웃 사람을 만난 듯 반가웠다. 좀 수척해 보이는 젊은 사람을 그 부인이 부축하여 걷기운동을 하고 있는 중이었다. 자연스레 이야기를 나누다 보니 젊은 사람은 병으로 입원한 것이 아니라 간이 나빠 간이식을 하게 된 출가한 누님에게 자기의 간을 나눠주기 위해서 입원했던 것인데 얼마 전 간이식 수술이 잘 끝나 회복단계에 있다고 말했다.

서울아산병원에서 간이식 수술은 성공률이 매우 높다고 한다. 병원에서는 두 사람의 간을 한 사람에게 이식시켜도 성공을 했다고 한다. 그로 인해 많은 사람들이 죽음의 문턱에서 삶의 빛을 찾고 있는 것이다.

나는 손위 처남 세 분을 간경화로 잃었다. 낚시를 즐겨서 백마강에 늘 낚싯대를 드리우고 있던 둘째 처남이 간경화로 세상을 떠났다, 회갑을 넘기고 분주한 일상에서 조금 물러나 소일하시던 맨 윗분이 같은 병으로 세상을 뜨시고 그때까지만 해도 정정하시던 셋째 처남도 그 뒤를 따랐다. 그랬어도 간이식에 대해서는 생각해본 일도 없었다.

간이식에 대해서는 아내가 대장암으로 서울 아산병원에 입원하면서 알게 된 것이다. 실은 시골에서는 간이식에 대한 생각을 해볼 수도 없었고 그런 치료를 감당할 수 있는 서울아산병원 같은 곳이 있는 줄도 몰랐다. 엄마가 대장암이라는 말에 놀란 작은딸이 허둥지둥 이곳저곳을 수소문하다가 알아냈기에 서울아산병원으로 올 수 있었던 사실이었다. 그날 순천향대학 부속 병원의 소견서 한 장만을 달랑 들고 구급차에 올라 서울아산병원 응급실로 머리를 디밀었으나 입원실을 구하자 간신히 특실을 얻어서 짐을 풀었던 것이다. 그러고 일 년을 넘기고서야 간이식에 대한 것을 어렴풋하게 짐작하게 된 것이다.

모든 것이 지나면 후회뿐이라지만 진작 간이식에 대해서 들어 본 것이 있었다면 적어도 세 분 중에 한 분이라도 생명을 건져 낼 수 있지 않았을까? 후회가 앞선다. 그러면서 다른 사람의 생명을 위해서 자신의 몸 일부를 아낌없이 내줄 수 있는 장정회 님이나 아산에서 올라온 젊은이와 같은 분들의 숭고한 인간애에 저절로 머리가 숙여지며 그런 분들이 있는 한 아직도 이 세상은 살만한 곳이라고 느껴졌다.

가니? 간다!

방학으로 학교를 쉬고 있는 친구를 만나 대폿집에서 거나해져 밖으로 나오니 가로등 불빛 사이로 희끗희끗 눈발이 날렸다. 친구는 택시를 불러줄 터이니 타고 가라고 했으나 고집을 세워 버스 정류장까지 왔다. 읍에서 둔포까지 운행하는 시내버스는 반 시간 간격이어서 한참이나 기다려 버스에 올랐다. 따라와 지켜 섰던 친구는 "잘 가"하면서 손을 들어 흔들었다. "응, 잘 가" 나도 따라서 손을 흔들었다. 버스 창문을 통해 한 손을 외투 주머니에 찌른 채 돌아서는 친구의 뒷모습이 잠깐 보였다.

"잘 가."

수없이 많은 헤어짐의 시간 속에 친구와 나의 입을 통해 동시에 나오던 인사말이었다. 그 무렵부터 그랬었다. 우리는 서로가 헤어짐의 섭섭함을 그 짤막한 말에 실어 냈었다.

나는 마루터기에 있는 삼거리에서 버스를 내려 한동안 걸은 후에야 집이 있는 과수원 샛길로 접어들 수가 있었다. 밤은 솜처럼 가볍게 내리는 눈송이들로 해서 희읍스름했다. 저만치 옛날에는 초가였던 곳에 유리 창문을 통해 전등 불빛이 밝다. 옛날에 친구가 살았던 곳이다. 거기서도 한참이나 더 내려가서 내가 살고 있는 집이 있었다.

집들이 처마를 마주한 아랫마을에서 할아버지 할머니와 같이 살다가 할아버지가 돌아가시게 되어 안양골이라 불리는 산마을 과수원의 아버지와 새어머니한테로 온 것은 내가 초등학교 4학년이던 겨울이었나 보다. 아랫마을에서 할아버지 할머니의 따듯한 보살핌 속에서 또래들과 어울려 지냈던 내게는 이 산마을이 설기만 했었다. 그때만 해도 이곳은 집들이 외따로 있는 데다 군데군데 야산들과 빨건 황토를 들어낸 개간지거나 배나무가 자라고 있는 과수원에는 울타리로 심은 아카시아 나무가 우거져 산속에 홀로 버려진 느낌이었고, 밤이면 집 밖에 있었던 뒷간으로 볼일을 보러 가기가 무서워 망설여지고는 했었다. 또래들과 어울려 살았던 아랫마을이 사뭇 그리워지기만 했었다. 학교 길도 논두렁 밭두렁을 달려 십 리 길이 넘었다.

그러던 어느 날이었다. 학교에 가려고 집을 나서는데 윗집으로 난 과수원 사잇길을 급하게 달려오던 내 또래 아이를 마주치게 되었다. 아이는 잠시 멈칫하더니 오뚝한 코밑으로 얇은 입술에 장난스런 웃음을 흘리며 내 앞을 질러 등성이 길을 내려갔다. 나는 뜻밖의 일이라 주저하다가 그 아이 뒤를 쫓아 내달렸다. 내가 달려가자 그 아이는 되돌아서 얼굴 가득 웃음을 담고 기다렸다.

관우와 나의 첫 만남은 이렇게 시작되었다. 더구나 반은 다르지만 같은 학년이었고 해서 그 후부터는 학교를 오가는 길에 언제나 같이 있었다. 봄이면 야산의 다복솔 밑을 뒤져 들새알을 찾았고 사래 긴 논다랑이의 쟁깃밥을 넘어뜨리며 올방개 덩이줄기를 파내 먹느라 해지는 줄 몰랐었다. 학교를 오가는 논두렁길을 가로막고 흐르는 개울의 징검돌 밑으로 모여드는 송사리 떼를 움켜도 움켜쥐지 않고 헛손질만 하는 바람에 개울물로 뛰어들어 송사리 떼를 뒤쫓느라 모난 자갈에 발바닥이 멍드는 줄도 몰랐었다. 그 숱한 여름날, 그 숱한 가을날 그리고 그 겨울들, 학교를 오가는 길에서 때로는 상수리나무 듬성듬성 서 있던 야산에서 논바닥 얼음판에서 그 많은 시간들을 우리는 같이 있었다.

만나면 좋았다. 우리 곁을 지나쳤던 6·25와 그 겨울의 피난 행렬들, 그리고 찾아든 굶주림, 그러나 우리는 보리개떡을 나누면서도 웃을 수 있었다. 우리는 헤어지기를 싫어했었다. 해도 해도 지치지 않는 놀이를 그칠 줄 모르던 그 이야기들 속에서 밤늦도록 같이 있던 시간이 많았었다. 때로는 우리 집에서, 때로는 친구네 집에서, 그러나 잠자리에 들 시간이 되어 헤어질 때면 슬그머니 걱정이 되는 것이 하나 있었다. 한참을 내달려야 하던 집까지의 거리였다. 아직 어렸던 우리들로서 밤이 주는 무서움에서 벗어날 수는 없었다. 그믐밤에는 칠흑 같은 어둠으로 해서, 달이 밝은 밤이면 어슴푸레 드러나는 사물과 그 그림자들로 해서 무서움은 더했다. 발자국 소리를 따라 떼굴떼굴 달걀귀신이 쫓아오기도 했고 키 큰 상수리나무 뒤거나 아카시아 우거진 울타리 속에 숨었던 씨름꾼 도깨비가 튀어나오기도 했었다. 눈 쌓인 밤이면 개간지를 따라 멀리까지 뻗어간 눈벌판 저리로 공동묘지에서 사람을 홀려 무한정 끌고 다닌다는 도깨비불이 어른거리는 것이 무서웠다.

집에서 친구네까지는 한참이나 올라가는 거리였고, 그 한가운데 오른쪽에는 개간지여서 확 트인 저리로 논배미들을 지나 공동묘지가 왼쪽으로는 아직 개간되지 않은 산이 조금 남아있어 키 큰 상수리나무 사이로 다복솔이 둥우리 치고 있었다, 우리가 제일 무서워했던 것은 그곳이었다. 그곳은 우리로서는 어쩔 수 없었다. 상수리나무 잎사귀들의 바스락거리는 소리나 길게 늘어진 그림자를 피하려 하면 개간지 너머 공동묘지로부터 더한 두려움이 구름처럼 몰려들었다.

내가 친구를 집까지 바래다주는 밤은 나 혼자 돌아올 수가 없어 다시 친구가 나를 바래다주어야 했었기에 밤새워 길에서 있어야 했었다. 그래서 생각해낸 것이 "가니? 간다." 이었다.

아무리 깊은 밤이라도 함께 있을 때는 달걀귀신도, 씨름꾼 도깨비도, 도깨비불조차 없었기 때문에 남은 이야기들을 마저 나누면서 한가운데 이르면 우리는 "잘 가"하면서 헤어졌다. 그리고는 돌아서 그래도 무섬증을 지워버리지 못하고 한쪽에서 "가니?" 하고 소리쳐 물으면 다른 쪽에서도 "간다."하고 대답하면서 내달렸다. 그렇게 집에 닿으면 등줄기에 땀이 흘렀다. 그랬어도 우리는 언제나 함께 있기를 바랐다.

문교부 장관이 되겠다던 친구는 후학을 위한 교육에 그의 생을 바치고 있다. 그 후 우리는 떨어져 살았던 때가 많았어도 그 시절 "가니? 간다."의 우정은 연줄처럼 언제나 우리 사이를 연결해 주면서 이제까지 이르렀다.

친구와 첫 만남 이후 오십여 년, 돌아보면 지난날이 어제와 같다. 그동안 모든 것들이 숨 가쁘게 변모해 갔어도 우리의 만남은 다름이 없었다. 나는 많은 친구를 원해 본 일은 없었다. 그러나 이 친구만은 잃고 싶지 않은 마음이다. 남은 생애 서로의 마음을 다독거리다가 "가니? 간다."의 우정을 옛날 그대로 마음에 간직한 채 무덤까지 가고 싶은 것이 나의 작은 소망이기도 하다.

가을 떡에 대한 추억

저녁 밥상에 오른 동치미 국물이 시원하다.

가을걷이가 끝난 들판을 질러온 서늘한 바람에 실려 겨울은 발 빠르게 찾아왔다. 이제 소설도 지났으니 누가 뭐래도 계절은 겨울임이 완연하다. 그동안 가을걷이의 분주함에 몰려 청정하던 잎사귀들이 단풍으로 물드는 것도, 낙엽 지는 소리도 놓친 채 지나버린 것 같다.

초저녁의 고즈넉함 속에 창밖으로는 어둠이 짙게 내려앉고 있다. 오늘따라 동치미 국물의 시원함에 곁들여 생각나는 것이 있었다. 농촌 마을 어디서나 이맘때면 흔하던 시루떡 맛이다. 엊그제 방앗간에서 찧어온 햅쌀을 가루 내어 삶은 팥을 켜켜이 시루에 안쳐 쪄낸 시루떡이다. 생각만 해도 입안에 군침이 돈다.

가을걷이가 끝나면 어머니는 며칠 전부터 달력을 봐가며 길일을 가려잡고 장독대 한쪽에 정하게 엎어놓았던 시루를 찾아내어 행주질을 해 놓았다. 그리고는 그날 아침 일찍 물에 불린 햅쌀을 넉넉하게 가루 내고 몇 이랑 조금 심어 갈무리했던 붉은팥을 덜어 삶는다. 고사에 쓸 시루떡을 안치기 위해서였다.

시루떡에는 콩, 팥, 호박고지, 무채, 감, 밤, 대추, 꿀 같은 것을 쌀가루에 섞거나 떡고물로 쌀가루 켜켜이 팥이나 콩가루, 녹두, 밤, 잣, 석이 같은 것을 엷게 펴서 안치는 시루떡 등 여러 가지 있으나 고사떡에는 붉은팥을 고물로 많이 썼다.

모든 재료가 갖춰지면 어머니는 물을 적당하게 채운 무쇠솥에 시루를 안친다. 시루 밑을 깔아 가루가 새지 않게 한 위에 쌀가루를 켜켜이 붉은팥을 엷게 펴서 안친 다음 짚으로 두텁게 틀어 엮은 둥근 시룻방석을 덮고 쌀가루를 물에 개어 시룻번을 발라서 시루 틈새에서 김이 새지 못하도록 한다.

이렇게 떡을 안치고 나면 어머니는 떡이 설익지 않고 잘 익혀지기를 맘 졸이며 아궁이 앞에 쪼그리고 앉아 조심조심 불을 지피기 시작한다. 아궁이의 불기가 뜨거워지고 시룻방석 위로 더운 김이 서리면 어머니는 시룻방석을 조금 열고 미리 준비했던 수숫대로 시루 속의 떡을 찔러보면서 아궁이의 불기를 조절한다.

시루떡이 다 쪄졌다 싶으면 어머니는 촛불을 밝히고 고사 준비를 서두르게 된다. 고사란 농경 생활을 해오던 우리 조상들이 가을에 가족 신에게 드리던 제사로서, 한 해 농사를 갈무리한 데 대한 감사와 가족의 평안과 재액의 회피를 바라고 풍년과 장래의 가호를 기원해 왔었다. 제주는 주부가 되어 미리부터 몸을 깨끗이 하고 고사 날에는 문에 소나무 가지나 새끼를 꽂으며 문 앞에 깨끗한 황토를 뿌려 잡인의 출입을 금했다. 고사는 밤에 지내는데 술과 떡 등 음식을 차려놓고 촛불을 켠다. 제주는 손과 입을 씻고 성주신이 오기를 기다려 감사와 기원을 한다. 이 의식이 끝나면 곳간에 가서 제석신에게 빌고 안방의 산신, 대문의 수문신, 변소의 측신, 외양간의 축신, 집터의 터주신, 등에게 제사를 지낸다. 이와 같이하여 날이 밝으면 온 가족이 떡과 술을 나누고 끝내는데 규모가 큰 고사는 무당이나 판수를 데려다 빌기도 했었다.

그러나 대부분은 자리 위에 시루를 옮기고 촛불을 밝힌 다음 어머니가 감사와 기원을 하고 나서 목판에 시루떡을 조금씩 덜어 담아 곳곳에 가져다 놓는 것으로 끝냈다. 고사는 농사일이 끝나는 때를 택해서 지내므로 늦가을에서 초겨울로 접어드는 길목에 많았던 때문인지 이때 고사를 지낼 때 하던 시루떡을 가을 떡이라고 불렀다. 김이 모락모락 나는 시루에서 식칼로 반듯반듯하게 썰어 내는 시루떡의 팥 냄새가 그렇게 구수할 수가 없었다.

고사를 지내고 나면 떡을 목판이나 접시에 나눠 담아 이웃집에 먼저 돌린다. 될 수 있으면 먼 데까지 나누려고 애썼다. 이때의 떡 나르는 심부름은 주로 아이들이 도맡아서 하느라 밤길이 두렵기도 했었으나 떡을 받아드는 이웃의 정겨운 표정들이 있어 그리 싫지는 않았었다.

집에서는 이웃 어른들이 둘러앉아 대접 가득 담아오는 동치미에 시루떡을 들거나 막걸리 사발을 권하면서 밤 이슥하도록 이야기꽃을 피웠다. 시루떡에 함께 먹던 동치미 맛은 더없이 좋았다. 그것은 구수한 맛과 시원한 맛이 어우러진 이웃 간의 정겨운 맛이었는지도 모른다. 호젓한 밤이면 멀리서 들려오는 개 짖는 소리에 귀를 기울이기도 했었다. 집 밖에서 부르는 소리가 나고 떡 목판을 받아놓은 어머니가 부엌에 나가 그릇 가득 담아온 동치미를 기다렸다가 무를 한 개 골라 들고 우적우적 깨물었다.

어머니가 하던 일을 이제는 아내가 대신하기 시작했다. 그러다가 어느 때인가 시루를 익히던 장작불이 연탄불로 바뀌어 버렸다. 그래도 크기가 훨씬 작아진 시루였지만 김이 모락모락 이는 시루 주위로 모여들던 조무래기 내 아이들의 모습이 보기 좋았었다. 나눌 집이 훨씬 줄어들었지만, 아내는 그래도 몇 개의 접시에 시루떡을 나눠 담고 있었다. 그러다가 그것마저도 없어지고 말았다.

그것이 언제쯤이었을까. 정확히는 기억할 수는 없지만 우리가 보릿고개의 궁핍을 벗어나 물질의 풍요를 얻었다고 생각하는 사이에 나눔과 베풂의 정을 잃어버렸듯이 가을 떡의 나눔도 그렇게 사라져간 것 같다. 고사를 지내기 위해서 시루떡을 안치는데 정성을 쏟던 어머니의 마음엔 추수에 대한 감사와 가족에 대한 사랑이 넘쳤을 것이다. 먼데 있는 이웃까지도 먼저 가을 떡을 나누려 함은 이웃 간의 소중한 정이었을 것이다.

이제 우리 아이들은 가을 떡을 이웃과 나누던 기억 같은 것은 잊어버렸을지도 모른다. 나 자신도 쉽게 잊어버리고 살아온 것 같다. 동치미를 앞에 두고야 겨우 생각해냈을 뿐이 아닌가. 잊어버리지 말아야 할 것들을 너무도 쉽게 잊어버리고 살아온 것만 같다. 그러므로 이웃과 나누며 살아오던 정을 이제는 영 잃어버리는 것은 아닐까. 담과 빗장으로 고슴도치의 바늘을 대신하면서 마음을 잃어버리고 살아왔는지도 모른다.

이 저녁 더욱 가을 떡의 나눔이 그리워진다. 멀리서 들려오는 개 짖는 소리에 귀 기울이면서 동치미와 함께 먹던 그 가을 떡의 그 구수함을 그리워한다.

간병 일기(看病 日記)

수술을 받기 위해 올라왔을 때 우리에게 배정된 병실은 1인실이었다. 아내는 아무래도 안 되겠다 싶었던지 원무과로 가서 사정을 했다고 한다. 시골에서 올라와 병원비도 걱정이 되는데 1인실에서 방값까지 걱정이 되어서 치료조차 제대로 받을 수 있겠느냐고 졸라서 결국은 2인실을 얻어낼 수 있었다고 한다. 그래서 서울 아산병원 105병동 2인실에 입원하게 되었다. 우리가 방을 배정받아 짐을 옮겼을 때 다른 병상에는 여든여섯 고령의 할머님 한 분이 누워 계셨다. 할머님께서는 당진에서 오셨다 하니 천안에서 올라간 우리로서는 이웃 같은 친근함을 느끼게 되었다.

할머님은 탈장으로 수술을 받아야 하는데 연로하신 데다 기력이 쇠하시어 수술에는 많은 위험을 느끼기 때문에 병원에서도 주저하고 있는 형편이라고 한다. 마침 병원에서 가까운 방이동에 셋째 아드님이 살고 있어 아드님과 며느님이 조석으로 드나들며 간병을 하고 있었다. 아드님 내외분이 어머님을 지극정성으로 간병하는 모습이 옆에서 보기에도 좋았다. 얼마 후, 할머님은 수술을 받기 위해서 같은 병동에 있는 6인실로 옮겨 가시게 되었다. 할머님이 계시던 병상은 한동안 비어 있었다.

아내는 수술에 앞서 이것저것 검사를 받기 시작했다. 그날은 무슨 검사인가 병원 직원이 아내를 휠체어에 태우고 나가 잠시 병원에 혼자 있는데. 아직 젊은 부인 한 분이 거침없이 들어오더니 할머님이 쓰시던 병상의 시트를 손질하고 나서 이쪽을 보고 고개를 한 번 까딱하고는 대뜸 병상 위로 올라가 누웠다.

아내가 돌아온 후에 여자들끼리 서로 이야기하는 것을 들어보니 부인은 장정희 님으로 충북 제천이 친정인데 5남매의 막내로 외동딸이었다고 한다. 지금은 경기도 고양시에 살고 있으며 대학에 진학한 남매를 슬하에 둔 부인이다. 그런데 평소 술을 즐기던 친정 오라버님 한분이 간경화로 위험한 지경에 이르러 간이식을 하려 했으나 기증자를 구하지 못한 채 있어서 남편의 양해를 얻어 자기가 친정 오라버님에게 간을 나눠주기로 했다 한다. 장정희 님은 간이식을 준비하기 위하여 미리 입원한 것이고 몇 가지 간이식에 필요한 검사를 마치면 곧 바로 이식에 들어갈 것이라고 말했다.

모든 검사를 마치고 아내는 수술 시간을 기다리고 있었다. 수술하기 전날. 내가 수술동의서에 서명할 때 아내는 수술에 앞서 마음의 정리를 포함에서 모든 준비를 했었다. 그런데 그 날 밤 열 시도 넘은 늦은 시각에 병실을 방문한 젊은 의사는 수술 동의서에 서명을 한 보호자의 나이가 너무 많아서 안 되니 다시 서명을 받아야 되겠다는 것이다. 그래서 내가 아직까지는 모든 경제 활동을 하고 있고 사회활동에도 아무런 지장이 없는데 왜 안 되느냐고 반문하니, 그래도 내 나이가 일흔이 넘은 고령이니 안 된다는 것이다. 참으로 맹랑하기 그지없는 일이다. 하는 수 없어 그 밤에 시골에 있는 아이들에게 전화를 걸었으나 모두 밤이 깊어 받는 데가 없다가 가까스로 작은딸과 연결할 수 있어 전화로 녹음하여 작은딸이 보증을 서고야 끝났다. 아이들을 모두 풀어 보낸 지금, 아내가 아프기 전에는 우리 두 내외가 손수 과수원 농사를 지어서 불편하지 않게 살아왔는데 이제 와 아내의 수술동의서에 서명도 할 수 없다니 마음이 쓸쓸했다. 어쨌거나 잠에서 막 깨어 영문 모르는 딸아이에게 자초지종을 설명하려니 곤혹스럽기 짝이 없는 일이었다.

2009년 3월 6일.

점심 무렵이 되어서 우리는 6인실 배정을 받아 옮기게 되었다. 짐을 옮기며 보니 이 병원에 입원할 때마다 무척 배정받고 싶었으나 한 번도 배정을 받지 못했던 창 곁의 병상이어서 마음이 절로 흐뭇했다. 창 곁으로 있는 병상은 차지하는 면적도 좀 여유가 있는 데다 바로 창밖을 내다볼 수 있어 얼마간 답답함을 덜 수가 있었다. 2008년 1월 24일 순천향대학교 부속병원에서 서울 아산 병원으로 옮긴 후 처음으로 6인실에서는 흡족한 병상을 차지하게 되어 모든 일이 순조롭게 풀릴 느낌이었다.

6인실로 옮긴 후 나는 저도 모르게 아내의 기색을 훔쳐보게 되었다. 지금 아내의 마음이 얼마나 불안하고 어수선할까? 대장의 종양과 간으로 전이된 종양의 일부를 잘라내느라 무려 여섯 시간을 넘겨 나를 온갖 망상에 시달리게 했었던 1차 수술만 해도 수술 전에 대장·항문과의 임석병 교수님은 간 절제 수술의 결과에 대해서 우려를 나타냈으나 당사자인 아내와 종양내과의 이재련 교수님의 간청으로 시행한 것이었다. 그 수술에서 아내는 대장의 종양과 간으로 전이된 종양 다섯 곳 중에 네 개를 잘라냈으나 간의 면적이 너무 적어 더 잘라내지 못하고 나머지 한 개의 종양이 있는 간엽은 남겨두었다고 한다.

1차 수술을 한 지 8개월 만에 다시 재수술을 하게 되는 것이 아내의 마음에 얼마나 부담이 될까? 하는 생각이 가슴에 아픔으로 다가왔다. 간엽에 남은 마지막 종양을 잘라내기 위한 수술을 받기 위해서 간이식 간담도 외과의 문덕복 교수님에게 옮긴 후, 그동안에도 간엽에 남은 종양의 크기를 줄이기 위한 간동맥색전술을 두 번씩이나 시술을 받아야 했던 고통을 초인적으로 견뎌냈던 아내였다. 간동맥색전술이란 간 조직에 영양을 공급하는 간동맥을 선택하여 항암제를 직접 주입하고 색전물질을 이용하여 혈류 공급을 차단함으로써 암의 부피를 줄이고 성장 속도를 늦추기 위한 것이라고 한다. 그때마다 아내의 팔뚝으로 주삿바늘이 파고드는 것을 보면서 나는 내 심장으로 날카로운 칼끝이 꽂혀 드는 느낌 속에서 어찌할 줄 몰라 했었다.

아내가 누운 침대를 3층 수술실 앞까지 배웅하고 돌아온 나는 불안에 휩싸인 마음으로 핸드폰을 잔뜩 움켜쥐고 앉아 있었다. 얼마나 기다림의 초조함 속에 있었던가, 놀라며 황급히 핸드폰의 덮개를 열자 문자가 반짝였다.

<심세택 님 수술이 시작되었습니다. 3/6 1:02 pm>

나는 기도하는 마음으로 순간순간을 흘려보내고 있었다. 그러는데 작은딸 내외가 올라왔다. 어머니의 수술이 걱정되어서 직장에 연가(年暇)를 내고 올라온 모양이다. 아이들까지 고생시킬 필요가 없어 올라오지 말라고 일렀는데도 굳이 올라온 것이다. 작은딸은 그때까지 점심도 거르고 초초하게 기

다리고 있는 제 아버지가 안 되어 보였던지 점심이나 자시고 오시라고 조심스럽게 말을 끄집어냈다. 그런 딸의 마음을 모르는 것도 아닌데도

"내가 지금 밥이 넘어가게 생겼어? 너희들이나 먹고 와."
하고 퉁명스럽게 받고 말았다.

작은딸은 아버지의 퉁명스러운 대꾸에 마음이 상했는지 한참 있다가 두 내외가 어두운 표정으로 나갔다. 그걸 보고 공연스레 딸아이에게 그랬나 싶어 후회되었다. 시간이 흐를수록 점점 더 초조해지기 시작했다. 그러면서 꼬리를 무는 불안한 생각에 휩싸이기 시작했다.

지난번 1차 수술에 걸렸던 시간인 여섯 시간에 다가서자 초조와 불안은 극에 달했다. 동동거림 속에서 창밖으로 멀리 빌딩을 넘는 붉은 해가 보였다. 그러더니 창밖은 바로 어두워지기 시작했다. 병실 벽에 걸린 시계를 올려다보며 1차 수술에 걸렸던 시간을 넘기자 금방이라도 수술 종료의 문자가 날아올 것만 같아 핸드폰을 자주 들여다본다. 작은딸 내외가 옆을 지켜주고 있어 한결 마음에 위로가 되기는 했으나 여덟 시를 넘기자 불안한 마음에 몸부림칠 것만 같았다. 벽의 시계가 아홉 시를 넘겼을 때는 기진해버렸다. 간절한 기다림에 지쳐있을 때 핸드폰이 울렸다. 두근거리는 마음으로 핸드폰의 덮개를 열어젖혔다.

"수술 종료" 심세택 님 수술이 종료되어 서관 중환자실로 가

실 예정이오니 면회 대기실에서 기다리십시오. 3/6 9:20 pm"

한순간 나는 멍했다. 그러는 중에 105병동의 담당 간호사가 다가오더니 조심스럽게, 그러나 단호한 어조로

"환자분께서 중환자실로 옮기셨으니 6인실의 병상을 비워 주셔야 한다."

는 것이다. 나는 어이가 없어 우리가 6인실로 옮긴 지 한나절도 안 되었는데 말이 되느냐고 했더니 그래도 6인실은 병상이 없어 중환자실로 가신 환자를 위해서 비워둘 수는 없다고 한다. 나는 중환자실로 갔다는 아내가 걱정이 되어서 가타부타 더 따질 여유가 없어 작은딸 내외와 서둘러 짐을 정리하기 시작하였다.

중환자실로 내려가는 엘리베이터 안에서 갑자기 한 친구의 얼굴이 떠올랐다. 어린 시절 죽마고우였던 이종암 님은 얼마 전 같은 병원 중환자실에서 암투병 중이던 아내를 잃었다. 마음 가득 그렁그렁 울음이 고이면서 미칠 것 같은 절망으로 눈앞이 꺼멓게 뭉개지고 있었다.

중환자실로 내려왔으나 면회가 허락되지 않아 한동안 초조하게 기다렸다. 닫힌 문 너머로 중환자실을 바라보며 갖가지 상념에 시달렸다.

"제발 살아만 있어 줘..." 오직 바람은 그것뿐이었다.

한참을 기다린 후에야 중환자실 면회가 허락되어 사람들 틈에서 딸아이의 부축을 받으며 들어갔다. 너른 중환자실에는

가벼운 기계음 속에 병상에 누운 많은 환자들이 보였고 환자들마다 간호사들이 한 사람씩 곁에 붙어 보살피고 있었다. 나는 주춤거리는 걸음으로 다가가다가 의식을 잃은 듯 꼼짝 않고 누워있는 아내가 눈에 들어오자 가슴이 철렁 내려앉으며 다리가 후들거렸다. 아내의 머리맡에는 간호사 한 분이 걱정스러운 얼굴로 지켜보고 있었다. 나는 조심스럽게 아내의 손을 찾아서 살며시 잡았다.

"여보, 눈을 떠봐! 제발..."

아내는 잠이 깊이 들어있는 듯 깨어날 기미를 보이지 않는다. 그런 아내를 지켜보고 있으려니 마음이 오스스 떨리는 속에서 점점 정신마저 희미해져 가고 있었다. 얼마의 시간이 흘렀을까? 그때다. 꼭 닫혔던 아내의 입술이 어느 순간 살포시 벌어졌다.

"으으... 아... 프..."

아내의 신음소리가 내 귀에 종소리보다 크게 울리며 안도의 한숨이 터졌다. 말할 수 없는 희열이 그리고 벅찬 기쁨이 밀려들었다.

"여보, 고마워... 살아만 있어 줘."

참을 수 없는 울음이 눈까풀을 흔들었다. 생명의 소중함, 생명의 희열을 이처럼 느껴볼 수 있었던가?

강 이야기

나루터.

강물을 가로지른 부교는 사뭇 삐거덕거렸다.

저만치 시커먼 장벽에 불빛들이 불규칙하게 일그러져 있었다. 희끗희끗 날리는 눈발이 얼굴에 선뜩선뜩 부딪혀 왔다. 먼 길을 달려온 마음이 휘몰아치는 바람에 으스스했다. 눈 덮인 차령고개를 버스는 온 촉각을 곤두세워 내려왔다. 까마득한 계곡의 깊은 구렁은 어둠의 긴 그림자 속에서 무언가 갈증 들린 듯 빨아들이고 있었다.

만약 여기서 죽는다면?

가뜩이나 낡은 버스의 브레이크 파이프가 터져버리거나 피로에 지친 운전기사가 자칫 핸들을 놓쳐버리기라도 하는 날이면 흉측하게 아가리를 벌리고 있는 계곡의 어둠 속으로 빨려 들지도 모른다. 그렇게 되면 내 죽음은 눈물 한 방울 없는 주검이 될지도 모른다. 내 죽음을 애처로워하실 할아버지께서는 이미 오래전에 세상을 떠나셨기 때문이다.

아버지 나로 인해서 새어머니와 항상 마음이 편치 못하셨던 그분이 아직 살아계셨다면? 어느 날인가 새어머니를 향해 집어 던진 질화로는 새어머니와는 전연 다른 방향에서 박살이 나버렸다. 그때 나를 바라보시던 아버지의 두 눈은 인광처럼 번쩍이고 있었다. 나는 아버지의 그 눈길을 잊을 수가 없었다.

새어머니, 백 년을 두고 거리를 좁혀 봐도 가없이 멀기만 했다. 적의 어린 눈초리가 지워지지 않는 새어머니의 아이들. 집을 떠난 학교나 군대 생활은 차라리 요람이었다.

나는 앞 좌석의 등받이를 앙칼지게 붙잡았다. 죽을 수는 없어. 버스가 지옥의 밑바닥까지 뒹굴더라도 나는 절대로 죽을 수가 없어. 이대로 죽어서는 안 돼.

출발하기 전날 나는 그녀에게 전보를 쳤다.

"내일 부여행 막 버스 규암 착."

규암진 나루터에 내렸을 때 맨 먼저 나를 반긴 것은 밤 그늘에 번들거리는 강물을 스쳐온 매서운 눈바람이었다. 둘러보고 되돌아 찾아봐도 가슴에 뭉클 와닿을 그 모습은 없었다. 무릎이 후들거렸다.

'내가 여기서 죽는다?'

한 방울 눈물이 내 주검을 적셔줄 수 있을 때. 나는 그때야 죽을 수 있을 것이라고 가슴 아프게 되뇌고 있었다.

강물.

물은 푸르고 맑았다.

저 멀리 부소산을 휘돌아온 물줄기가 자온대 발뿌리를 스치며 흘렀다. 물은 끊임없이 흘렀다. 천년을 두고 흐르기만 한 물이었다. 잠시도 정체하지 않은 마냥 흘러내리고만 있다.

꽃송이 같은 삼천 궁녀의 그 아리따운 몸매를 삼키고도 모른 척 흐르기만 한 물이었다. 천년을 두고 물은 그렇게 흘러내리고만 있었다.

택은 흐르는 물을 하염없이 내려다보고 있었다.

"택이."

택의 두 눈은 물기에 젖어있었다.

나는 택의 티 없이 맑은 그 시원한 눈 속으로 영혼이 송두리째 빨려 들고 있음을 느꼈다.

"뭘 그렇게 보고 있지?"

택의 입가에 엷은 미소가 번졌다.

"우리..."

택은 주저하는 듯 말을 꺼냈다.

"우린 어떻게 살아갈까요. 앞으로 우리가 결혼하게 되면 말이죠. 그게 궁금해요."

"어떻게 살긴? 착하고 성실하게 아이들을 기르며. 이렇게..."

강변.

잎이 떨어져 앙상한 미루나무 가지 끝에 바람이 매섭게 몰아쳤다. 강바람은 몹시 차가웠다. 외투 깃을 아무리 올려도 품 안으로 파고드는 바람을 막을 수는 없었다. 멀리로 규암진 나루터 얼어붙은 모래밭에 몇 대인가 시외버스가 꿈틀거리고 있었다.

"빨리 갑시다."

추위에 쫓기듯 마음속으로만 재촉했을 뿐 입 밖에 내지는 못했다. 아내의 얼굴은 입고 있는 상복보다도 더 창백하게 질리고 있었다. 시퍼런 입술이 가늘게 떨리고 있었다. 그런 아내의 작은 발에 흰 고무신이 졸아붙은 듯 언 땅 위를 통통 튀고 있었다.

"이리 내요."

나는 아내의 손에서 가방을 넘겨받으며 남은 손을 뻗어 동그만 어깨를 감싸듯 안았다. 어서거리는 냉기가 느껴졌다. 어쩌면 아내의 마음은 더욱더 차디차게 얼어들고 있는지도 모른다는 생각을 했다.

버스에 올라서도 아내는 추위를 계속 느끼는 것 같았다. 차창 밖으로 멀리 산곡에 잔설이 얼어붙은 재 갈색의 나뭇가지 사이로 듬성듬성 모습을 드러내 보였다. 산기슭으로 촌락엔 사람 그림자 하나 얼씬거리지 않은 채 윙윙거리는 바람 소리만 들리는듯해서 황량했다. 이런 날 산등성이에 홀로 누워 있을 장모님을 잠깐 생각했다. 그런데 추운 겨울날 첫돌을 겨우 넘긴 어린것을 떼어놓고 시집을 쫓겨나야 했던 한 여인을 생각해 낸 것이다.

나는 옆에 앉은 아내의 어깨를 가볍게 안았다. 어쩌다 실수하듯 나 하나를 떨어뜨려 놓고 떠난 어머니는 다시 볼 수 없었다. 나는 아내의 어깨를 감싼 팔에 힘을 주어 끌어당기고 있었다.

과수원에서

초복이 내일모레로 다가든 무더위지만, 밝은 햇살 아래 배나무 잎사귀들을 장난스럽게 건드리며 열린 창문으로 들어오는 바람은 시원했다. 더욱이 이른 아침이라 그 바람은 말할 수 없이 산뜻했다.

이제 과수원에서 가장 손길이 바쁜 열매솎기와 봉지 씌우기가 한물 끝난 망중한의 한때다. 첫새벽에서 저물녘까지 허둥거리게 한 밀렸던 일의 피로가 전신을 노곤하게 두들겨 패면서 썰물 진 갯벌처럼 긴장이 풀린 지금 나른한 오수가 몰려온다.

꽃 피고 열매 맺고 익어가고 익은 열매를 수확하고 또다시 수확을 위하여 나무를 보살피는 사계의 질서에 순응해 다시 그 일이 계속되어 어찌 보면 단조롭고 변화 없는 지루함 속에 용케도 견뎌 살아왔다고 농을 던지는 친구도 없진 않았다.

이 자그마한 과수원 속에서 자라온 내게 한때는 어제가 오늘 같고 오늘이 내일 같은 지루함 속에서 헤어나 보려고 발버둥 친 일도 있었다. 어느 모임이나 회합에서 때로는 여행길 버스 안의 무심한 눈길에서 검붉게 거칠어진 손등을 감추어보려고 했던 때도 있었다. 그러나 과수원은 언제나 어머님 품 안처럼 포근했다. 내가 긴 방황의 길목에서 지쳐 돌아왔을 때도 과수원은 묻지도 따지는 일도 없이 은은하고 자애로운 미소로 맞아 주었을 뿐이다.

이때 비로소 나는 다른 곳이 아닌 바로 이곳이 내 고향이라는 것을 절실하게 느꼈다. 이곳은 생각했던 것처럼 무의한 곳이 아니라 나의 젊음을 모두 쏟아도 모자랄 많은 것들이, 나를 줄곧 기다려 왔었다고 생각했다. 나는 지금 풍랑 거센 바다를 피해 잠시 항구에 든 지친 선장이 아니라 이곳을 목적으로 왔으며 여기서 내 삶의 보람을 쌓아 가리라고 다짐했다.

여름 내내 불붙는 폭양을 피하지 않고 받아들여 그처럼 열매를 소담하게 키우고 나무의 건강을 보살펴왔던 잎사귀들이 의무를 완수한 포만감 속에서 미소를 머금고 떨어질 때, 그러고도 마지막 남은 실체마저 스산한 늦가을 바람이 뿌리 근처로 몰아붙여 나무의 양분을 보태기 위해 썩어갈 때, 나는 내 소중한 아이들을 돌아보게 된다.

한 해를 끝마친 나무 곁에서 톱과 가위로 병든 곳을 손질할 때면 그 아픔을 참고 견디며 다음 꽃을 피워 열매를 맺기 위해서 세찬 바람에 맞서 쉼 없이 일하는 나무는 내게 이렇게 이르는 것 같았다.

"성실하라, 겸손하라, 그리고 노력하라, 구르는 바퀴처럼…"

배나무들은 많은 세월 나와 내 가족의 생활을 짊어지고 폭풍우와 폭설 속에서 온갖 자연의 시달림 속에서 묵묵하게 버텨왔다. 그러고도 자기의 공로를 드러내려 하거나 자랑하지 않는다. 실개천의 얼었던 물이 녹아내리고, 아지랑이 너머로 남풍이 불어와 꽃망울이 터지고, 이내 우윳빛 배꽃이 온 밭을 수놓아 미풍에 꽃향기 가득해도 자기의 자태마저 뽐내는 걸 본 일이 없다. 열매를 힘겹게 매달고도 찡그리는 법이 없다. 나무는 무던히도 참아 견디고 성실하고 겸손하게 자신의 의무를 위해 노력을 게을리하지 않는다.

길고 긴 겨울, 그 매서운 찬바람 속에 밤잠 설쳐가며 그리도 애썼건만 힘들여 마련한 화분과 꿀을 아낌없이 벌 나비에게 나눠주는 사랑에서 나는 새삼스럽게 이웃을 돌아보게 된다. 나는 이웃으로서 그들의 마음을 상하게 했던 일은 없었는가? 나는 이웃을 얼마만큼 아껴왔으며 그들을 걱정해본 일이 과연 있었던가?

그 활기차던 잎사귀가 어느새 때도 없이 달려드는 병해충에 붉고 검은 병반으로 찢기거나 진액의 한 모금마저 빨려 바가지처럼 뒤틀려 마르는 고통 속에서도 한 번도 원망스러운 몸짓은 없었다. 미리 예방하지 못하고 병들게 한 나의 게으름을 탓하기보다는 뒤늦게라도 보살펴 주는 것에 감사하듯 아직 병들지 않은 잎사귀들을 바쁘게 움직여 상처를 치료해가며 열매를 실하게 키워가는 것이다. 그런 속에서도 그중의 일부를 쪼개어 다음 세대의 후손을 위한 영양을 남겨두는 일을 잊지 않는다. 하물며 사람으로서 내일에 대한 대비가 없이 무의미하게 오늘을 허비해서야 어찌 될 것인가. 나는 아직도 많은 사람들이 오늘만을 위해 모두를 버리는 걸 보면서, 오늘을 아껴 내일의 후손을 위해 저축해가는 나무 앞에 머리 숙여질 뿐이다. 나무는 많은 것을 알고 묵묵히 스스로 가꾸고 실천해간다.

팔마다 힘겹게 가득 열매를 매달고 태풍의 채찍에도 버티어 끝내는 열매를 성숙시키고야 마는 그 모성애와 같은 강인한 인내심과 한껏 익은 열매를 바구니에 내려놓고 여름내 저리고 아팠던 팔을 쉴 틈도 없이 다시 다음을 준비하는 근면함에 절로 고개가 숙여진다.

나는 수년을 가까이서 나무를 돌보며 그 열매를 받아 살아오면서 많은 것을 배워왔다. 내 삶의 지표에서, 아이들의 교육에서, 그리고 내 가족과 이웃의 사랑에 이르기까지.

어느 때던가. 배나무 가지와 가지로 연결된 한줄기 긴 거미줄 위에 아침 이슬이 영롱하게 맺혔을 때. 문득 나는 내 생애를 생각해 본 일이 있었다. 나의 생애가 한 가닥 거미줄 위에 외롭게 매달린 이슬방울처럼 전에도 없었고 후에도 다시없을, 오직 단 한 번 부여받은 기회라면 좀 더 보람 있는 생애를 살아야 할 것이 아닌가 하고 몸부림쳤던 때가 있었다. 보람 있는 생애, 그것이 어떻게 살아가야 보람 있는 생애가 될 것인지 확연한 윤곽도 모르면서 무작정 안타깝기만 했었다. 그러기에 허둥대기만 했었고 그러다가 그것은 보다 많은 사람들에게 공헌하는 생애일 것이라는 생각에 단번에 기가 질렸다.

지금의 나로서 보잘것없는 이 능력으로 무엇을 가지고 사람들에게 공헌할 것일까 하고, 그러다가 아전인수 격인지는 모르겠으나 지금 내게 주어진 일을 성실하게 해나가는 것도 사람들에게 공헌하는 길이 될 것이라고 자위하게 되었다.

그러기에 그 많은 시간을 과수원에서 나의 모든 것을 바쳐 한 그루 배나무들을 키우며 보살펴 왔다. 배나무 열매를 좀 더 크고 좀 더 달고 그리고 시원한 맛있는 품질로 키워내서, 내가 땀 흘려 가꾸어낸 열매를 먹게 되는 사람들이 그 달고 시원한 맛에 위안을 느끼고 모자라는 영양을 공급받아 건강에 보탬이 될 수 있다면, 그것도 작으나마 보람 있는 일일 것이라고 생각하게 되었다.

어떤 이는 나의 이런 생각에 비웃음을 던지며 제가 살기에 바빠서 어쩌지 못하고 과수원에 매달려 있는 처지에 웬 당치 않은 소리냐며 질책할지 모른다. 허나 나는 그 이후 그러한 마음가짐으로 단 한 번도 배나무에 대한 정성을 게을리한 일이 없었다. 겨울 가지치기에서 열매솎기, 병충해 방제와 수확에 이르기까지 온 정성으로 예술품을 창조해내는 예술가의 마음으로 나무를 대했다. 봄날 저녁 은은한 꽃향기 속에서 때로는 가볍게 흔들리는 잎사귀들의 손짓에서 나는 나무들의 속삭임을 들으며 이대로 살아가도 내 생애가 무의미하지만은 않을 것이라는 자부심을 느꼈다. 천안시 서북구 성환읍 송덕리 2구에 속하는 안양골 이라고 불리기도 하는 이곳은 아카시아와 잡목이 우거져 버려졌던 땅이었다. 일제의 압정에서 벗어났을 때 북만주의 유랑의 길에서 지친 몸을 이끌고 이곳에 정착한 몇 분이 삽과 괭이만으로 잡목의 뿌리를 캐어내고 띠밭을 일궈 한 그루, 두 그루 배나무를 심기 시작한 것이 시초였다.

터지고 거칠어진 손으로 삶은 고구마를 건져내며 밤을 낮삼아 일한 보람이 열매로 맺어 잘 익은 과일이 서울 청과시장에 진열되면서 오두막이 기와지붕으로, 다시 양옥으로 변모해 갔다. 그렇게 이곳에 풍요가 찾아오기 시작했다.

과수원과 과수원의 사잇길에 오월이 오면 울타리의 아카시아 꽃향기가 신록 사이를 파고들어 온 밭에 퍼지고. 알알이 자라는 열매로 마음 흐뭇해져 나무를 돌보는 손길에도 신바람이 났었다. 집에 있어도 과수원의 배나무 하나하나 모두 기억했다. 어느 줄 몇 번째 나무가 지금 몸살을 앓고 있다든지 몇 번째 나무는 허약해져서 거름을 더 주어야 하겠다든가. 그러고도 이른 아침 과수원을 한 바퀴 돌면서 나무들을 하나하나 관찰하기를 쉬지 않았다. 병해충을 예찰하여 제때에 농약을 살포하여 대비하고 영양 상태를 살펴서 거름을 보충하며 열매를 알맞게 정리해서 품질을 높이기에 온 정성을 다했다.

그런 분들 가운데 지금도 잊히지 않고 기억되는 분이 있었다. 그분은 6·25전쟁이 끝나 전선에서 돌아오자 곧바로 삽을 찾아들고 버려진 야산을 일구어 배나무를 심었다. 그리고는 두더지처럼 흙을 뒤지며 어린 배나무 주위를 떠나지 않고 보살폈다. 배나무에 첫 꽃이 피었을 때 그분은 너무 감격해서 어쩔 줄 몰랐다. 꽃봉오리를 하나하나 세어보면서 첫 수확을 하고는 덩실덩실 춤을 추었다고 한다. 그로부터 수년 후 서울 청과시장에서 그분의 과수원에서 생산된 배는 높은 값으로 불티나게 팔렸다. 그분은 내가 과수원을 경영하기로 생각했을 때 이렇게 일렀다.

"그냥 아무렇게나 지으면 되는 농사거니 해서는 안 되네. 나무를 내 몸처럼 아끼는 마음가짐이 첫째여. 나무와 같이 일하고, 잠을 자도 나무와 같이 자야 하고, 놀아도 나무 밑에서 놀아야 하네. 그래야 나무가 어디가 불편한지, 어디가 어떻게 아픈지, 무엇을 좋아하고 싫어하는지를 알 수 있거든. 잘해보게, 그러면 나무가 하는 이야기를 차차 알아듣게 될 테니."

지금 와서 생각하니 그분의 말씀이 옳았다고 생각된다. 그러나 유감스럽게도 지금은 그런 분들이 많이 있는 것 같지 않다. 얄팍한 이해에 부모가 전 생애를 바쳐 가꿔 온 과수원을 쉽사리 매도하고, 영리에만 급급한 도지 과수원이 성행하고 그로 인해 하루아침에 벼락부자가 된 서울 사람들이 허영심이나 심심풀이로 사 놓은 과수원에는 관리 불량으로 내성만 길러진 병균과 해충이 번식되어 온전한 이웃 과수원까지 잠식하여 피해를 입히는 지금의 이 현실이 가슴 아픈 일이다.

모기나 벼룩 한 마리에 물려도 아프다고 펄펄 뛰고 소란스러운 사람들이 허기지고 병균에 침식당하고 해충에 갈기갈기 찢기는 나무들의 아픔을 아는지 모르는지. 나무들의 신음소리가 기진해도 아랑곳하지 않고 열매가 부실하다고 나무만 탓한다. 그러나 나만이라도 내 고향을 지키듯 과수원의 내 나무들을 지켜 그들과 행복한 밀어를 주고받으며 내 삶을 보람있게 가꾸어 가리라.

그 여름

아버지가 어머니와 이혼하고 새어머니를 맞아들였기 때문에 나는 떨어져 사시던 할아버지와 할머니한테서 어린 시절을 보내게 되었다. 그런데 불혹의 나이를 넘긴 지금에도 이따금 그 시절이 새록새록 되살아나며 마음을 울음으로 젖어 들게 한다.

뒷동산에 아름드리 소나무가 어우러진 마을 앞 저만치 시냇물이 가로 흐르고 있었다. 가지런한 초가지붕들이 오순도순 모여 앉은 마을의 안온한 분위기, 텃밭 주위를 맴돌며 먹이를 찾는 씨암탉 서너 마리, 그 발길질에 헤집어질까 염려스러워 말목과 이엉으로 둘러막은 텃밭에는 아욱이 넘실넘실 키를 세우고 상추 잎이 어우러졌다. 강낭콩이 가장자리를 메우고 가지며 호박, 오이도 있었고 고추도 몇이랑, 마늘을 캐낸 자리에는 열무가 자랐다. 그 위로 대모잠자리와 점박이 잠자리, 밀잠자리들이 떼를 지어 어울렸고 빨간 고추잠자리까지 날아다녔다.

마당 구석 거름더미 곁으로 차곡차곡 올려쌓은 누런 보릿짚 무더기 위로 눈부신 여름 햇살이 쏟아지는 때면, 할아버지를 졸라서 싸리나무 줄기로 동그랗게 휘어 거미줄을 잔뜩 먹인 잠자리채를 얻을 수 있었다. 잠자리를 쫓다 보면 먹이를 찾아다니던 씨암탉이 놀라 달아나다 할머니가 공들여 가꿔온 텃밭에도 뛰어들게 하여 상추 잎을 짓이기거나 아욱을 부러뜨리기도 하여 꾸중을 듣고는 했다. 어쩌다 드물게 할아버지가 만들어준 잠자리채에 고추잠자리가 걸려 조심스럽게 잡아내리면 그 빨간 빛깔에 손가락마저 그냥 물들어 버릴듯했다.

보릿대로 할아버지는 여치 집을 엮어주셨고 그러면 풀숲을 헤쳐 여치를 잡아다 넣었다. 여치는 씨르륵씨르륵 울었다. 그래서 씨르래기라고도 했다. 여치도 시들해지면 뒤 곁 까치둥지가 있는 까마득한 미루나무 둥치에 붙어 한가롭게 우는 매미를 잡으려고 몸달아했다. 텃밭의 오이덩굴을 뒤져 애오이 한 개를 어석어석 깨물어 먹고 나서 마루에 드러누우면 절로 잠이 쏟아졌다. 어둑어둑 땅거미가 깔릴 즈음이면 할머니는 불을 지펴 저녁 짓기에 바쁘셨고, 할아버지는 밀짚자리를 마당에 내어다 깔고 마른 쑥으로 모깃불을 놓았다.

아욱국에 보리밥을 말기도 하고 때로는 나무주걱으로 뭉텅뭉텅 떼어 넣은 수제비로 입맛을 돋웠다. 할아버지는 보리밥에 새콤한 열무김치와 고추장을 넣어 비빔을 하셨는데 듬뿍 떠낸 할아버지의 밥숟갈에는 열무김치가 삐어져 나오도록 얹혀있었다.

모깃불 연기가 매캐하니 밀짚 자리 주위에 머물면 이웃 어른들이 마실을 오가다 곧잘 들르셨다. 그러면 할머니는 낮에 먼 밭에 나가 따다 두었던 참외를 깎아 내오셨다. 달고 시원한 참외로 배를 불리고는 한쪽에 누우면 할머니는 홑이불을 내어다 배를 덮어주셨다. 검은 하늘에 별들이 아른아른 보이고 은하가 시내처럼 흘렀다.

소나기가 지난 다음이면 마을 앞 논배미의 물꼬에 흐르는 물살을 거슬러 오르는 송사리 떼가 힘차 보였다. 논두렁과 논배미엔 메뚜기가 튀었고 더듬이로 논바닥을 쓸며 머뭇거리는 우렁이도 보였다.

그 시절, 벼가 자라는 논배미나 땡볕에 이글거리는 마당이나 텃밭이나 모두가 놀이터였다. 혼자서도 좋았다. 또래들과 같이 라면 더욱 좋았다. 한여름을 저문 줄도 모르고 지냈었다.

그런데 지금은 모두가 너무나 달라져버렸다. 은은한 정취의 초가지붕도, 텃밭 주위를 맴돌며 모이 찾던 씨암탉들도 이젠 찾아보기 힘들어졌다. 텃밭 위 하늘에 낮게 떠다니던 잠자리 떼도, 여름 한낮을 청아하게 울던 매미소리도, 여치소리도 모두 그쳤다. 여름은 더욱 불볕만이 이글거린다. 다시는 돌이킬 수 없는 지난날의 아련한 그리움 때문에서일까, 여름을 맞이하고는 심한 가슴앓이를 한다.

그리고, 마지막 수필

눈을 뜨면 숨 막히도록 가슴이 짓눌리는 시간들이었다.

천안 순천향병원에서 서울아산병원으로 옮겨 온 지 5년여 옮겨온 병원의 권고를 듣고 절망감 속에서 내려오던 길이다. 지하철에 올라 옆자리에 앉은 아내를 살며시 가슴으로 품으니 풀솜처럼 가볍게만 느껴진다.

그동안 얼마나 고통스러웠을까? 고통을 나눠갖고 싶은 마음뿐이랴 마음이 납덩이의 무게로 내려누른다. 그런 아내의 고통을 조금도 덜어 줄 수 없다는 것이 나를 더욱 힘들게 했다. 그러는데 아내가 갑자기 지하철을 왕십리역에서 내리자는 것이다. 나는 의아해서 아내를 바라보았다.

"왜?"

"그 역 스크린도어에 당신 시가 있다며?"

"그런 말은 얼마 전에 전해 들었어."

그것은 오세훈 님이 서울시장으로 있으면서 '시가 흐르는 서울'의 일환으로 서울시 지하철역 승강장 안전 문을 시로 장식하기 시작하였고 내가 소속되어 있던 현대 시인협회에서도 참가하게 되어 짧게 쓴 시를 한 편 보낸 일이 있었다. 그러나 그 무렵 아내가 몸이 좋지 않아 이곳저곳 병원에 진료를 받으러 다니기 시작하였고 결국 천안 순천향병원에서 대장암 진단을 받고 그 즉시 서울아산병원으로 이송되어 치료를 받았다. 아이들이 모두 짝을 찾아 살림을 난 데다가 모두 직장에 매여 있어 아내의 간병을 책임질 수밖에 없었던 나는 생업으로 경영하던 과수원마저 남에게 맡기고 아산병원에 같이 들어가 아내의 간병에만 전념하던 터라 다른 것은 도무지 생각할 겨를이 없었다.

나는 아내의 제의에 고마움을 느끼면서 아내를 바라보았다.

"괜찮겠어?"

나는 아내의 손을 잡고 왕십리역에서 지하철을 내렸다. 불시에 내 마음은 아내에 대한 고마움과 사랑스러움에 눈물로 젖어 흐물흐물 흘러내리고 있었다.

술

땅거미에 등 떠밀려
논두렁길을 돌아올 때면
발밑에 눈 부서지던 소리

앞서가시던 아버지의
두루마기 자락에서 끼치던
바람 같은 술 냄새

아, 정겨운 그리움이여!

마침내 내가 보낸 시 앞에 섰다.

"고마워."

나는 아내의 메마른 손을 살며시 감싸 쥐었다. 그러면서 아내에게 미안한 생각이 스며들기 시작했다. 아내는 주사기와 연이은 수술의 고통 속에서도 남편을 생각해 왔었는데... 과연 나는 무엇인가? 라는 생각이 들었다.

글을 써서 돈이 생기는 것은 아니지만 이따금 현상금이나 어쩌다 몇 푼의 원고료를 받으면 친구들과 만나 술 마시기에 바빴지. 나는 그 돈으로 아내에게 따듯한 밥 한 끼 사주지 못했다는 생각이 스멀스멀 일어나면서 가슴이 저려오기 시작했다.

그러는데 건너편 지하철 선반 아래로 광고지 같은 작은 쪽지가 우연히 눈에 들어왔다. 그것은 '농촌진흥문화자원에 담긴 우리 생활 이야기 공모'였다. 나는 그것을 보면서 이제껏 아내한테 잘못한 일을 얼마간 변상할 수 있겠다는 생각이 스쳐 갔다.

농촌진흥청에서 모집하는 것으로 현상금이 최우수상 한편에 오십만 원이라고 적혀 있었다. 그러자 현상금을 탄다면 아내를 위해 쓸 수 있겠다는 생각이 들었다. 그러고 그동안 잘못을 사죄하고 싶었다. 그러나 한편으로는 무슨 글재주가 있다고 많은 사람들 속에서 최우수상을 차지할 수 있을까 하는 걱정이 먼저 들었다. 그러나 내 나이 칠십 고개를 넘으며 육체적으로나 정신적으로 노쇠해가는 처지로 늦었지만, 이제라도 아내만을 위해서 나의 모든 것을 던지겠다는 생각을 굳혀 갔다.

그래서 쓰기 시작한 것이 '가을 떡에 대한 추억'이었다. 나는 모든 힘을 다해 써 내려가기 시작했다. 그리고 최우수상으로 입상되었다는 통지를 받으며 하늘에 감사하는 마음이었다. 그러나 그 무렵에는 아내의 건강이 더욱 나빠져서 같이 나가 밥 한 그릇 나눌 처지가 못 되었다.

나는 상금 오십만 원을 아내의 야윈 손에 쥐여주며 마음은 몸부림쳤다. 모든 것은 시간이 지나면 되돌릴 수 없다는 것을 새삼 느끼며 가까이 있던 아내이기에 무심했던 순간들이 이렇게 마음을 아프게 파고들 줄은 몰랐다.

아내가 내 곁을 떠난 7년여, 나는 수필 한 편을 쓸 수 없었다, 아내에 대한 아픔 때문에 글을 쓸 수가 없었다.

이제 속죄하는 마음으로 수필의 형식을 빌려 나의 잘못을 뉘우쳐본다.

"여보, 정말 미안해!"

그라운드골프 대회에서

10월 3일

가을비가 오락가락. 어제까지만 해도 잔뜩 흐렸던 하늘이 말끔하게 걷히고 밝은 햇살로 아침을 열었다. 천안종합운동장 시민공원에서 그라운드골프 대회가 있어 서둘렀다. 나로서는 처음 참가하는 시합이다. 천안시 관할 읍면동 그라운드골프 회원들이 모두 모인 곳에 우리 성환읍의 열두 명 남녀회원들도 슬그머니 섞여들었다.

주최 측에서 마련한 천막 안 책상 위에는 입상자들에게 줄 선물이 푸짐하게 놓여있어 앞으로 겨루게 될 경기를 몸으로 느낄 수 있었다. 우리 팀의 여회원인 김문자 님과 지관우 학장은 아래 운동장에서 있는 훌라후프 경기에 참가하기 위하여 내려가고 남은 회원들은 경기가 시작되기 전에 연습을 한 번이라도 더하려고 홀 포스트를 돌며 공을 처넣기에 여념이 없다.

9시 정각.

회원들은 주최 측의 천막 앞에 조별로 모여 인원을 점검한 후 경기를 시작했다. 내가 속한 3조의 조장은 여자분이었다. 첫 느낌이 맑고 시원했다. 경기가 시작되자 마음을 다잡아 먹고 조심스럽게 공을 치는데 자꾸 볼이 빗나갔다. 시합이라 긴장했던 탓일까? 그러나 마지막 8번 홀 포스트에서 홀인을 했다. 뛸 듯 기뻤다. 마음속으로 '야호'를 외쳐본다. 처음 경기가 부진했어도 홀인 하나로 모든 걸 보상할 수 있었다. 정말 '야호'다.

경기가 끝나 공원의 긴 의자에 앉아있는데 조장이 스코어카드(경기 기록표)에 사인을 받으러 왔다.

"조장님은 3점 정도는 감해 받아야 할 텐데요."하는 빈말로 수고에 감사한다. 그러면서 다음 대회부터는 경기에 참여하지 않는 사람으로 스코어 카드에 경기의 성적을 기록했으면 하는 바람이다. 경기를 하는 사람이 경기 성적을 기록하다 보면 생각이 헷갈려 경기에 집중할 수 없기 때문이다.

이런저런 생각에 잠겨 있는데 저만치 경기에 열중하고 있는 아내의 모습이 눈에 들어왔다. 경기장 안의 사람들 너머로 골프클럽을 잔뜩 움켜쥔 아내는 건너편 홀 포스트를 노려보느라 여념이 없다. 3년 전 대장암 말기 진단을 받은 아내가 대장암 수술에 간암 절제 수술 두 번, 결국은 췌장까지 절제하는 수술로 기진맥진하여 돌아왔을 때, 먼저 투병생활 중 가장 중요한 체력을 유지하기 위한 운동이 필요했었다. 그런 때 그라운드골프를 만나게 된 것은 행운이라고 할 수 있다.

일반인은 물론 비만인 사람이나 병후 회복기에 든 사람에게 유산소운동은 빼놓을 수 없는 것이라고 한다. 그중에도 암환자들에게 유산소운동은 꼭 필요하다고 의사선생님들마다 권한다. 유산소운동이란 쉬지 않고 30분 이상은 지속할 수 있는 등산이나 가볍게 달리기, 빠르게 걷기, 자전거 타기, 같은 운동을 말한다. 그중에도 아무 때나 마음만 먹으면 할 수 있는 빠르게 걷기를 권하고 있다.

유산소운동은 짧아도 30분 이상은 지속하는 운동이어야 하는데 그것은 운동을 시작해서 처음 10분 동안은 탄수화물이 소모되고 그 후 10분 동안은 단백질이 소모된다고 한다. 우리에게 가장 문제가 되고 있는 것은 지방의 축적이다. 그런데 운동을 시작해서 20분 이상이 지나야 지방이 소모된다고 한다. 그러므로 20분 정도에 그치는 운동은 지방 소모에 도움이 안 될 수도 있다. 그러기에 최소한 30분 이상은 지속할 수 있는 운동이라야 한다. 말이 쉽지 운동을 30분 이상 지속하기에는 많은 인내가 필요하다.

그런데 그라운드골프를 하게 되면 한 시간이나 두 시간 정도는 모르는 사이에 지나간다. 잔디밭에서 볼을 따라 걷다 보면 시간 가는 줄 모른다. 골프클럽으로 볼을 치면 쥔 손에 둔탁한 느낌이 오면서 "딱"하고 경쾌한 소리가 귓전을 울리면서 마음이 후련해진다. 갖가지 예쁜 색깔의 볼은 묵직해서 날아가지 않고 잔디를 가르며 쏜살같이 홀 포스트를 향해 굴러가 '땡'하고 홀 포스트 중앙에 매달린 종을 때려 울린다. 그 순간의 성취감 그것은 골프클럽을 쥐고 직접 볼을 때린 사람만이 느낄 수 있는 기쁨이다. 운동의 효과는 사람마다 다르겠지만 그라운드골프를 시작한 이후 아내가 몰라보게 밝고 명랑해진 것을 피부로 느낄 수 있었다.

경기가 끝나고 늦은 점심을 들었다. 김문자 님은 훌라후프 경기에 입상하여 상품을 들고 돌아왔다. 점심 식사 후에 시상식이 있었는데 성환에서는 김종호 님이 전체 3등을 하여 상장과 상품을 받았다. 아내는 6등을 하여 상품만이었으나 그것으로 흡족해하니 되었다. 나는 홀인 상을 받았다. 홀인 상으로는 성환에서 박영호 님이 또한 받았고, 안수웅 님이 8조 조장으로 수고하여 조장상을 받았다. 처음 출전한 팀치고는 서운하지 않은 성적을 올려 마음이 가벼웠다. 주최 측에서는 준비한 상품을 참가한 사람 전원에게 하나씩은 돌아가도록 배려를 한 것 같다. 이번 대회를 준비하느라 수고하신 분들에게 다시 감사를 드린다.

어느 날 성환 노인대학 학장으로 있는 지관우 님과 대화 중

그라운드골프 이야기가 나왔을 때, 생소했지만 흥미를 느끼게 되었다. 며칠 후 지관우 학장을 중심으로 몇몇이 모여 운동을 시작했다. 그라운드골프는 십여 년 전부터 천안 노인대학 신안철 고문님이 보급하기 시작했었으나 성환 지역에서는 금년에 처음 시작되었다. 그러나 남녀회원들은 새벽 운동에 열심히 참여하기 시작하였다. 더욱 운동이 필요했던 아내는 나보다도 더 열심히여서 시민문화여성회관 분관 잔디운동장으로 내 등을 떠밀어 매일 같이 나왔다.

점점 아내는 그라운드골프의 재미에 빠져들었다. 그러면서 아내의 기색은 몰라보게 좋아지기 시작했고 활기가 넘치기 시작했다. 운동장에서 공을 따라 빠른 걸음으로 쫓는 아내의 모습을 보면서 나는 지금 하늘에 감사하는 마음이다.

성환 그라운드골프 팀이 이렇게 활성화되는 데는 지관우 학장을 비롯하여 안수웅 님의 역할을 빼놓을 수 없다. 그분은 새벽 일찍 회원인 한장교 님과 운동장에 나와 홀 포스터를 배치하여 놓고 회원 각자의 핸드폰에 문자로 시작을 알리며 매일같이 아이스박스 얼음에 채운 먹을 물을 준비하는 정성을 보였다.

그라운드골프란 골프를 재편성한 것으로 1982년 일본의 돗토리현 도마리손 교육위원회가 중심이 되어 고안한 스포츠라고 한다. 그라운드골프는 운동량이 충분한 데다가 할수록 재미까지 있어 노년기 운동으로 권장할 만하지 않을까 생각해

본다. 거기에다 준비가 간단하여 홀 포스트와 스타트 매트를 놓는 것만으로 언제 어느 곳에서나 운동을 즐길 수 있는 스포츠라고 할 수 있다.

내 생각이지만 몇몇 뜻있는 사람들의 노력으로 그라운드 골프가 생활체육으로 자리 잡아 노년기에 들어선 많은 노인들의 건강을 지켜주고 생활에 활력을 불어넣어 주었으면 하는 바람이다.

낚시터 풍경

호수나 강, 바다에서 물고기를 낚는 낚시질은 인류가 처음 수렵으로 생계를 유지하게 되면서 필요에 의해 시작되었고 발전되어 왔을 것이다. 그러고 처음에는 생활수단으로서 물고기를 잡는 어부의 낚시뿐이었으나 인류가 한곳에 정착하여 농경 생활로 생활이 안정되고 여유가 생기면서 자연스럽게 취미, 즉 낚는 즐거움을 누리기 위한 낚시인의 낚시가 생겨났을 것이다.

문헌상으로 고기잡이 어부가 아니면서 낚시하는 사람이 처음 나타난 것은 사마천의 "사기" '제태공세가'에 보이는 고대 중국 은나라 때 산동의 여상일 것이다. 그는 본명을 강상이라고도 하는 동해에 사는 가난한 사람이었으나 위수 가에서 낚시를 하다가 서백 창을 만나게 되었다고 한다. 창은 그와 이야기를 나누고는 나누고는 크게 기뻐하며 이렇게 말하였다.

"우리 선대의 태공 때부터 이르기를 '장차 성인이 주나라에 올 것이며 주나라는 그로 하여 일어날 것이다.' 라고 하였습니다. 선생이 진정 그분이 아닙니까? 우리 태공께서 선생을 기다려 온 지 오래되었습니다."

이리하여 태공망이라 부르며 수레에 함께 타고 돌아왔다. 그에 대한 전기는 대부분 전설적이지만 뒷날 그의 고사를 바탕으로 하여 낚시질하는 사람을 가리켜 태공망, 혹은 강태공이라 하는 속어가 생겼다. 그러나 그것은 낚시를 잘해서가 아니라 낚시로 세월을 낚았다는 이야기다. 여상은 위수(渭水) 가에서 난세를 걱정하고 천하의 경륜을 탐구하며 자연 속에 파묻혀 유유자적 호연지기를 길렀는데 곧은 낚시로 물고기에는 마음이 없었고 오로지 명상에 잠겨있었다고 한다. 큰 인물이 될 사람을 위빈지기(渭濱地氣)라고도 하는데 이것은 여상이 위수(渭水) 가에서 낚시를 하다가 주나라 문왕에게 등용되어 한나라의 재상이 된 데서 나온 말이다. 물론 강태공이 낚시의 처음은 아니며 그 시대에는 이미 발달한 방법으로 낚시가 성행하였고 낚시가 생업뿐 아니라 취미, 또는 즐거움으로도 행하여졌음을 알 수 있다. 당시 중국에는 오늘날의 낚시 릴과 비슷한 조차(釣車)라는 낚시도구를 사용하였을 정도로 낚시도구가 발달했었다고 한다.

서양에서도 신화시대나 구약성서까지 거슬러 올라가지만, 이때의 낚시는 생존수단으로서 고기잡이를 한 것이 분명하다, 그러나 '풀루타르크 영웅전'의 마르쿠스 안토니우스와 클레오파트라 시대에 이미 낚시를 즐긴 것을 알 수 있다. 고기를 낚는 자체의 즐거움, 예로부터 많은 문인 묵객들이 자연과 더불어 낚시 예찬의 시화를 남긴 기록들이 남아 있다. 우리나라에도 멀리 고구려 소수림왕 때의 것으로

"압록강에 싱그러운 봄이 찾아들며 고기잡이 배가 한가로이 강 위에 떠 있다."

라는 시문이 남아 있다 하니 그 옛날 멋진 낚시 풍류를 엿볼 수 있다.

낚시바늘이 만들어진 것은 구석기시대의 일이라고 한다. 돌이나 나무뿌리 같은 낚시바늘로부터 시작하여 오늘날의 낚시바늘로까지 발전하였듯이 낚시바늘에서 낚싯줄, 낚싯대에서 릴에 이르기까지 모든 낚시 도구가 점차 개량 되면서 발달해 왔다고 할 수 있다.

공자는 조이불망(釣而不網)이라 하였으니 낚시는 할지언정 어부가 아니면 그물질은 하지 말라는 뜻이다. 또한 취적비취어(取摘非取漁)라 하여 고기를 낚아 올리는 그 순간, 즉 낚는 맛과 멋을 즐기되 고기를 취하지 않는다는 말은 낚시인으로서 마음속에 새겨 좌우명으로 삼아야 할 것이다. 그래서 이웃 나라 일본에서 만들어내는 붕어용 낚시바늘에는 미늘이

없다고 한다. 그것은 잡은 고기를 방류할 때 붕어에게 상처를 입히지 않게 하기 위해서라고 한다.

낚시는 훌륭한 취미이자 스포츠이다. 낚시를 가리켜 예로부터 '명상하는 사람의 레크리에이션' 또는 '기다림의 예술'이라 하여 호연지기를 길러 내일의 활력소를 만든다고 하였다. 따라서 낚시터는 하나의 도장으로서 낚시는 참선과도 같다 하여 조선일여(釣禪一如)라 하였다.

그러기에 낚시터에서는 남에게 방해가 되거나 피해를 끼치는 일이 없도록 몸가짐을 조심해야 할 것이다. 맑은 공기를 마시며 자연을 배우고 순박한 인정과의 만남을 통하여 낚시는 낚시인의 품성을 길러준다고 할 수 있다. 낚시인은 자연을 소중히 알고 자연과 함께할 때만이 진정한 낚시인의 즐거움을 느낄 수 있을 것이다.

레저스포츠로서의 낚시는 복잡한 도시 생활에서 벗어나 호수, 강, 바다 등에서 즐기는 취미활동으로서 사람들의 생활이 나아지면서 낚시 인구는 점차 늘어가는 추세이다. 낚시는 남녀노소 누구나 즐길 수 있는 야외활동으로 잠시나마 일상에서 벗어나 정신을 수양할 수 있도록 해주며 정신적 안정과 함께 심신의 피로를 푸는 데 도움을 준다. 그만치 낚시는 레저스포츠로 더할 나위 없다.

젊은 날 낚시에 심취했던 때가 있었다. 할아버지로부터 물려받은 논을 팔아 장만했던 과수원에서 얼마 멀지 않은 곳에 넓은 저수지가 있었다. 아내가 읍내에서 신발가게를 하고 있었기 때문에 나는 아침 일찍 오토바이를 타고 과수원에 갔다가 저녁에 읍내로 돌아오고는 했었다. 혼자서 무료한 시간을 달래기 위해서 시작했던 것이 낚시였다. 그러다가 그 재미에 푹 빠졌다.

그런 탓인가. 나는 지금까지 지나는 길에 낚시터가 있으면 멈춰서 둘러보기를 좋아한다. 그런데 그때마다 나는 실망을 안고 돌아서고는 했다. 마음이 편치 않았다. 낚시인들이 앉았다 간 곳이면 어느 곳이나 어김없이 쓰레기로 더러워져 발 디딜 틈이 없었다. 군데군데 깨어져 날카로운 이빨을 들이대고 있는 소주병, 흩어져 바람에 일렁거리는 비닐 조각들, 버려져 썩고 있는 음식 찌꺼기는 악취를 내뿜고 있다. 그뿐만이 아니다. 낚시터 부근의 논밭은 산짐승이 내려와 돌아다닌 듯 이곳저곳 농작물이 쓰러져 짓밟혀 있다. 그걸 바라보는 농민들의 마음이야 오죽하겠는가. 시정잡배도 그런 짓은 하지 않는다. 정말이지 낚시인으로서 할 짓이 아니다.

이제는 놀이문화가 성숙되어 자기로 인하여 만들어진 쓰레기는 되가져가는 일이 생활화되어 가고 있다. 머물렀던 자리를 보면 그 사람의 됨됨이를 알 수가 있다고 한다. 사람은 머물렀던 자리가 깨끗해야 한다. 그 자리는 언젠가 다시 돌아와 머물 수도 있는 자리이기도 하기 때문이다. 그뿐만 아니라 머물렀던 자리를 깨끗이 치우는 것은 사람으로서 의당 해야 할 예의다. 그것은 뒷사람을 배려하는 마음이기도 한 것이다.

노약자 보호석

시골에서 농사를 짓는 나 같은 사람도 아무 때나 전철을 이용하게 되었으니 우리나라의 교통은 더없이 편리해졌다고 할 수 있다. 그런데 그때마다 전철에 올라 노약자 보호석에 자리를 잡고 앉으면 자꾸만 남의 자리에 앉은 것 같아 개운하지 않고 미안한 생각이 먼저 들었다. 어느새 내 나이 일흔을 넘기게 되니 자연스럽게 무임승차에 길들여지게 되었다. 효 사상의 일부로 정부나 전철 회사가 배려한 것이겠지만 동방예의지국에서 태어났기에 누리게 되는 복인지도 모른다. 하지만 만원 전철의 손잡이에 매달려가는 젊은 사람들한테 여간 미안한 일이 아닐 수 없었다. 그런데 아내의 병이 깊어 서울병원으로 치료를 받으러 다니게 되면서부터는 전보다 자주 전철을 이용하게 되었다.

전철에 오르기 바쁘게 이어폰을 귀에 꽂은 학생들이 손안에 든 전자기기로 게임을 하느라 정신이 없는 틈에서, 책을 펼쳐 든 몇몇의 학생들을 볼 때마다 한여름 시원한 바람처럼 청량감을 느끼게 된다. 만원 전철에서 밀리다 보면 노약자 보호석 근처를 벗어나 일반승객의 좌석 앞까지 밀리게 되고 그러다 보면 젊은 학생들이 일어나 자리를 양보하게 되면 잠시 몸 둘 곳을 모르겠다. 학교를 오가느라 피곤한 학생들을 쉬지도 못하게 하는구나 하는 자책에 가능하면 노약자 보호석 근처를 떠나지 않으려 하나 그러다 보면 노약자 보호석에 앉아있는 같은 또래의 노인들이 자리를 비우기만 바라고 있는 것 같아서 그 또한 마음이 편치 못하다. 이런저런 편리한 전철을 타고 다니면서도 마음은 늘 미안하고 편치 못했던 것은 사실이었다.

한번은 전철이 만원이어서 노약자 보호석을 벗어나 일반석까지 밀려 손잡이에 흔들리고 있는데 갑자기 왁자지껄하는 소리에 고개를 돌리니 저만치 노약자 보호석 앞에서 웬 노인 한 분이 고함을 고래고래 지르고 있었고 경로석에는 젊은 부인 한 분이 주눅이 들어 고개를 들지 못하고 앉아있었다. 아직은 정정한 모습으로 보아 예순 줄을 벗어나지 않았을 노인은 젊은 여자가 노약자 보호석에 버티고 앉아서 노인에게 자리를 비우지 않는다고 야단이었다. 아무리 생각해도 바람직하지 않은 모습이었다.

나는 얼른 고개를 돌려버렸다. 그랬어도 얼굴이 사뭇 화끈거려 왔다. 아무리 생각해도 노약자 보호석이 노인들의 전유물이 될 수는 없을 것이다. 그것은 젊은 사람들의 배려와 양보에 의해서 제공된 자리일 뿐이다. 집에 있을 딸이나 며느리를 생각해서 잠시 불편함을 참고 지켜볼 수는 없었을까? 그랬으면 젊은 부인은 집에 계실 부모님을 생각해서라도 서 계신 노인을 위해서 자리를 양보했을 것이다.

성내역에서 신도림역까지 가기 위해서 전철 2호선에 올랐다. 요즘 나는 전철에 오르면 먼저 아내가 자리를 잡아야 마음이 놓였다. 몸이 불편한 아내가 자리를 잡지 못하면 내 마음은 불안하고 염려스러워 견딜 수 없다. 그러나 아내의 피곤한 모습을 보고는 자리를 양보하는 젊은이들이 많았다. 이런 젊은이들한테 늘 미안한 마음이다. 나이 먹은 것도 죄가 되어 늘 젊은이들에게 폐를 끼치며 사는 것 같다. 그런데 그날은 아내가 노약자 보호석에 앉게 되고 나도 그 옆자리에 앉아 갈 수가 있게 되었다.

전철이 삼성역을 지나면서부터는 점점 비좁아지기 시작하면서 노약자 보호석 앞까지 사람들이 밀려와 손잡이에 매달리게 되었다. 잠시 후, 보니 내 앞에 젊은 부인이 밀려와 있었는데 겉으로 보기에도 배가 많이 불러 있었다. 올려다보니 부인의 콧등에 송알송알 땀방울이 맺히고 있었다. 아무리 보아

도 임신 중인 부인이었다. 나는 일어서면서

"새댁, 이 자리에 앉아요."

했으나

"아니요 괜찮아요."

젊은 부인은 노인이 일어난 자리라 사양하며 앉으려 하지 않는다. 그것을 보고 옆의 아내가

"새댁 앉아요. 할아버지가 아기 때문에 양보한 자리니..." 하고 권하자 마지못해 자리에 앉는다.

부인에게 자리를 물려주고 막 돌아서는데 노약자 보호석 위에 붙어 있는 그림이 한눈에 들어왔다. 노약자 보호석 위에는 노약자, 장애인, 임산부, 영유아 동반자를 표시하는 그림이 기호처럼 붙어 있었다. 그런데 맨 앞의 노약자 표시인 그림에 누구인지 검은색 유성 펜으로 가위표를 해 놓았다. 순간 가슴이 섬찟했다.

누구였을까? 젊은 사람들 중의 하나이리라. 그는 하는 일 없이 빈둥거리기만 하는 노인네들이 전철에 운임도 내지 않고 다니는 것도 모자라 지정된 좌석까지 준비된다는 것이 못마땅했으리라. 어쩌면 노인들은 세상에 아무런 도움도 되지 못하고 소비만 해대는 거추장스럽고 쓸모없는 존재인지도 모른다. 그 젊은이의 눈에는 노인이란 소각장으로 실려 가는 쓰레기 이상 아무것도 아닌 존재로만 비쳤는지도 모른다. 노인들에게도 한때는 젊음이 있어 아이들을 키우기 위해서 생활

현장에서 위험에 마주했고 자라나는 아이들을 위하여 터전을 닦았으리라는 것은 미처 생각하지 못했는지도 모른다.

하루하루 온기가 식어가는 몸으로 무능력한 몸짓을 해대는 노인들의 모습이 거추장스럽고 역겹기만 한 것인지도 모른다. 그 젊은이의 눈에는 자신을 키우고 가르치기 위해 허리띠를 졸라매느라 오직 한 번뿐인 젊음을 즐겨볼 사이도 없이 지나쳐버린 지난날 모습은 보지 못하고 오늘의 무기력한 부모의 모습만 보였는지도 모른다. 오늘의 부모님들은 6·25의 참화를 견디어내고 4·19 민주혁명을 이루어 냈으며 산업전선에서 땀 흘려 그 땀의 열매로 오늘을 일궈낸 사람들이다.

생각해보면 지금의 노약자 보호석이란 40년 50년 후의 젊은이 자신들을 위한 예약석이 아니던가?

다녀올게요

마당 끝에 우람하게 서 있는 오동나무 곁에서 딸아이가 화사한 웃음으로 고개를 까딱한다.

"아빠, 다녀올게요!"

개강에 앞서 학교로 떠나면서 딸아이는 언제나처럼

"다녀올게요!" 하고 인사를 한다.

시골에 있는 탓으로 읍내 중학교를 마치고는 고등학교에 들어가면서부터 학교 옆에서 자취 생활을 시작한 것이 어느덧 대학 졸업을 앞두게 되었다. 한 달에 잘해야 한두 번 집에 돌아와 식구들과 어울릴 수 있어서인지 딸아이는 한 번도

"아빠, 저 갈게요!" 하는 일이 없다.

"아빠, 다녀올게요!"

환한 웃음으로 인사를 하고는 가볍게 발걸음을 돌린다.

딸아이가 등성이를 넘고 논두렁길을 지나 건너편 과수원 샛길로 숨어들어 보이지 않을 때까지 뒷모습을 지켜보는데, 새삼스럽게 많이도 컸구나 하는 생각이 마음에 와닿는다. 집에서 읍내 학교까지는 십리 길, 일곱 살짜리 어린 것을 처음 초등학교에 넣고 안절부절못하던 것이 엊그제 같은데….

그해 겨울은 유별나게도 눈이 많이 내렸다. 학교에 오가는 딸아이를 멀리서 바라보면 흰 눈 위로 빨간색 공이 굴러다니는 것만 같았다. 춥다고 속옷을 몇 겹으로 껴입힌 데다 알뜰하기만 한 제 어머니가 두고두고 입힌다고 너덧 살이나 위의 아이들이 입어도 될 치수의 큰 외투를 사 입혀 그 옷깃에 파묻힌 딸아이의 작은 얼굴이 보이지 않을 지경이었다. 딸아이는 그 옷 무게와 눈보라를 용케 견디며 그해 겨울을 넘겨 초등학교 일학년을 결석 한번 안 하고 마쳤다.

지난날 내가 그 어려움을 견디며 살아올 수 있었던 것은 어쩌면 곁에 딸아이가 있었기 때문은 아니었을까?

딸아이가 세 살이었던 해, 나는 서울 변두리 마루터기의 사글셋방에서 추운 겨울을 보냈었다. 아무 준비도 없이 고향을 떠나 서울로 올라갔던 나는 여러 군데를 돌아다녀 봤으나 어느 곳에서도 일자리를 얻을 수는 없었다.

아침에 집 앞에서 시영버스를 타고 나갈 때만 해도 어쩌면? 했으나 저녁에 돌아오던 내 마음은 언제나 허탈에 빠져 있었다. 그때마다 버스에서 힘없이 내리는 나를 발견하고 종종걸음으로 달려오던 딸아이가 없었다면 나는 그 실의의 순간들을 참아낼 수 없었을 것이다.

"아빠!"

두 팔을 날개처럼 벌리고 마주 달려와 품 안 가득 안기던 딸아이로 나는 잠시나마 온갖 시름을 잊을 수 있었다. 밤늦게 돌아오는 날에도 마당에 들어서기 바쁘게 방문이 후다닥 열리며 맨 먼저 뛰어나오는 것은 역시 딸아이였다.

"아빠다!"

종종걸음으로 문지방을 위태롭게 넘어서 내 품 안에 안겼다. 어느 때는 맑고 초롱초롱 하기만 하던 딸아이의 두 눈이 흐려져 있는 것을 보며 문밖에 이는 바람의 기척에도 기다렸을 딸아이를 생각하고 얼마나 마음 아파했는지 모른다. 딸아이는 언제나 내 곁에 있어 그 해맑은 모습으로 내게 위안이 되어 왔던 것이다.

요즈음 나는 딸아이의 어린 시절을 돌아보며 감미로운 추억의 늪에 빠져드는 시간이 많아졌다. 그러다가 엉뚱하게도 딸아이가 내 곁을 떠나버릴 것만 같은 생각에 몸달아 하기도 한다. 어떤 때는 딸아이의 자랄 대로 자란 키를 바라보다가 소소해지는 마음을 어쩌지 못하고 있다. 그것은 소중한 것을 놓아버려야만 하는 안타까움 같은 것이기도 했다.

어느새 내가 나이를 먹은 탓인가? 나는 딸아이의 어린 시절

모습이 되살아날 때마다 소중한 추억의 그리움에 흠뻑 젖어 다시는 되돌릴 수 없음을 아쉬워하는 애비가 되고 말았다. 이담에라도 딸아이한테서만은 "아빠, 저 갈게요!" 하는 투의 인사말은 듣고 싶지가 않다.

"아빠, 다녀올게요!"

언제까지나 가볍게 돌아서서 가는 딸아이의 뒷모습을 실컷 바라보고 싶은 마음은 비록 나뿐일까.

"얼른 다녀오너라. 아버지도 네가 보고 싶으니까. 아버지가 늘 기다리고 있다는 것을 너도 잘 알고 있겠지?"

딸아이의 첫돌 기념으로 심은 우람하게 자란 오동나무를 올려다보고 있자니,

"아빠, 다녀올게요!"

딸아이의 티 없이 맑은 목소리가 귓가에서 맴돈다.

모정

몰아치는 비바람을 감당 못 하고 내둘리는 배나무 가지에서 주먹덩이 같은 열매들이 맨바닥에 툭툭 떨어져 깨질 때마다 마음이 움찔움찔했다. 대단한 폭풍우였다. 속수무책으로 제발 바람이 잠잠해지기만을 빌면서 안타깝게 바라보고만 있었다. 잠잠해지는가 싶다가 또다시 새로운 바람이 세찬 빗줄기를 몰아쳤다. 마당은 온통 흙탕물로 넘쳤다.

나는 마루 위까지 흩뿌리는 빗줄기를 피해 앉으면서도 마당 끝 풀숲 너머로 과수원의 배나무에서 눈을 떼지 못하고 있었다. 가지마다 매달려있던 미처 덜 익은 배 열매들이 떨어져 깨지는 파열음을 아프게 느끼면서 바라보던 내 눈에 조금도 어울리지 않는 작은 물체 하나가 뛰어들었다. 그것은 앙증스러워 보이는 한 마리 쥐였다.

마당 끝 풀숲 밑에서 물에 흠뻑 젖은 어미 쥐가 한 마리 불쑥 튀어나와 헛간 쪽으로 빠르게 내달았다. 언뜻 보니 어미 쥐는 새끼 한 마리를 무겁게 물고 있었다. 한참 후 다시 되돌아 풀숲 밑으로 가서는 또 한 마리. 여섯 마리의 새끼를 나르는 동안 어미 쥐는 빗물에 젖은 데다 힘이 다해 곧 쓰러질 듯 비척대면서 헛간 쪽으로 기어가고 있었다.

새끼들을 키우던 보금자리에 갑자기 빗물이 들이닥쳐 위급하게 되자 제 몸을 돌볼 사이도 없이 새끼들을 안전한 곳으로 피신시키려는 어미 쥐의 힘겨운 노력에 마음이 움직여 나는 우산을 찾아들고 비바람 속으로 나가 어미 쥐가 사라진 헛간으로 가 보았다.

발소리를 죽이고 살며시 다가가 조심조심 찾아보니 헛간 벽에 잇대어 쌓아둔 짚더미 틈새에 여섯 마리의 빨간 몸뚱이가 뭉텅이져 고물거리고 있었다. 어미 쥐는 새로운 보금자리를 찾으러 나갔는지 보이지 않는다. 아무리 그것이 농작물을 해치고 질병을 옮기는 해로운 동물이었지만 어미 쥐의 지극한 보살핌을 생각하니 차마 치워 버릴 수가 없었다. 어머니 없이 유년을 보내야 했었던 나로서는 위난을 벗어난 새끼 쥐들이 다시 어미 쥐의 사랑 속에서 자랄 수 있으리라 생각하니 다행스럽기만 했다.

지금의 세태 속에 미혼모의 숫자는 점점 늘어만 간다고 한다. 그로 해서 버려질 수밖에 없었던 많은 아이들. 거기다 쉽사리 헤어지고 쉽사리 맺어지는 부부들로 해서 남겨진 아이들. 그로 해서 다른 곳에 접목된 그 아이들의 아픔을 자식을 버린 부모들은 짐작이나 하고 있을는지 궁금한 일이다. 제 새끼가 태어날 알을 남의 둥지에 버린 어미 뻐꾸기는 그 되돌릴 수 없는 후회로 한여름을 피 울음으로 보낸다고 한다.

신문의 사회면이 아니라도 나는 내 주위에서 그런 일들이 아무렇지도 않게 일어나고 있는 것을 본다. 다른 남자를 따라가기 위해서 아이들을 고아원에 맡겨두고 잊어버리는 어머니도 보았다. 작은 마찰로 해서 헤어지는 부부에게 아이들은 안중에도 없는 것 같았다. 그러니 미혼모들은 자신의 실수를 감추기 위해서 아이를 버릴 수밖에는 없었을지도 모른다. 그러나 아무리 쾌락 추구의 세태라 하지만 자신으로 해서 태어난 생명은 거두어야 사람의 도리일 것이다.

정말 그들은 모르는 것일까? 부모에 대한 그리움이 유년의 꿈속에 얼마나 자지러들 듯한 슬픔으로 남는지를. 아무리 야윈 가슴에 빈약한 젖꼭지일지라도 아이들은 제 어머니의 젖꼭지를 원한다. 냄새나는 때 절은 치마폭일망정 제 어머니의 치마폭에 감싸이길 원한다. 아이들은 오직 제 부모의 품 안에 있기를 바란다.

연어는 낳아야 할 알을 위해서 수만리 거친 파도를 헤치고 수많은 천적들과 부딪치면서 제 고향으로 돌아오느라 죽음을 무릅쓴다. 알을 낳느라 힘이 다해서 죽어가는 어미 가시고기. 알에서 깨어난 새끼들을 보살피느라 야윈 죽음을 향해서 몸부림치는 아비 가시고기의 외로운 슬픔. 이런 연어나 가시고기의 새끼들을 향한 사랑이 아니라도 어미 쥐처럼 새끼들을 위난에서 구하려고 제 몸을 돌보지 않는 슬기와 용기를 사람들은 배워야 할런지도 모른다.

문패

어느 때고 낯선 마을의 고샅길을 들어서게 되면 나도 모르는 사이에 남의 집 대문 옆에 붙어있는 문패를 훔쳐보는 버릇이 있었다. 그런 버릇은 서울 생활에서부터 시작된 것 같다. 60년대 말, 나는 아내와 남매를 데리고 서울로 향했었다. 고향에서 농투성이가 되어 살아간다는 것이 생각만 해도 따분했고 창피스럽기까지 한데다 서울에 올라가 도시의 그늘 속에서 좀 지적이고 문화적인 생활을 해보려는 마음이 앞서 있었다.

그런데 서울에 올라와서 셋방살이를 시작한 지 얼마 되지 않아서 나도 모르는 사이에 그런 버릇이 생겨버린 것이다. 그 많은 서울의 골목에서 그 많은 집 대문 앞을 지나며 그때마다 자연히 눈에 부딪히는 갖가지 문패들의 모양새에 마음이 끌려

들기 시작했고 그러면서 아담한 내 집 대문 옆에 정갈하게 붙어있을 내 이름 석 자가 새겨진 문패를 떠올려 보고는 했었다.

그랬으나 서울 생활에서 나는 끝끝내 내 문패를 가져보지 못하고 말았다. 아무 데서도 내 작은 문패가 붙어있을 틈이 없었다. 점점 남의 문패에 대해서 어떤 반발을 느끼게 되었고 그러다가 제풀에 주눅이 들고 말았다.

그것은 귀향해서도 마찬가지였다. 오래전에 돌아가신 아버지의 문패가 어느 날 떼어져 담 구석에서 빗물에 흐려지던 집의 대문 옆에 낯모르는 사람의 문패가 붙어있는 걸 보면서, 지금은 자리 잡아 아담한 새집을 세우고 그 대문 옆에 낯익은 이름의 문패가 붙어있는 고향 친구의 집을 찾게 되었을 때, 나는 문득문득 내 문패를 생각하며 마음이 쓸쓸했다.

아버지의 문패는 사기판 위에 붓글씨로 쓴 것이어서 아버지가 돌아가시고 담 구석에 버려진 것을 발견했을 때는 빗물에 글씨가 알아볼 수 없게 흐려지고 때에 찌들어 보기 흉했었다. 맨 처음 그곳에는 할아버지 이름이 붓글씨로 쓰여져 대문 옆에 붙어 있었던 것이고 할아버지가 돌아가시고는 아버지 이름으로 글자만 바뀌어져 있었다.

나는 그때 무슨 생각에서였는지 그 문패를 주어 비눗물로 때를 말끔하게 닦아서 헛방 어느 곳에 간수했었다. 그러면서 나는 내 이름을 그곳에 잘 써넣어 대문 옆에 붙이리라 생각했을 테지만 아직 중학교에 다니던 때였으므로 내 문패를 붙여

둔다는 것이 아무래도 쑥스러워 문패를 헛방 구석에 놓아두었다가 그 생각마저 잊어버렸던 것 같다. 하긴 그 무렵만 해도 집에는 방이 있고 부엌이 있고 대문이 있듯이 문패 또한 으레 대문 옆에 붙어있으려니 생각했지 별나게 문패에 대해서 관심을 가져본 일도 없었다.

나의 문패에 대한 관심은 서울 생활에서 덤으로 얻어진 버릇이었다. 귀향해서도 수년 동안 나는 내 문패를 붙일 장소를 찾지 못하고 있었다. 그러면서도 장터에서나 어디에서 문패를 만들어 팔고 있는 곳을 지나게 되면 언제나 그곳을 쉽게 떠나지 못하고 망설여 서성거리며 내 이름자를 찾아보고는 했었다.

나는 아버지의 문패가 붙어있던 옛집을 다시 사들일 수 있었다. 그리고 주인이 이사를 가면서 거둬 가버린 문패가 붙어있던 빈자리에 이제는 내 문패를 버젓이 붙여 놓으리라. 이삿짐을 풀던 첫날부터 생각했던 것인데 수년을 그냥 문패를 준비해야지 벼르면서 지냈다. 그것은 오랜 세월 낡아 반쯤은 기울어진 헌 집에 어울리는 문패가 얼른 생각나지 않아서였는지도 모른다. 그 옛날 아버지의 사기 문패가 있었다면 내 손으로 먹을 갈아 서툴게라도 내 이름 석 자를 써넣어 붙여 놓았을 테지만 집안 어디에도 그 사기 문패는 보이지 않았다. 깨져 동강이 났거나 쓸모없어져 누구의 손에 치워져 버린 모양이었다.

내가 그동안 보아왔던 문패들은 그 집과 사람에 잘 어울린다고 생각되는 것이 그리 흔치 않았다. 대부분 집이나 그 문패의 주인에게 과장되거나 사치스러운 문패들이 아니면 초라하고 조잡한 문패들이 대부분이었다. 집과 사람에게 걸맞게 어울리는 문패는 그리 많지 않은 것 같았다. 어찌 되었든 그런 망설임 때문이었는지 생각하고도 선뜻 행동으로 옮기지 못하는 나의 게으른 천성 때문이었던지 모르지만, 문패를 준비하지 못하고 벼르고만 지냈다.

헌 집을 헐어버리고 그 집터 자리에 새집을 세운 지금에도 아직 문패를 준비하지 못하고 있는 실정이다. 얼마 전 처음으로 새집을 짓고 벽돌을 쌓아 올려 큼직하게 대문 기둥을 세우면서 나는 맨 먼저 문패를 생각해 냈었다.

집들이하기 며칠 전이다. 장날이어서 읍내에 나갔던 길에 이웃 마을에 살고 있는 후배를 만났다. 후배는 나를 보자 대뜸 팔을 잡아끌었다.

"형님, 이리 좀 오셔요. 저랑 함께 갈 디가 있는데."

나는 장터 어디에 새로 생긴 술집이 있어 보아 둔 곳이 있거니 하고

"좋은 곳이라도 있어? 어디."하고 물었다.

"따라만 오셔요."

후배는 앞장서 장터 쪽으로 걷더니 장꾼들로 붐비는 장터를 이리저리 헤집고 다녔다.

"이 사람이, 원?"

나는 의아한 생각이었다.

"이상하다. 이 근처였는데? 지난 장날에도 있었고."

"뭘? 찾는 디 그려?"

그제야 후배는 돌아보며 멋쩍은 듯 씩 웃는다.

"이번 형님네 집들이할 때 막걸리 먹으러 가야지요?"

"그럼 와야지. 자네가 빠져서 되는가?"

"그래서 지금 형님 문패 하나 맞춰 드리려고 문패 장수를 찾는 중 아뇨. 그런데 내 이곳에 있던 문패 장수가 보이질 않으니."

"난 또? 관둬 이 사람아 문패는 무슨 문패여. 어디 가서 술이나 한잔 하지."

그랬으나 나는 마음속으로 후배에게 고마움을 느꼈다. 그러면서 이번 새집 대문 기둥에 붙일 문패만은 새집에 꼭 어울리는 문패를 준비하리라 마음먹는다.

"형님, 지금에야 말씀드리지만 서두 여태껏 문패 한번 붙여보지 못하고 살았어요. 남의 문패를 볼 때마다. 그것이 왜 그리 부럽던지."

후배와 나는 그날 술 몇 잔을 나누고 헤어졌지만 나는 지금까지도 새집 대문 기둥에 문패를 붙이지 못하고 있다. 어쩌면 앞으로도 한동안 문패 없이 지낼는지도 모른다. 모든 게 썩 어울리는 문패를 발견해 낼 때까지는 말이다.

버스 안에서

북면 소재지인 오곡리까지 가는 길은 초행인 데다 차편도 한 시간에 한 번씩 오가는 시내버스뿐이었다. 그것도 한동안 줄 서기를 해서야 탈 수 있었다. 오곡리 가는 버스가 정류장에 닿자 기다렸던 사람들로 붐벼서 겨우 좌석을 차지하고 앉아서야 어떤 조바심에서 벗어날 수가 있었다. 언제부터인지 버스를 타려고 출입문 앞에만 서면 좌석으로 인해서 조바심하고는 했었다. 그것은 내가 남보다 키가 작은 편인 데다 몸 또한 튼실하지 못한 탓인지도 모른다.

만원 버스에 올라 이리 밀리고 저리 밀리다 보면 나보다는 귀때기 하나씩은 더 큰 사람들 틈에서 답답함을 견디느라 기진맥진해 버린다. 그래서인지 처음부터 서서 가리라 마음먹고 서두르지 않으려 해도 버스의 출입문 앞에만 서게 되면 모르는 사이 조바심에 사로잡히고 만다. 이제는 어지간한 나이에 이르렀으니 웬만한 불편쯤은 속으로 삭여내고 조바심하지 말자 하면서도 실은 그게 잘되지 않는다. 때로는 사람들을 제치고 서둘러 버스에 앉아서야 내 행동이 스스로 부끄러워 후회하기도 한다.

버스 안에 가득한 후덥지근함을 참지 못하고 나는 웃옷의 단추를 끌렀다. 앞쪽으로 밀린 차창 틈을 통해 실바람이 들어와 더위를 얼마간 식힐 수 있어 다행이었지만 버스 손잡이에 의지해 서 있는 사람들 보기가 민망했다. 그러면서도 한편으로는 덥고 지루하긴 했지만, 정류장에서 꼬박이 줄을 서서 기다리기를 잘했다는 생각이었다.

버스가 곳곳의 정류장마다 멈추며 사람을 태워 천안 삼거리에서 목천 가는 길목으로 접어들 무렵에는 서 있기도 어려울 지경이었다. 말복 고비의 불볕이 버스를 냄비처럼 달구면서 비좁게 들어선 사람들의 열기와 겹쳐 숨을 몰아쉬기도 답답했다. 버스가 멈출 때마다 이유 없이 짜증스러웠다.

멈췄다 막 떠나려는 버스가 다시 멈췄다. 그러자 사람들을 헤집고 노인 한 분이 올라왔다. 다림질이 잘된 세모시 고의적삼에 한 손에는 쥘부채를 접어서 들고 멋을 낸 차림이었다. 노인은 안으로 들어오다가 내 앞좌석에 앉아있던 젊은이 곁에서 멈춰 섰다. 한동안 그렇게 서 있던 노인이 한 손에 접어든 쥘부채로 젊은이의 어깨를 툭 친다. 젊은이가 의아해서 올려다보자 노인은 쥘부채를 까딱까딱 까불어 댄다. 처음엔 노인의 쥘부채가 까닥까닥 까불어 대는 의미를 미처 몰랐다가 그것이 무얼 뜻하는지 알아채고는 조금은 어이없는 마음이었다. 젊은이도 그제야 까딱거리는 쥘부채의 의미를 깨달았는지 마지못해 좌석에서 일어나 비켜선다. 쥘부채 끝으로 젊은이가 일어서길 재촉하던 노인은 당연하다는 듯이 좌석에 걸터앉으며 창문의 가운데쯤 열려있던 차창을 뒤로 확 밀어붙였다. 그러니 내 쪽에 조금 나있던 틈마저 닫혀버리고 말았다.

노인은 아무 일 없었던 것처럼 차창 밖으로 눈을 돌리고 담뱃갑에서 담배를 꺼내어 천천히 입으로 가져간다.

"젊은이 미안하구먼, 나이를 먹으니 다릿심이 없어서 그런겨. 서서 갈 수가 있어야지."

금방이라도 노인의 입에서 이런 미안해하는 말이 나올 것을 기다리며 반백의 머리칼이 잘 다듬어진 뒤통수를 바라봤으나 노인은 끝내 아무 말도 없었다. 그러면

"아녀유. 괜찮구먼유, 진작에 지가 어르신께 자리를 내드렸어야 했을 것인디."

하고 도리어 송구스러워했을 젊은이는 잠시 상기한 표정이더니 갑자기 무안한 생각이 들었던지 슬그머니 뒤쪽으로 자리를 비켜버렸다.

젊은이가 노인에게 자리를 양보하는 것은 어쩌면 당연한

일인지도 모른다. 그런데도 버스가 출발한 정류장에서 줄서기를 하던 젊은이를 생각하며 마음이 개운하지 않았다. 서른 전후의 나이일 젊은이는 내 앞에서 꼬박이 줄을 서서 기다렸었다. 지금 노인이 앉아있는 그 좌석은 젊은이가 불볕 아래서 꼬박이 줄서기를 한끝에야 얻을 수 있었다. 그것은 질서를 지킨 젊은이에게 마땅히 돌아온 권리이기도 한 것이다. 그 권리를 젊은이 스스로 노인에게 양보할 수 있었다면 그것은 또 얼마나 정겨운 일이었을까? 그러나 노인의 경우처럼 일방적으로 젊은이에게 양보를 강요해서야 아무리 생각해봐도 바람직한 일은 아닐 것 같다.

버스가 닿으면 이제까지의 줄서기도 무너지고 사람들이 서둘러 출입문으로 몰리는 것은 좌석에 앉아 가려는 편의를 바라기 때문이다. 그것은 교통이 불편하던 시절을 살아오면서 자연스럽게 길들여진 습성인지도 모른다. 만원 버스로 학교를 오가야 했던 나 또한 그런 습성을 버리지 못하고 이 나이에 이르렀던 것은 아닐까. 어느 때는 텅 빈 버스의 출입문 앞에서도 조바심하면서 오르게 된다. 버스의 출입문 앞에서 버릇처럼 되풀이되는 나의 이런 조바심도 실은 자신만을 먼저 생각하려는 마음에서 비롯되고 있는 것 같다.

버스의 좌석으로 인해서 빚어지는 이런 갈등은 작은 일에 지나지 않지만, 세상을 살아가다 보면 작은 일로 해서 마음이 상하는 경우가 종종 있다. 때로는 작은 일로해서 마음에 더 큰 기쁨을 얻기도 한다. 만원 버스에서 좌석을 내주고 서서 가기란 쉬운 일이 아니다. 뭇사람들의 어깨에 짓눌리다 보면 짜증스럽기만 하다. 그래서 기력이 쇠한 노인이나 아이어머니가 곁에서 시달려도 선뜻 좌석을 내줄 마음이 내키지 않는 때가 많다. 그렇지만 내가 작은 불편을 견딤으로 해서 남을 생각하는 마음 흐뭇함도 있을 것 같다.

노인에게 좌석을 내주고 뒤쪽으로 물러난 젊은이의 마음을 잠시 생각해 본다. 마음 흐뭇할 수도 있었던 자리가 서먹서먹해졌던 것은 서로가 자신만의 편의를 먼저 생각했던 때문은 아니었을까. 비록 작은 일이지만 서로가 서로를 생각하는 마음을 나눠가질 때 언제라도 버스 안이 한결 넓어지고 편안해질는지도 모른다.

뻐꾸기

어디선가 뻐꾸기가 운다. 평토제를 지내면서 어머니 무덤에 절을 올리고 일어서려는데 그 울음소리는 잊혔던 기억을 되살리며 내 마음을 바람으로 헤집기 시작했다.

뻐꾸기는 그 모습으로 보다 그 울음소리로 먼저 익숙해졌다. 과수원 울타리의 아카시아 꽃이 필 무렵이면 뻐꾸기울음소리는 들려왔다. 그렇게 울음소리로 여름을 맞았고 뻐꾸기 울음소리가 뜸해지면서 더위는 기승을 부렸다.

논두렁을 돌면서 물꼬를 손질하시던 할아버지를 바라보며 풀밭에 앉아 기다릴 때도 뻐꾸기 울음소리는 들려왔다. 골짜기 옆으로 밋밋하게 기어오른 산속 어디에선가 들려오는 것이겠지만 어느 때는 아주 가까운 곳에서 들려오고는 했다. 늘 외톨이로 산기슭 소나무 밑이나 풀밭에 멍하니 앉아있길 잘했던 나는 그때마다 뻐꾸기 울음소리를 들으며 그 새의 모습을 찾았으나 아무 데서도 만날 수는 없었다.

너울거리는 배나무 잎사귀 위로 밝은 햇살이 쏟아지는 오후. 거실의 창문을 열면 기다렸다는 듯 뻐꾸기 울음소리가 따라 들어오기도 했다. 때로는 가깝게, 때로는 멀게, 어느 때는 들릴 듯 말 듯 조심스럽게 귀 기울여야 그 울음소리를 느낄 수 있었다. 날씨가 화창한 날일수록 뻐꾸기 울음소리는 절규하듯 들려온다. 뻐꾸기의 작은 몸집 그 어디에 그토록 시린 울음소리가 숨겨져 있는 것인지 모르겠다.

뻐꾸기 울음소리야 농촌에서 맞는 첫여름이면 쉽게 들을 수 있는 것이었지만 무심코 있다가 그 울음소리에 접하게 되면 마음이 따라서 스산해지고는 한다. 뻐꾸기는 5월이나 6월에 날아와 우리나라에서 여름을 지내는 나그네새로 제 스스로는 알을 품어 낳지를 못하고 지빠귀, 때까치, 종다리 등의 참새류 둥지에 한 개씩 알을 여기저기 낳아 모두 다른 어미의 품을 빌려 포란하게 한다고 한다. 그런 자신의 생리 때문에 그토록 구슬픈 울음을 울어야 하는 것일까. 겨울을 보내고 다시 돌아온 어미 뻐꾸기가 지난해 알을 버렸던 둥지를 찾아 새끼의 안위를 몰라 그 되돌릴 수 없는 후회로 그렇게 피 울음을 토해내고 있는 것인지도 모른다.

내가 그 볼품없는 잿빛 몸뚱이와 만난 것은 어른이 되어서였다. 이곳 과수원으로 이사를 와서 집을 지은 바로 앞 높다란 전신주 위에 올라앉은 뻐꾸기를 처음 보았을 때 실망을 감추지 못했다. 거친 깃털을 가진 작고 초라한 새의 모습은 울음소리를 들으며 상상해왔던 것과는 너무도 달랐다. 그것은 어느 겨울날 저녁 처음 만났던 어머니의 모습이기도 했다. 학교가 끝나 집으로 돌아가기 위해서 기차를 타려던 나는 기다리고 있던 어머니라고 말하는 여인의 손을 뿌리치고 되돌아서 무작정 달렸었다. 그런 내 등 뒤로 내 유년의 꿈속에 간직되어왔던 어머니의 모습은 눈송이처럼 부셔져 뿌려지고 있었다. 그때부터 꿈이 부셔진 자리에 멍울 하나가 자라기 시작했던 것인지도 모른다. 그날 어머니는 혼자가 아니었다.

나는 유년의 시절을 어머니에 대한 그리움 속에서 보냈다. 유년의 잠속에는 언제나 어머니 꿈만 있었다. 아지랑이 어른거리던 산모퉁이를 돌아오는 길이나 노을 비낀 고갯길에서도 마음은 언제나 흥건하게 젖어들었다. 보퉁이를 머리에 인 여인네들의 뒷모습에서 나는 얼마나 어머니를 찾으려고 했었는지 모른다.

"쯧쯧, 어린 것이 얼매나 엄니가 보고 싶을 껴."

이웃집에 살았던 젖어머니는 나만 얼씬거리면 불러들여 삶은 옥수수나 구운 감자 같은 먹을거리를 손에 쥐어주었다. 그러고는 치맛자락을 끌어당겨 코를 감싸 쥐면서 돌아섰다. 어머니와 같은 해에 새색시가 되었다는 젖어머니는 아무 때나 이렇게 내 앞에서 눈물이 헤펐다.

또래들과 어울리던 마을에서 놀이에 지친 해질녘. 저녁 먹으라고 부르는 소리에 흩어질 때면 또래들은 모두가 어머니의 목소리를 따라갔다. 따라갈 목소리가 없는 것은 언제나 나 혼자뿐이었다. 어디서나 그랬다. 딱지치기에 열중하던 연자방앗간 앞 너른 마당이나 텃논배미 얼음판에서도 마찬가지였다. 뒤늦게 할아버지의 마디진 손에 이끌려 낮은 추녀 밑으로 저녁연기가 매캐하게 풀리던 고샅길을 지나가면서 공연한 생떼를 써 할아버지를 애태웠다.

내가 국민 학교에 들어가고 얼마 후 6,25가 나기 전해였으니까 국민 학교 4학년 겨울이었던 것 같다. 할아버지가 돌아가시자 그때까지 나를 데리고 할아버지와 같이 딴 살림을 사셨던 할머니는 작은아버지한테로 가시게 되었다. 처음부터 새어머니와 마음이 맞지 않으셨던 할머니는 나를 걱정해서 데리고 가려 하셨지만 아버지의 힘센 손아귀에 잡혀 산마을 과수원집으로 오게 되었다,

그곳엔 새어머니와 이복동생들이 있었으나 낯설기만 했다. 그럴수록 어머니에 대한 그리움은 더했다. 산마을은 외떨어져서 어울릴 또래들도 없었고 달리 마음 붙일 곳이 없어 학교가 끝나도 늦도록 개천이나 들판을 헤맸다. 그러다가 아랫마을 할머니한테로 도망쳤으나 그때마다 번번이 아버지의 우악스런 손아귀에 끌려오고는 했었다. 나는 외톨이였다. 알에서

깨어나자마자 들새의 알과 새끼를 둥지 밖으로 밀어내려 안간힘쓰는 뻐꾸기 새끼처럼 이복형제들 틈에서 외톨이가 되어 홀로서기를 하느라 기진맥진 했었다.

집에서 학교 길은 십리길. 과수원 아카시아 울타리 사이로 난 좁은 길을 빠져나가 야산에 이르면 들이 내려다 보였다. 그 들 한가운데를 남에서 북으로 거슬러 흐르는 냇물의 징검다리를 건너 냇둑에 오르면 저만치 읍내가 있었다. 울타리 아카시아나무에 젖빛 꽃이 주렁주렁 열리면 사이 길은 숨을 들이마실 때마다 꽃냄새로 부드럽고 달착지근했다. 그때마다 어머니를 만나면 어머니한테서도 그런 냄새가 날것이라고 생각되었다. 그 무렵 다복솔 사이로 참나무가 듬성듬성 서있던 야산을 지나려면 뻐꾸기 울음소리가 들려왔다. 나는 한 번도 본 일이 없었던 그 새에 호기심을 느끼기 시작했다. 언제나 모습은 보이지 않고 울음소리만 멀리서 들려오면 나는 그 울음소리가 끊일까 맘 졸이며 귀 기울였다. 그러면 하늘가에 흐르는 한 점 솜구름도 어머니 치맛자락처럼 부드럽게 보였고 괜히 눈물이 어렸다.

점점 먼 길을 바라보며 맥 놓고 있는 때가 많아졌다. 지금이라도 그 길 끝에 어머니가 나타날 것이라는 생각을 떨쳐버릴 수가 없었다. 한 번도 모습을 보지 못했지만 언제나 어머니는 갸름한 얼굴에 가녀린 모습으로 다가오고 있었다. 그러다보면 그 모습은 자연스럽게 할머니나 젖어머니를 닮아가기 시작했다. 이렇게 나는 유년의 시절을 먼 길 바라기로 보냈다.

용인에 있는 서울공원묘지를 돌아 나오는 산기슭에 아카시아나무가 지금 막 꽃을 피우고 있었다. 흐드러지게 피는 그 꽃에서 달콤하고 아련한 향기가 느낌으로 전해온다. 나는 차를 몰면서 옆에 앉은 아내를 곁눈질한다. 아내는 안전벨트를 얌전히 매고 눈을 감은 채 조용하다. 아침 일찍 초행길을 달려오느라 피곤했던 탓일까. 오늘따라 아내의 말수가 적었다.

어머니가 돌아가셨다는 기별을 받은 것은 그저께 밤이 깊어서였다. 첫새벽 아내와 함께 찾아올라간 서울의 병원 영안실에서 나는 빛바랜 어머니 사진 앞에 무릎을 꿇었을 뿐이다. 나는 거기서 얼굴을 대한 일이 별로 없었던 어머니의 아들들로부터 어머니가 돌아가시던 이야기를 전해 들으며 가벼운 후회로 마음이 좀 언짢아지기 시작했다.

지금도 이따금 젖먹이를 할머니 할아버지 앞에 던져두고 어미 뻐꾸기처럼 떠나버렸다는 어머니를 생각해본다. 나는 할머니의 마른 젖을 아귀처럼 빨았다 한다. 이제 네 아이들의 아버지가 된 지금에도 메울 수 없는 어머니에 대한 그리움이다. 어머니에 대한 그리움은 한 번도 메워보지 못한 채 아직 내 마음속에 빈자리로 남아있다.

그러나 그런 것은 이제 되돌릴 수 없는 유년의 기억일 뿐 이제와 어머니를 이해하려고 애쓰고 있다. 어쩌면 어머니도 돌아와 우는 뻐꾸기처럼 되돌릴 수 없는 아픔에 피울음을 울었을지도 모르는 일이기 때문이다.

삼재(三災) 이야기

어느 날인가 절에 다녀온 아내가 당신이 올해는 삼재(三災)에 들었다니 삼재풀이를 해아겠다하기에 그런가 보다 무심히 들어 넘긴 일이 있었다.

그래서인가, 지난해 말에는 땀 흘려 농사 지어 저장했던 배를 장사하는 사람에게 모두 넘겨주고는 판매대금을 한 푼도 받지 못하게 된 일이 있었다. 나중에 그 사람이 사기죄로 경찰에 붙잡혀 구금되기는 했다지만 판매대금을 받을 수 없기는 매한가지다. 거기다 직장에 잘 다니던 아들 하나가 주식을 하다가 손해를 보고 나서는 제힘으로 감당하지 못하고 허둥대기에 그냥 놔둘 수 없어 도와주느라 힘겨웠다. 그뿐이면 모르겠다. 금년에는 배 농사마저 결실이 잘 안되어 농사를 실패했다. 거기다 신병이 도져 병원을 자주 찾게 된데다 가볍긴 했지만 농기계로 다치는 일도 일어났다.

아내는 그때마다 삼재 때문에 그런 것이니 그만한 것을 다행으로 여기라고 체념해버린다.

나는 살아오면서 삼재(三災)라는 말을 귓결에 듣긴 했으나 아직 한 번도 관심을 가져보지는 않았다. 그런데 이번만은 이런 모두가 정말 삼재 때문이 아닐까, 하는 생각이 들면서 슬그머니 걱정이 되기 시작했다. 그래서 삼재라는 것이 대체 무엇을 말하는 것인가 하고 찾아보게 되었다. 그러다보니 삼재라는 것이 불교(佛敎)에서 유래되긴 했으나 민간신앙과 접목되어 전승되면서 본래의 뜻이 왜곡되어버린 것이 아닌가하는 생각을 하게 되었다.

불교에서는 세계가 파멸(破滅)할 때 전란(戰亂), 질병(疾病), 기근(飢饉)의 소삼재와 화재(火災), 수재(水災), 풍재(風災)의 대삼재가 아울러 일어난다고 한다.

그러나 여기서 말하는 것은 소삼재를 뜻하는 것이리라. 삼재는 우리 인간에게 9년 주기로 돌아오는 세 가지 재난으로 그것을 종류별로 보면

첫 번째가 도병재(刀兵災)로 연장이나 무기로 입는 재난을 말하고,

두 번째는 역려재(疫癘災)로 전염병에 걸리는 재난을 말하며,

세 번째로 기근재(飢饉災)라 하여 굶주림에 닥치는 재난을 말한다. 9년 주기로 돌아오는 이 삼재는 3년 동안 머무르게 되는데 그 첫해가 들 삼재, 둘째 해가 늘 삼재, 셋째해가 날삼재가 되어 그 재난의 정도가 점점 희박해진다. 그래서 첫 번째 해인 들 삼재를 매우 겁내고 조심하는 풍습이 있다.

그래서 그 삼재를 피해보려는 방법도 여러 가지가 생겨났다. 매사를 조심하는 것이 첫째지만 부적을 지니거나 양법을 행하여 예방해보려 하였다. 부적((符籍)으로는 삼재 적을 만들어 몸에 지니고 다니거나 출입문의 위쪽에 붙여둔다. 부적은 머리가 셋, 발이하나인 매를 붉은 물감으로 그린 것인데 이때 물감을 한약제인 경면주사를 쓴다. 양법으로는 삼재가 들 사람의 옷을 태워서 그 재를 삼거리에 묻거나 그해 첫 번째 인일(寅日)이나 오일(午日)에 세 그릇의 밥과 삼색 과일을 차리고 빈다. 또는 종이로 만든 버선본을 대나무에 끼워 정월대보름에 집의 용마루에 꽂고 동쪽으로 향하여 일곱 번 절하고 축원한다.

나이와 삼재(三災)의 관계는 이러하다. 사, 유, 축(巳, 酉, 丑,)생은 삼재(三災)가 해(亥)년에 들어와 축(丑)년에 나가고, 신, 자, 진(申, 子, 辰.)생은 인(寅)년에 들어와 미(未)년에 나가며 인, 오, 술,(寅, 午, 戌,)생은 신(申)년에 들어와서 술(戌)년에 나간다고 한다.

삼재(三災)가 드는 사람의 생년지지(生年地支)인 사, 유, 축

(巳, 酉, 丑)에서 유(酉)는 금(金)에 속하고 전기(專氣)이며 방위(方位)로는 정서(正西)이다. 사(巳)는 금(金)의 장생지(長生地)이고, 축(丑)은 금(金)의 묘고(墓庫)이므로 사, 유, 축(巳, 酉, 丑) 삼합(三合)은 금국(金局)을 이룬다. 그러고 삼재(三災)가 드는 해인 해, 자, 축,(亥, 子, 丑) 삼합(三合)은 회성북방(會成北方)한다고 한다. 북방(北方)은 겨울로 상징되며 수기(水氣)가 왕성(旺盛)해지는 때이다. 금생수(金生水) 오행상생(五行相生)에 따라 물이 넘치는 때에 필요 없는 물을 더한다면 홍수밖에 더 나겠는가? 그래 오행(五行)에서 금(金)이 겨울을 만나게 되면 휴(休)에 들어가게 된다. 휴(休)란 왕성(旺盛)한 때를 지나 휴식기(休息期)에 들어간 시기이다. 그처럼 몸가짐을 단속하고 욕심을 버린 넉넉한 마음으로 지난다면 무엇이 두려우랴.

신, 자, 진(申, 子, 辰)생은 자(子)는 수(水)에 속하고 전기(專氣)이며 방위(方位)로는 정북(正北)이다. 신(申)은 수(水)의 장생지(長生地)이고 진(辰)은 수(水)의 묘고(墓庫)이므로 신, 자, 진(申, 子, 辰) 삼합(三合)은 수국(水局)을 이룬다. 그러고 삼재가 드는 해인 인, 묘, 진(寅, 卯, 辰)은 회성동방(會成東方)한다고 한다. 동방(東方)은 봄으로 상징되며 목기(木氣)가 왕성(旺盛)해지는 때이다. 나무는 물을 먹고 자란다. 수생목(水生木) 오행상생(五行相生)에 따라 그 많은 나무들을 키우기에 얼마나 많은 물이 필요하겠는가? 그러나 오행(五行)에서 수(水)가 봄을 만나면 휴(休)에 들어간다. 이것은 마치 어려운 살림에 많은 자식들을 키우는 것과 같다. 그러나 그것도 사랑으로 끌어안는다면 어려움이 때로는 기쁨이 되지 않겠는가?

해, 묘, 미(亥, 卯, 未)생의 묘(卯)는 목(木)에 속하고 전기(專氣)이며 방위(方位)로는 정동(正東)이다. 해(亥)는 목(木)의 장생지(張生地)이고 미(未)는 목(木)의 묘고(墓庫)이므로 해, 묘, 미(亥, 卯, 未) 삼합(三合)은 목국(木局)을 이룬다. 그리고 삼재가 드는 해인 사, 오, 미(巳, 午, 未)는 회성남방(會成南方) 한다고 한다. 남방(南方)은 여름으로 상징되며 화기(火氣)가 왕성한 때이다. 목이 여름을 만나면 휴(休)에 들어간다. 그러나 목생화(木生火) 오행상생(五行相生)에 따라 작은 나무 부스러기 몇 개가 제 몸을 태워 불꽃을 이루듯이 자식을 위해 헌신하는 것 또한 부모의 사랑이 아니던가? 그처럼 가족과 사회에 조금이라도 사랑을 나누면서 살아갈 수 있는 삶이라면 그 얼마나 보람 있는 일이겠는가.

인, 오, 술(寅, 午, 戌)생은 오(午)는 화(火)에 속하고 전기(專氣)이며 방위(方位)로는 정남(正南)이다. 인(寅)은 화(火)의 장생지(張生地)이고 술(戌)은 화(火)의 묘고(墓庫)이므로 인, 오, 술(寅, 午, 戌) 삼합(三合)은 화국(火局)을 이룬다. 그러고 삼재가 드는 해인 신, 유, 술(申, 酉, 戌)은 회성서방(會成西方)한다고 한다. 서방(西方)은 가을을 상징하며 금기(金氣)

가 왕성(旺盛)한 때이다. 화극금(火剋金) 오행상극(五行相克)으로 불에 달구어져야 쇠가 연장으로 만들어질 것이 아니겠는가? 그러나 화(火)가 가을을 만나면 수(水)가 된다. 수(水)란 오행(五行)의 기가 무력한 것을 말한다. 꺼져가는 불꽃으로 어떻게 쇠를 달구어 연장을 만들 것인가? 그러나 우리는 주위에서 열심히 살아가는 장애인들의 웃음을 본다. 또는 어렵게 살아온 사람들이 어렵게 모은 돈으로 이웃에 베푸는 선행을 본다. 우리는 사람 사는 세상에서 보탬이 될 수 있는 일이라면 무엇이던지 하면서 보람을 느낄 수 있다면 그 아니 좋은 일이 아니겠는가.

돌이켜보면 모든 원인은 내게 있었던 게 아닌가 한다. 배도 그렇다. 늘 하던 것처럼 시장에 출하했었다면 배 값을 떼이는 일은 없었을 것이다. 시장시세보다 얼마간 더 얹어주겠다는 말에 현혹되어 물건을 두말없이 내어준 것이니 욕심이 동한 것이고 그런 욕심을 잠재우지 못한 탓이 내게 있으니 삼재탓으로 미룰 것이 못된다. 아들이 주식으로 돈을 잃었어도 그만한 직장에 충실하지 못하고 헛된 욕심을 품었으니 수양이 덜된 탓인지도 모른다. 자식이 그런 것은 부모가 잘못 지도한 탓도 있으니 부모가 그 책임을 진 것은 당연한 일이 아닌가.

배나무에 결실이 잘 안된 것은 배꽃의 수정시기에 비가오고 기온이 낮아 그리된 것이나 일기 불순한 가운데서도 사람을 동원하여 끝까지 노력했으니 농부로서 후회가 남지 않는다. 그러고 보면 이것 또한 삼재와는 무관한 것인지도 모른다.

따지고 보면 모든 것이 분수에 어긋난 탓인지도 모른다. 우리에게 9년마다 삼재가 찾아온다는 것은 우리가 살아가다 보면 때로는 나태해지고 교만해지기 쉬운 일상에서 다시 한 번 자신을 돌아보고 살펴서 언행을 바르게 하며 분수에 넘지 않는 삶을 살아가라는 교훈인지도 모른다. 내가 겪어야 했었던 어려웠던 일들이 삼재(三災)때문이라고 하더라도 이 모두가 기근재(饑饉災)에 속하니 굶주림을 맛본다한들 이미 안빈낙도 선비의 삶을 선망하던 나로서 무엇이 어려우랴.

이제 날 삼재에 들었다 하니 자신을 돌아보며 행여 부끄러운 일이 없었는지 살펴서 더욱 언행을 삼가고 후회 없이 보낼 수 있어야 하겠다.

설날 유감

설날은 새해의 첫날을 말하지만 아무래도 우리에겐 양력보다는 음력 정월 초하룻날이 설날같이 느껴짐은 어쩔 수 없다. 한동안 이중과세라 해서 인위적으로 억제를 해오는 바람에 설날이 설날답지 않은 때가 있었으나 이제는 정부에서도 설날을 인정하게 되어 공휴일로 정해준 것은 다행한 일이다.

설이란 본래 '섧다'라는 뜻에서 온 것이라 한다. 해가 바뀌어 새해의 첫날이 되면 한 해를 아무 탈 없이 지날 수 있도록 몸과 마음을 정하게 갖고 아침을 맞았다. 특히 농촌에서는 새해 들어 처음 맞는 진(辰)일은 용(龍)의 날로 바와 관계가 있고 오(午)일은 말의 날로 곡식을 해치는 일이 있어서는 안 되기 때문에 모든 일을 가려서 거동을 함부로 하지 않는 습속이 있다.

이날에는 설빔을 입고 가래떡으로 떡국을 끓여 조상의 영전에 차례를 지내며 어른을 찾아뵙고 세배를 드렸다. 놀이로는 널뛰기와 윷놀이가 성해서 그것은 보름 때까지 계속되었다.

내가 어렸던 시절에는 설날 며칠 전부터 날을 헤아려가며 기다렸었다. 그날만은 떡국을 배불리 먹을 수 있었고 설빔으로 장만해준 새 옷을 입고 마을 어른들께 세배를 드리면 밤이며, 곶감이며 약과나 다식들을 먹고도 남아 주머니를 가득 채울 수 있었기 때문이었다.

어른들은 이웃끼리 새해 덕담을 나누고 술상을 마주했다. 멍석 깔아놓은 마당에는 으레 윷 놀이판이 벌어졌다. 윷놀이 참참이 마신 막걸리에 얼큰해지면 덩실덩실 어깨춤으로 이어졌다. 놀이에 끼어든 사람이나 구경하는 사람이나 모두가 흥이 절로 났다. 그것은 이웃이 한데 어우러진 잔치마당이었다.

그런데 언제부터인가 어른들을 찾아뵙고 세배를 드리는 일이나 이웃이 모여 설날 하루를 즐기던 일들이 드물어지기 시작했다. 점점 어른들을 찾아뵙고 세배를 드리려는 발걸음도 망설여졌고 반기는 마음도 엷어져 갔다. 사람들은 집안으로 도사렸고 텔레비전 앞으로 모여들거나 방금 차린 차례 상을 치운 자리에서 서둘러 화투를 펼쳐놓고 있었다. 설날인데도 이웃은 서로 다투어 마음의 문을 닫기 시작하였다.

그 어려웠던 시절, 굶주림 속에서도 작은 것이나마 나누어 왔던 사람들이 산업의 발전으로 풍요를 누리기 시작하면서 서로가 나눔의 정을 잃어가고 있다. 고스톱인가 뭔가 하는 화투판에서 같은자리에 앉은 사람들끼리 하찮은 일로 언성을 높이는 마음에서 윷놀이 판에서 이웃이 한데 어울리던 흥겨움은 잊은 지 오래다.

이제는 설날 하루도 이웃이 한데 어울리는 일은 드물다. 그래서 설이 돌아와도 서로가 외롭다. 설날이면 멀리서 까지 찾아왔던 친지들의 발길도 뜸해지고 있다. 사람들의 마음은 그들에게 풍요를 가져다 주었다고 믿는 기계의 부분처럼 되어 사람으로서의 따스함을 잃어가고 있는 것은 아닌지 모르겠다.

설날이 공휴일이 된 후부터는 고향 길 예매차표를 사기 위한 끝없는 줄서기를 텔레비전화면을 통해서 본다. 고속도로를 메운 자동차 행렬도 본다. 그들의 고향인 농촌에서 따뜻한 마음으로 기다려도 본다. 그러나 그들의 몸은 다녀가도 따뜻한 마음은 남겨놓지 않고 가는지도 모른다. 그냥 나그네일 뿐이다. 어쩌면 도시의 공해에 찌들어 남겨놓을 따듯한 마음의 여유가 없는 탓인지도 모른다. 고향의 이웃은 서둘러 돌아가는 나그네의 자동차 뒤꽁무니만 언뜻 쳐다 볼 뿐이다.

타고 온 자동차의 맵시처럼 얼마만치 매끈하게 닮아간 나그네들이 다녀가면 그들의 고향인 농촌에 사는 이웃은 그래서 더욱 허전하다. 어쩌면 고향에 남아 있는 사람들 마음에도 그들을 따듯하게 감싸줄 여유를 잃어가고 있는 것은 아닐까.

돌아오는 사람보다는 떠나는 사람이 많아져 적막해가는 고향에서 살아가자니 사람들 마음도 그렇게 황폐해져 가는 것은 아닌지 모르겠다.

설날 하루만이라도 이웃이 한데 어울려 윷놀이 판을 벌리고 막걸리 몇 잔에 흥이 겨워 어깨춤을 덩실덩실 추던 옛날로 돌아가고 싶다. 그러면 그 춤사위 속에 모처럼 고향을 찾아온 이웃들도 한데 어울려들 것이고 그러다보면 자연스럽게 고향의 이웃들에 대한 정이 술 익듯 익어갈지도 모른다.

수채 도랑에서 건져 올린 철학

지난 날 우리네가 살던 초가집에는 으레 부엌은 따로 있었고 마루나 봉당이 있어 그곳에서 창호지 한 겹으로 가린 방문을 열고 들어서면 바로 굵은 왕골자리 한 장 또는 두 장을 깔아놓은 방이었다. 안방과 윗방이래야 흙담에 의지해 걸쳐놓은 굽은 소나무도리에 수수깡 섶을 대고 짚을 썰어 섞은 황토흙으로 바른 얇은 벽으로 나뉘어져 있었다.

이것이 농촌에서 흔하게 볼 수 있었던 초가삼간이다.

6·25전쟁이 끝나고 한참 후까지만 해도 농촌에서는 이런 초가삼간이 흔했다. 부엌 한쪽엔 먹을 물을 길어다 붓는 커다란 항아리를 묻어 만든 물독이 있었고 어느 집이나 넓거나 좁거나 뒤란은 꼭 있어 부엌에서 쪽문을 열고 추녀에서 떨어지

는 빗물이 흐르던 수채 도랑을 건너 뒤란의 장독대로 가게 되어 있었다.

뒤란은 빙 둘러 낮은 토담으로 두르고 위에 짚으로 엮은 이엉을 덮거나 싸리 또는 댓개비나 조리대로 얼기설기 엮어 둘러막았다. 수채 도랑은 비가 오지 않는 날에도 부엌에서 쓰고 버리는 개숫물로 언제나 질척이고 물이 흘렀다.

그렇게 버려지는 물은 빙 돌아 앞마당까지 이른 수채 도랑으로 흘러 마당 끝에 있는 텃밭이나 텃논에 이르렀다. 그런데 부엌에서 사용한 개숫물을 버릴 때에는 절대로 뜨거운 물을 그냥 버리지 못하게 어른들은 일렀다. 그래서 물이 뜨거우면 찬물을 섞어서 식혀가지고 수채 도랑에 버리게 된다. 수채 도랑에 뜨거운 물을 버리지 말라고 하는 지킴은 예로부터 전해 내려오는 것으로 언제부터 그랬는지는 모르겠으나 오래전부터 불문율로 지켜져 내려오고 있었다.

수채 도랑은 부엌에서 버려지는 개숫물로 마를 새 없이 늘 젖어있어 지렁이나 땅강아지 같은 많은 생명체들이 살고 있었다. 잘못해서 뜨거운 물을 그대로 수채 도랑에 버리게 되면 수채에 살고 있는 생명체들이 해를 입게 되기 때문에 그 측은지심(惻隱之心)으로 자신도 모르게 지켜져 오고 있는 것인지도 모른다.

수채 도랑에 살고 있는 생명체들이 아무리 보잘 것 없다 해도 소중하게 생각하고 생명에 위해를 끼치지 않으려는 배려라고 볼 수 있다. 그러기에 조상님들의 지혜가 생명존중의 마음으로 지금까지 전해져 내려오고 있는 것이다.

한편으로는 5세기 인도의 승려 상가세나가 일반대중들에게 불교적 깨우침을 주고자 짤막한 교훈들을 모아서 편찬한 백유경(百喩經)에 '수채 구멍에 대한 비유'라는 이야기가 나오는 것을 보면 오래전 불교에서 전래된 것인지도 모르나 그것보다도 우리 조상님들의 생명에 대한 외경심(畏敬心)으로 오랜 세월 지켜져 내려오는 것이리라.

잠깐, 여기 백유경에 나오는 마니(수채 구멍)의 비유라는 이야기를 적어본다.

"옛날 어떤 사람이 남의 아내와 정을 통하고 있었다. 아직 일을 마치기 전에 그 남편이 밖에서 오다가 그것을 알고 문밖에 서서 그가 나오기를 기다려 죽이려고 하였다.

부인은 그 사람에게 말하였다.

"우리 남편이 미리 알고 있어 따로 나갈 데가 없습니다. 오직 저 마니(수채 구멍)로만 나갈 수 있습니다."

그러나 그 사람은 그 마니를 마니주(摩尼珠)로 잘못 알고 마니주를 찾았으나 찾을 수가 없었다. 급한 와중에도 욕심이 앞서 "마니주를 찾지 못하면 나는 결코 나가지 않을 것이다." 그러다가 그만 그 남편에게 붙잡혀 죽고 말았다."

언제부터인가 우리는 자신을 돌아볼 수 있는 시간을 잃어버리고 있는 것 같다. 차를 운전하고 길을 가다보면 자동차 바퀴에 치어 으스러진 작은 짐승들의 사체(死體)를 자주 볼 수 있다. 그런 광경이 고속도로나 곳곳에 뚫리고 있는 자동차 전용도로가 아닌 산간도로일 때는 같은 자동차를 운전하고 있는 사람으로서도 그들의 생명경시(生命輕視)에 전율을 느끼게 된다. 지방도로는 제한속도가 60㎞ 미만이다. 자동차를 운전하는 사람들이 제한속도를 지키려는 생각만 있어도 산간도로에서 산짐승들의 소중한 생명을 지킬 수 있을 것이다. 그보다도 생명의 소중함을 생각했다면 무고하게 희생되는 산짐승들의 수는 줄어들 것이다.

수채 도랑에 살고 있을 미물(微物)의 생명마저 헛되게 보지 않아 개숫물 하나 버리는 데도 조심했던 조상님들의 지혜와 약자에 대한 배려를 생각할 때 현재를 살아가는 우리들이 부끄러울 뿐이다.

얼마 전, 천안시내의 도로위에서 있었던 일이다. 시내의 도로는 대부분 제한속도가 60㎞이하 40㎞인 곳이 대부분이다. 별안간 길고 요란한 경적 소리가 귀청을 찢었다.

건너편 횡단보도에서 빈 유모차에 의지해 길을 건너고 있던 안노인 한분이 갑작스러운 경적소리에 놀라 유모차의 손잡이를 잡은 채 털썩 주저앉았고 그 바로 앞에 멈춰선 검은색 찦차는 계속해서 경적을 울려대고 있었다.

마침 도로위에는 오고가는 자동차들이 뜸했다. 나는 갓길에 차를 세우고 내리며 그때까지 계속 경적을 울려대고 있던 젊은이를 향해서 소리쳤다.

"너 이놈!"

그러자 젊은이는 나를 힐끗 건너다보더니 나있는 쪽으로 열린 운전석의 창문으로 가래침을 칵 뱉어내고는 쓰러져 있는 안노인을 못 본체 천천히 비켜서 제 갈 길로 가버렸다.

이런 일련의 내 눈으로 목격한 일들만 보아도 지금 어처구니없는 한심한 작태가 TV나 신문지상에 오르내리는 일들을 미루어 짐작할 수 있을 것이다. 결국은 생명에 대한 배려가 없는 마음은 약자에 대한 경시(輕視)와 인간의 생명마저 가볍게 보는 일들로 번져가고 있는 것이 안타깝기만 하다.

순댓국

늦가을, 비가 내리던 날이다. 마침 장날이기도 해서 읍내에 나간 길에 배 수출대금을 찾으러 수출 알선 업을 하고 있는 친구네 사무실에 들렀더니 거기에는 친구인 이기부씨 말고도 동네 후배 셋이서 장기판을 가운데 두고 앉아있었다.

"나오셨어요?"

장기판 옆에서 훈수를 하고 있던 광열이가 일어나 의자를 비켜주며 인사를 하자 책상위에 장부와 전자계산기까지 꺼내놓고 뭔가 열심히 계산을 맞추고 있던 친구가 돌아보며 씩 웃는다.

"형님, 비오는 날 나오시는 분은 뭔가 있지요."

장기 말을 옮겨놓던 관용이가 자리도 잡기 전에 은근히 부

추긴다.
"있긴 뭐가 있어 이 사람아, 그것보다 차 떨어지잖아?"
친구는 계산을 끝냈는지
"자, 기연이 네 꺼다. 맞지?"
수표 몇 장과 돈뭉치를 기연이 앞에 밀어놓으며 묻는다.
"얼마 유?"
"2백 삼십만 원."
"형님 계산서나 써서 줘요. 뭐가 뭔지 알게."
친구는 좀 귀찮아하는 듯 다시 책상 앞으로 돌아서 장부를 펼친다.
"그래야지. 무슨 일을 계산서도 없이 돈만 불쑥 내미니. 하는 김에 내 것도 계산해서 내놔."
"알았어."
장기판에서는 사졸 모두 떨어진 한나라 궁이 초나라 상마 겹장에 잔뜩 몰리고 있다. 한참만에야 계산을 끝낸 친구가 계산서와 돈을 건네준다.
"쳇, 저 제할 것은 용케도 모두 제해버렸군. 그런데 여기 7천원이 덜 왔잖아?"
친구는 빙그레 웃으며
"잔돈이 없어." 여유 있게 말한다.
"잔돈 없으면 만 원짜리 내? 농사꾼 보태주진 못하면서 잔돈까지 떼어 먹으려들어?"

"가만 있어봐? 이렇게 하면 어떻겠어? 장날인데다 비까지 오시니 거스름돈은 순대국밥 먹으러 가서 주는 게."

친구의 이 말에 기다렸다는 듯이 장기 말을 쓸어치우던 관용이가

"그거 좋지요."하고 받는다.

"아무려나..."

나는 보나마나 거스름돈 7천원이 순대국밥과 소주 몇 잔에 모두 달아나겠다 생각했으나 지나간 일이었다. 친구와 후배 셋, 우리 다섯이 그래도 안면이 있는 집을 골라 남은 구석자리를 찾아서 쪽 의자에 쪼그리고 앉았다. 먼저 와서 순대국밥을 먹고 있던 아는 얼굴 몇이 있어 인사를 교환했다. 천막지붕에 떨어지는 빗방울 소리가 후드득 후드득 요란스럽다. 한쪽으로 걸어놓은 가마솥에서는 끓는 국물로 김이 무럭무럭 피어올랐고 바로 옆 광주리에 순대와 내장이 수북하게 쌓여 먹음직스러웠다.

"아주머니, 여기 순대국밥 다섯 그릇이유."

친구가 늙수그레한 아주머니를 불러 식사를 시키더니

"참 소주도 한 잔 곁들여야지. 여기요. 아주머니 소주 한 병하고 순대국물 좀 먼저 갔다줘요." 한다.

지짐거리는 비 때문인지 바닥은 습기가 배어들어 질척하고 으스스한 찬기마저 들었다.

"아주머니 저것 봐요. 국솥에 빗방울이 떨어지는데..."

앞에 앉았던 기연이가 기겁해서 소리친다. 해서 돌아보니 정말 국솥 옆을 가려 막은 비닐에 떨어지던 빗방울이 훌훌 국솥으로 뿌려대고 있다.

"괜찮아요. 국솥에는 안 들어가는데요."

그런데도 주인아주머니는 태연하다.

"허긴 그 물이 그 물이지. 빨리 가져오기나 해요."

옆에서 관용이 조차 대수롭지 않게 받는다. 그런데 생각보다 순대국물은 감칠맛이 있었다. 다 먹고 났을 때 주인아주머니를 불러

"전부 얼마요?"하고 물으니

"순대국밥 다섯 그릇이면 5천원에 소주 한 병이니까 5천6백 원이네요." 한다.

"놔 두요. 제가 내게."기연이가 손을 주머니로 가져간다.

"이건 내가 내기로 했잖여."

내가 계산을 끝내자 친구가 빙그레 웃으며

"좀 씁쓰레하지 않니?"하고 묻는다.

"씁쓰레해도 하는 수 없지. 그렇지만 네가 먹은 밥값은 아깝다."

했으나 왠지 기분이 더없이 좋았다. 그러면서 순대국밥은 역시 이런 포장 밑 쪽 의자에 쪼그리고 앉아서 먹어야 제 맛이구나 하는 생각이 들었다.

나는 유달리 순대를 좋아했었다. 순대 생각을 하면 지금도

할아버지 모습이 떠오른다. 오래전에 돌아가신 자상하고 인자하셨던 할아버지의 추억이다. 내가 초등학교에 다니던 어린 시절 사랑방에는 언제나 자리틀이 놓여 있었고 할아버지는 장날이면 손수 짜신 왕골기직을 내어다 파셨다. 할아버지는 눈이 침침하시어 돋보기를 쓰시고도 등잔불 밑에 바짝 다가앉아 청올치로 노를 꼬아 그렇게 밤늦도록 꼰 노끈으로 왕골기직을 짜셨다. 할아버지는 이렇게 정성들여 짠 왕골기직을 장날이면 잘 말아서 옆구리에 끼고 장터로 가셨다. 그런 날이면 학교가 끝나기 바쁘게 장터로 줄달음쳐 할아버지를 찾았다. 할아버지는 언제나 자리 전 어귀에 서 계셨고 내가 달려가면 반겨서 손을 붙잡고 가시던 곳이 순대국밥 집이었다.

그 시절 천막도 흔치않은 때여서 네 귀 말뚝의 새끼줄과 기둥위에 지붕으로 헌 무명조각을 이어 만든 차일을 쳤고 앉아서 먹을 쪽 의자도 준비되지 않아 흙바닥에 쪼그리고 앉았지만 김이 무럭무럭 오르는 솥에서 갓 꺼낸 순대 맛은 무엇에도 비길 수 없었다.

"할아버지 순대 더 먹어..."

내 몫으로 남겨 준 접시위의 순대를 낼름 치워내고는 손가락을 빨면 할아버지는 주름진 얼굴이 환히 펴지도록 웃으시며

"이놈이 순대 하난 잘 먹는구나? 자아 그래라."

하시고는 순대를 한 접시 더 시켜주셨고 그때마다 나는 배

가 불러 쩔쩔매었다. 그렇게 자애롭기만 하셨던 할아버지도 오래전에 돌아가시고 이제 순대 맛도 그 전과 같지 않다. 나이를 먹어감에 따라 내 입맛이 변한 탓도 있겠으나 순대가 옛날의 순대가 아닌 것 같다. 돼지 창자를 곱게 씻어 그 속에 처음 돼지를 잡으며 목을 찌를 때 나오는 피를 깨끗이 받아두었다가 거기에 두부, 숙주나물, 표고버섯에 갖은 양념을 이겨서 넣고 쪄낸 것이 아니라 요즘 것은 돼지 창자에 넣은 것도 시원찮아 맛이 뻑뻑하고 텁텁하기만 해서 입에 잘 당기지 않는다.

제대로 만든 돼지순대라면 맛과 모양이 요즘 흔한 서양소시지에 비길 바가 아닐 텐데 어째서 우리의 훌륭한 전통음식이 뒷전으로 밀려나고 있는 것인지 모르겠다. 우리의 정겨운 풍물과 전통이 지금 시골에서마저 하나둘 사라져 가고 있다. 준비 없이 받아들여진 물질문명의 홍수 때문인지 아니면 고도성장만을 추구하는 산업사회의 부작용인지는 모르겠으나 지켜가고 가꾸어 가야할 우리의 유산이 밀려나고 잊히고 사라져가는 걸 보면서 안타까운 마음이다.

아내의 미소

갈걷이가 끝난 휑한 논과 밭, 그리고 스쳐지나가는 가로수들이 앙상하게 가지를 드러내기 시작했다. 조락의 계절이다. 버스의 창유리에 비친 먼 산으로 귀 기울이면 낙엽 지는 소리가 들려올 것만 같다.

아내는 내 한쪽 어깨를 베개 삼아 진작부터 잠들어 있었다. 그런 아내의 입가에는 보일 듯 말 듯 미소가 어려 있다. 세월의 고달픈 흔적이 눈가에 잔주름으로 남아있는 것 같아 애틋한 마음 금할 길 없다. 팔을 아내의 등 뒤로 돌려 살며시 안아본다. 언제나 나를 편안하게 해 주던 아내의 미소가 아니던가.

오랜만에 밟아보는 처가를 향한 시골 길이였다. 지난날 한때는 날이면 날마다 찾고 싶었던 길이기도 했었다. 그리움으로 서둘러 찾았다가 아쉬움을 안고 미적미적 돌아오던 길이었다. 전화도 흔하지 않던 때라 밤마다 편지를 쓰면서 마음을 삭혀야만 했다. 진한 그리움으로 기다림을 메우면서 한 해를 넘긴 끝에야 그 미소의 주인을 곁에 머물게 할 수가 있었다.

스물다섯 살의 여름, 내가 모처럼 찾아갔던 고모님 댁에서 우연히 마주친 아가씨에게 마음이 사로잡혔다. 말 한마디 건네지 못하고 먼눈으로만 지켜보다 집에 돌아온 나는 아가씨의 모습이 눈에 어려 견딜 수가 없었다. 마음 졸이다 못 해 내 종형님을 졸라서 만났던 날, 몸 달은 내 마음은 아랑곳없이 아가씨의 입가엔 침묵의 미소뿐이었다.

그 미소는 푸른 하늘을 드리운 채 우리 곁을 흐르던 그날의 강물처럼 잔잔하기만 했다. 나는 그 미소에 이끌려 발밑을 흐르고 있는 백마강의 맑고 푸른 물속으로 첨벙 뛰어들고 싶었다. 그러면 시원할 것만 같았다. 결국 그 안타까움으로 나는 그해 가을, 깊이를 알 수 없는 수렁으로 침몰되고 있었다.

여자에겐 늙어서도 친정 길은 마음이 설레는 길이라 한다. 이제 친정을 찾아봐야 모든 것이 옛 모습을 잃어 타향 같으련만, 그래도 친정 길은 어떤 기대를 갖게 하는 모양이다. 그런데, 그 길이 지금 내게는 아리기만 하다. 아내가 젊음을 안고 오가던 길이기에 옛 추억만 무성해 되돌릴 수 없는 세월에 대한 아쉬움만 남는 길이기 때문이다.

지금은 강을 가로질러 백제대교가 놓이고 버스가 다녀 부여군 장암면 정암리(안골)에 있는 처가까지 단숨에 닿지만, 지난날 처가에 가는 길은 규암진에서 버스를 내려 거기서도 시오리를 더 걸어야만 했다. 강물 위에 떠 있는 배다리를 조심조심 건너서 강변으로 난 지름길을 골라잡으면, 물속에 허리를 잠근 채 거인처럼 버티고 서있는 맞바위가 아득히 보였다.

나는 그 길을 무척 좋아했었다. 강변을 따라 이어진 오솔길 풀숲에는 봄부터 풀꽃들이 무리지어 피어났다. 흐르는 강물은 유리처럼 맑고 강 건너 모래톱이 햇빛에 눈부셨다. 겨울 눈보라가 몰아칠 때면 그 길은 희부연 색깔로 뒤덮여 앞이 보이지 않는 황량한 곳으로 바람 소리뿐이었다. 하지만 옆에 있는 아내의 체온으로 나는 추위를 잊고 그 길을 걸었다. 그러나 지금은 강변을 따라 시오리 맞바위 까지 걸었던 그 시간들이 알싸한 아픔으로 되살아나고 있는 것이다.

처음에는 말수가 적었던 아내가 이제는 보통 여자들처럼 수다를 떨어도 그 미소만은 여전히 아내의 입술 위에 곱게 번졌다. 서울 변두리 방이동에서의 어려웠던 시절, 두 아이의 엄마가 된 아내는 생활에 쫓겨 행상을 했었다. 날이 저물어서야 돌아오던 아내는 그날의 피로로 늘 허둥거렸다. 오남매의 막내딸로 곱게 자란 아내에겐 서럽고 고된 행상의 무게가 무척 힘겨웠을 것이다. 그러면서도 나를 바라보던 아내의 입가에서 그 미소가 한 번도 지워진 적이 없었다.

그 후 우리는 고향으로 되돌아와 얼마 남지 않은 땅뙈기에 목숨을 걸어야만 했다. 무척이나 힘들었던 농사일, 앞이 안 보이는 생활 속에서도 아내의 곁은 늘 포근했다. 아내의 잔잔한 미소로 해서 고달픈 마음을 풀 수 있었기 때문이다. 그것은 밤 깊어 피어나는 박꽃 같은 애처로움이었으나 백합처럼 향기를 간직하고 있었다. 그래서 가장 어려웠던 시절에도 용기를 잃지 않게 해준 것은 아내의 그 잔잔한 미소였다.

꽃잎처럼 피어나는 아내의 미소는 신선한 향기가 되어 언제나 내 지친 마음을 어루만져주었다. 그 미소의 싱그러움마저 없었다면 이제까지의 삶을 지루하고 삭막하게 보냈을지도 모른다. 지금도 나는 아내를 생각하면 먼저 미소부터 떠오른다. 그것은 처음 아내의 부드럽고 촉촉한 입술에서 피어나 입가로 번졌다. 길을 가거나 많은 사람들 속에서도 문득문득 아내의 미소를 떠올리고는 한다. 그래서 아내의 모습을 온전하게 그려낼 수가 없는 때도 있다. 아내를 생각하면 그 미소부터 떠오르기 때문이다.

버스는 아내의 친정이 있는 부여로 포장된 길을 달리고 있다. 차의 흔들림에도 아내는 쉬 잠에서 깨어나지 않았다. 내 집 안방인 듯 편안하게 자고 있을 뿐이다. 새삼스럽게 잠든 아내의 얼굴에서 행여 미소가 지워질까 조마조마한 마음이 된다. 깊은 잠속에서 슬그머니 그 미소가 소실되면 어쩌나 우려

되기도 했다. 그러나 먼 훗날, 어느 날인가는 아내의 입가에서 저 미소마저도 숨어버리는 날이 있으려니 하고 생각하면 갑자기 눈시울이 스멀거리며 가슴이 저려온다. 그날까지 내가 아내 곁에 남아 있다 해도 그 미소는 꽃잎처럼 지면서 내 인생도 함께 거두어 가리라.

그리되면 빈껍데기뿐인 내가 홀로 남아 그 고적을 어찌 감당할 수 있을까. 지금대로의 욕심이라면 살아가다가 그날이 이르면 나는 아내의 그 미소 속에 포근하게 감싸여 쉬고 싶을 뿐이다. 이제껏 살아온 것처럼 아주 마음 편하게 말이다.

안양골 이야기

안양골(安養谷)은 행정상으로는 충남(忠南) 천안시(天安市) 서북구(西北區) 성환읍(成歡邑) 송덕리(松德里)에 속한다. 아랫마을인 송덕1리와는 원적골과 방죽 안 골짜기를 경계로 나뉘어져 있다. 그런데도 우리 마을 사람들은 밖에 나가서 사는 곳을 말할 때 송덕2리에 살고 있다고 말하는 사람은 많지 않다. 고집스럽게도 안양골에 산다고 말하는 사람들이 대부분이다. 거기에는 마을에 대한 어떤 자부심과 짙은 애향심이 배어있을 것이다. 그러면 근처에서는 '아, 그 과수원 마을' 한다. 그처럼 우리 마을 칠십여 호 전체가 배 농사를 짓고 있다.

이곳을 안양골이라고 부르기 시작한 것은 퍽 오래전부터라고 한다. 안양골은 잡목들이 우거졌던 야산 골짜기로 논이라고는 골짜기 깊은 곳으로 수렁배미들이 길게 늘어져 흘러내렸는데 그 가운데 왕림리 왕지 마을에 이르는 오솔길이 지나갔다. 그 길은 송덕1리 세집 매에서 방죽 안 둑 아래 논두렁길로 해서 보리밭 사이를 지나 소나무가 우거졌던 밋밋한 야산을 넘으면 골짜기의 수렁배미 허리를 가르고 건너편 야산 기슭으로 해서 왕지마을까지 이어져 있었다.

칠년 대한에도 마르지 않는다는 골짜기의 수렁배미들은 아래로 갈수록 넓어지면서 왕지봉아래 금광이 있던 광산골에서 내려오는 골짜기의 논들과 합해지면서 넓은 들을 이루어 성환천에 이르고 있었다. 골짜기의 논들은 주로 송덕리, 율금리, 왕림리 농부들이 경작하고 있었는데 오솔길이 농로로 사용되면서 나중에는 달구지가 다닐 수 있는 길로 넓혀졌고 수렁배미를 가로지른 논두렁길도 큰 둑을 쌓아 넓어지게 되었다. 둑이 넓어지면서 둑은 자연스럽게 위 논과 아래 논에서 일하는 농부들의 일청이 되었다. 갈봄여름 농사철에 점심이나 새참 광주리가 일청에 내려지면 이웃 논에 일하는 사람들이나 길을 지나는 사람들까지 불러 모아 밥이나 술을 나눴다. 친분이 없어도 의례 끼어들어 술이나 밥을 나누는 것이 예의였다. 그래서 일청에 나오는 점심이나 새참 광주리에는 언제나 일하는 사람의 수보다도 여벌의 수저와 음식이 준비되고 있었다.

그 일도 그런 일청에서였던 것 같다. 그곳을 지나던 나그네

한 분이 점심을 나눠 먹은 뒤 잠시 쉬는 자리에서 골짜기를 둘러싼 주위의 야산들을 둘러보다가 골짜기의 생김이 커다란 연꽃을 닮은 데다 뿌리부분에 물길이 넉넉하여 이곳에 자리 잡은 사람들을 능히 먹여 기를 수 있을 것이라고 했다한다. 그래서 그때까지는 사람이 아무도 살고 있지 않았던 이 골짜기를 편한 안(安), 기를 양(養) 자를 써서 안양골이라 부르기 시작했다고 전한다.

여기에 마을이 생기기 시작한 것은 그리 오래되지 않았다. 8.15 광복 후, 북만주 유랑의 길에서 귀향하던 한 가족이 처음 왕지마을로 넘던 오솔길 옆 야산에 정착하면서 시작된 것이라고 할 수 있다. 그분은 청송(青松) 심씨(沈氏)의 후손으로 수(壽)자 암(岩)자를 쓰시던 분으로 이곳에 개간의 첫 삽을 꽂았고 그때까지만 해도 일본인들만 조금씩 경작해 왔던 배나무 과수원을 이곳에서는 맨 처음 개설하신 분이다. 그 후 그분은 친지와 일가친척들을 불러 모아 마을을 일구기 시작했고 6·25를 지나면서 북에서 월남한 사람들이 정착하기 시작했다. 그렇게 마을이 형성되기 시작한 것이다.

마을 남서쪽 송덕리와 율금리, 왕림리, 이렇게 세 개의 마을이 만나는 곳에 있는 왕지산(旺池山)에는 왕지봉이라는 자그마한 산봉우리가 있다. 그곳에서 보면 사방이 야트막한 구릉과 평지로 이루어져 멀리까지 훤히 바라다 보인다. 맑은 날이면 서쪽으로 아산만을 막아 가둬진 평택호의 물굽이까지 아득하게 눈에 잡힌다.

어디에나 있음직한 마을 뒷동산 같은 이 산봉우리에 왕지봉(旺池峯)이라는 이름이 붙게 된 것은 이조 중엽 인조대왕께서 이괄의 난을 만나 공주로 파천하시던 길에 이 산에 잠시 머물러 쉬면서 산 밑에 있던 하나샘(旺池)의 물을 길어다 마시고 그 물맛을 크게 칭찬하신데 연유한다고 한다. 우물은 왕지마을 남동쪽 방죽 가운데 있었는데 물이 대단히 차고 물길이 깊어서 아무리 가뭄이 심한 때도 물이 줄지 않았다고 한다.

그곳에 올라 돌아다보면 사방이 배나무 과수원들로 끝없이 이어져 있다. 안양골은 마을 전체가 바둑판처럼 나누어진 배나무 밭이어서 배나무 숲속에 지붕들이 드문드문 드러나 있다. 집에서 왕지봉까지는 오리 남짓한 거리여서 산책길로는 안성맞춤이다. 이른 아침이나 저물녘, 그 길을 걸으면 계절의 흐름을 맨 먼저 몸으로 느낄 수 있다. 그 길이 지금은 말끔하게 포장되어 있지만 양옆으로 배나무 밭 울타리의 잡초들, 끝없이 뻗어간 배나무 숲, 눈이 녹으면 어느새 풀잎이 돋아나 키를 세우고 앙상했던 나뭇가지에서 꽃망울이 벌어 일시에 꽃들을 피워 낸다. 사월 하순이면 천지가 희디흰 배꽃으로 뒤덮여 희디흰 파도가 넘실대는 바다로 변한다. 이곳을 보아도 저곳을 보아도 배꽃 속에 묻히게 된다. 바람마저 싱그럽다. 하루가 왕지봉 너머로 기울 무렵이면 노을의 그림자가 배꽃 위를 스치면서 배꽃의 바다는 시시각각 모습을 달리한다. 동쪽으로는 성환 읍내가 한눈에 바라보이고 그 뒤 멀리로 차령산맥이 띠처럼 둘러져 있다.

여름날 낮게 내려앉은 희색구름이 느릿느릿 동쪽으로 흐를 때면 배나무의 어린가지들을 흔들며 지나가는 바람소리. 배나무 어린 이파리위에 부딪치며 떨어져 내리는 빗소리들이 갖가지 소리를 낸다. 그 소리들은 때로는 거칠게, 때로는 잔잔하게 귓가를 스치며 조화를 이루어 마음을 차분하게 가라앉히기도 한다. 그러노라면 일상의 분주함에 시달린 마음을 차분하게 가라앉히면서 분주함에 잊었던 지난 일들을 돌아보게 한다. 어쩌면 이런 것들이 장자(莊子)가 말한 하늘의 소리인지도 모르겠다. 거기 무한이 쏟아져 내리는 햇살아래 부지런하고 순박한 마을사람들이 있다.

한번 마을에 들어와 살아본 사람들은 정이 들어 쉽사리 떠나지 못한다는 이야기가 전설처럼 전해져 내려오는 마을이다. 무엇을 더 바라겠는가? 언제까지나 그런 마을이기를.

어느 경로잔치에서

아침에 일어나면서 서울에 살고 있는 수양아들한테서 걸려온 전화를 받았다. 자주 찾아뵙지 못해 죄송하다며 일간 찾아뵙겠다는 안부 전화였다. 좀 있으니 신탄진에 살고 있는 큰며느리가 곧 역에 도착한다는 기별이 와서 차를 몰고 역으로 나가니 며느리는 대합실을 빠져나오고 있었다.

웬일로 왔느냐고 물으니 그냥 웃기만 한다. 나중에 며느리가 다녀가고 난 다음에야 아내한테 들으니 내일모레가 어버이날인데 미리 들렸다면서 그날 두 분이 점심이나 드시라고 봉투를 놓고 갔다고 한다. 아하, 그제야 어버이날을 찾느라 달력을 들여다보는데 얼마 전 천안에 있는 부성중학교로 전근해온 큰딸한테서 전화가 왔다. 그날 출근하게 되어 미리 아버지 통장으로 얼마간 송금했으니 두 분이 조용한 곳에 가셔서 며칠 쉬셨다 오시란다. 좀 있으니 농업기술센터에 근무하는 작은딸한테서도 전화가 왔다. 같은 내용이었다.

저녁에는 농협에서 퇴근하던 작은 아들이 다녀갔다. 그제야 어버이날이 실감되었다. 우리 부부는 거국적으로 산아제한을 권하던 시절에 바보스러워서인지 연년생 4남매를 낳아서 길렀다. 아이들이 고만고만 어렸던 시절에는 색종이를 구해서 저마다 색깔마저 다르게 꽃피운 카네이션을 엄마 아빠의 옷깃에 달아주느라 시샘이더니 커서는 저마다 직장에 매여 자유롭지 못해서인지 미리 봉투를 준비해서 제어머니 손에 쥐어주거나 편하게 아버지 계좌로 송금하고 있다. 그런데도 색종이로 꽃피운 카네이션을 가슴에 자랑스럽게 달고 나가던 때가 더 그리워짐은 어쩔 수 없다.

2009년 5월 8일.

아침 일찍 일어나긴 했으나 막상 할 일이 없다. 주머니 가득 아이들이 주고 간 용돈은 넉넉했지만 두 내외 마주 앉아 아침상을 받으니 다른 날과 달리 썰렁하기 그지없다. 그러고 있는데 전화가 왔다. 읍내에 사시는 안수웅 님 이었다. 경로잔치에 가지 않겠느냐고 묻는다. 전에도 몇 번 경로잔치에 참석하여 보기는 했었으나 대부분 그랬다. 어르신이라는 존칭은 존경과 사랑의 대상이라기보다는 이제와 쓸모없어져버린 짐짝 같은 느낌을 주었다. 노인잔치라는 것이 대부분 생색내기에 그쳐 쫓아다니다보면 피곤하기만 했던 것이어서 내키지 않아 망설이고 있는데 한번 가보자고 재촉한다. 딱히 어데 갈 곳도 없던 터라 응하기로 했다.

학교 동창으로 절친한 사이인 김종호 님에게 전화를 해서 다녀오기로 했다. 우리는 안수웅 님 집 앞에 있는 주차장에서 만났다. 그러고 김종호 님의 갤로퍼를 이용하기로 하고 나머지 차들은 주차장에 남겨 두었다.

우리는 오전 10시쯤 천안시 서북구 직산읍 판정리에 있는 "삼육두유"에 들어서고 있었다. 들어서며 보니 넓은 주차장하며 공장 건물들과 주위환경들이 이곳저곳 눈에 들어왔다. 공장 건물들과 주위 환경들이 넉넉하면서도 정갈한 느낌을 주었다.

입구에 들어서면서 느낀 것이지만 첫 눈에도 환영 일색이었다. 정장차림의 남자 직원들과 한복을 곱게 차려 입은 여직원들이 곳곳에서 행사장으로 향하는 노인들을 웃음으로 맞았다. 직원들 하나하나 노인들을 맞을 때마다 정중하게 인사드리는 모습은 평소에도 친절이 몸에 밴 느낌을 주었다.

건물 3층의 행사장으로 오르는 계단 옆에는 한복으로 곱게 차려입은 여직원들이 노인들에게 하나하나 카네이션을 달아주고 있었다. 집에서 누가 카네이션을 달아주는 사람이 없어 조금은 섭섭했었는데 여직원이 옷깃에 정성스레 달아주는 카네이션을 내려다보면서 마음이 풀어지는 것을 느낄 수 있었다. 금시 너른 행사장에는 근처 읍, 면에서 모시고 온 노인들로 발 디딜 틈이 없었다.

노인들을 위한 행사는 예정대로 10시 30분부터 시작되었다. '부모님의 은혜'가 노래로 불리면서 시작된 행사머리에 먼저 행사의 주최자인 사장님 내외분이 소개되었다.

"어르신들을 1층에서 모시지 못하고 3층까지 올라오시게 해서 죄송스럽습니다."

젊은 사장님은 인사말을 하기에 앞서 사과의 말씀을 했다. 사장님의 소개를 받은 사모님의 노래 소리가 청아했다.

곧이어 회사에서 직영한다는 '삼육어린이집' 어린이들의 재롱이 무대 가득 풀어졌다. 어떤 행사처럼 가수나 코미디언들에게 내맡긴 것이 아니라 직원들의 재롱으로 노인들을 위로해주려 했다는 것이 색다르다고 할 수 있겠다. 이따금 실수를 가장하는 직원들의 재롱을 보면서 이 행사를 준비하기 위해서 직원들이 바쁜 사간을 쪼개어 연습해야 했을 것을 생각하며 더한 고마움을 느꼈다.

웬만한 가수 한사람의 출연료를 절약한다면 더 많은 노인들에게 밥 한 끼를 따듯하게 대접해 드릴 수 있을 것이다. 배보다 배꼽이 더 크다고 노인잔치에 많은 출연료를 지불해가며 가수나 코미디언을 모셔오는 것이 무슨 도움이 될 것인가 늘 의문을 품어오던 내게 '삼육식품' 직원들이 그들만의 장끼를 끌어내어 노인들을 위로하겠다는 발상은 참으로 순수하고 진실된 마음에서 비롯된 것이라고 볼 수 있다.

먼저 사모님의 노래 소리 하나만으로도 라디오나 TV에 널린 가수들의 노래에 식상했던 노인들에게 청량제가 되었음 직하다. 행사가 끝나 그곳을 떠날 때까지 마주쳤던 직원들한테서도 자연스럽게 몸에 젖은 친절이 마음으로 느껴졌다. 잠깐 대화를 나눴던 직원의 말에 의하면 사장님께서는 평소에도 부모님께 효성이 지극했다고 한다. 그처럼 부모님을 대하듯 주위 노인들을 대하는 젊은 기업인의 마음 씀씀이에 절로 흐뭇함을 느낀다.

사람이 늙으면 먼저 체온부터 떨어지는 것 같다. 그래서인지 별거 아닌 일에도 마음에 추위를 느끼게 된다. 내려가기만 하는 체온을 어쩌지 못하고 다른 사람들의 체온에 기대보려 하지만 점점 주위로부터 사람들의 체온이 멀어져가기만 하는 것을 느끼게 될 뿐이다. 멀어져가기만 하는 사람들의 체온이 그리워 때때로 울음 같은 외로움을 느낄 때가 있다.

노인들에게 먼저 마음의 문을 열어주었으면 좋겠다. 평생을 긴장과 고달픔 속에서 내달려왔던 생애의 문을 따사롭고 푸근함 속에서 닫을 수 있게.

어떤 만남

아침을 서둘러 아내와 함께 천안 버스정류장에서 예산 행 시외버스에 올랐다. 마침 버스에는 여분의 자리가 있었다. 차창 밖으로 눈을 돌리니 길옆 벽돌담 안에서 지금 꽃잎을 떨어뜨리고 있는 키 큰 목련나무 아래로 라일락이 수수 꽃처럼 피고 있다. 갇힌 벽돌담 안에서도 봄은 한껏 무르익고 있었다. 가로공원에 붉게 타는 영산홍 위로 파란하늘이 마음을 시원스럽게 한다.

모처럼 여행을 떠나기로 했던 것은 중학교 교사인 큰딸이 제 월급을 쪼개어 선뜻 여비를 내놓았기 때문이었다. 제대를 하고 집에 와 있던 큰아들은 카메라를 비롯해서 여행에 쓰일 자잘한 물건들을 챙겨주었고, 대학에 다니는 딸과 막내아들은 몇 번이나 재미있게 노시다 오시라고 당부하는 걸 잊지 않았다. 아이들은 며칠 쉴 겸 먼 곳을 돌아오라고 했지만, 내가 가까운 곳에 있는 예산 수덕사로 마음을 정한 것은 나름대로 이유가 있어서였다.

버스정류장에 나와 서야 내가 갑자기 여정을 바꿔 수덕사로 정했을 때 아내는 지난해에도 친구들과 다녀온 곳이기도 해서 썩 내키지 않는 모양이었으나 할 수 없이 나를 따라 나선 길이다.

내가 수덕사를 택한 것은 아직까지 찾아간 일이 없었던 곳이었기 때문이기도 했다. 내가 살고 있는 곳에서 백 여리 남짓한 멀지않은 곳이긴 했으나 어쩐 일인지 한 번도 수덕사에 가볼 기회가 없었다. 그것은 기회가 전연 없었다기보다는 미뤄왔었다고 하는 것이 옳을 것이다. 내가 수덕사를 찾는 것을 미뤄왔던 것은 어떤 만남에 대한 믿음을 내 마음속에 오래 지니고 싶었었기 때문인지도 모른다.

스물다섯 살의 여름, 나는 수덕사에 가려고 예산에서 수덕사행 버스표까지 샀다가 포기한 대신 지금의 아내를 만날 수 있었다. 그 무렵 나는 군대에서 제대한 후 읍내에 있는 천안 배원예농협에 일자리를 얻어 다니고 있었다. 마침 예산에서 과수강습회가 있어 참석했었던 나는 거기서 겨우 오전을 채우고 슬그머니 나와 바로 버스정류장으로 향했다. 나는 강의를 듣는 도중. 김일엽 스님이 계신 수덕사가 멀지 않은 곳에 있다는 것을 떠올렸기 때문에 정류장에 닿자 먼저 수덕사행 버스표부터 끊었다. 그런데 한 시간을 넘게 기다려도 수덕사 가는 버스는 오지 않았다. 나는 무더위 속에서 기다리는 시간의 지루함을 가까스로 견뎌내고 있었다.

그러다 막 출발을 서두르는 버스의 안내표지를 보고는 갑자기 생각이 달라졌다. 버스의 안내 표지에 쓰인 행선지가 부여라는 것을 알았을 때 내 머릿속에는 부여에 사시는 고모님 생각이 퍼뜩 떠올랐기 때문이었다.

나는 가지고 있던 수덕사행 버스표를 부여행 버스표로 바꾸려고 서두르는데 그 사이 부여행 버스는 출발하고 말았다. 나는 정류장을 빠져나가는 버스의 뒤꽁무니를 멍하니 바라보면서 맥이 풀렸다. 나는 그만 그것도 포기하고 집으로나 돌아가려는 참이었는데 정류장을 조금 비켜나던 버스가 웬일인지 길가에 멈춰 섰다. 그러자 바로 운전사가 내려와 버스의 앞뒤를 돌며 바퀴를 발로 몇 번씩 굴러보더니 연장을 꺼내어 뒷바퀴를 갈아 끼우기 시작하였다. 공교롭게도 바퀴 하나가 그곳에서 펑크가 난 것이다. 덕분에 나는 느긋하게 버스표를 바꾸어 부여행 시외버스에 오를 수 있었다. 내가 부여행 시외버스에 오른 얼마 후에야 수덕사행 시내버스가 정류장으로 느릿느릿 들어오는 것이 보였다.

이렇게 해서 나는 처음으로 생각지 않게 부여에 가게 되었고 아버지가 일찍 돌아가시는 바람에 별로 왕래가 없었던 고모님 댁을 물어물어 찾아가게 되었다. 그러고 거기서 나는 아내를 만나게 된 것이다.

그 후, 우리는 같은 길을 걸어서 예까지 왔다. 그것은 우리가 수덕사에 도착해서 한창 증축공사가 벌어지고 있는 절을 뒤로해서 덕숭산에 오르던 산길과도 같은 길이었는지도 모른다. 가파른 계단을 힘겹게 오르고 낭떠러지 옆으로 해서 좁은 길을 조심조심 밟으며 서로의 손을 잡아 이끌어 계속해서 올라갔다. 올리받이 산길은 우리에게 무척 힘겨웠으나 그래도 잠깐 숨을 돌리는 짬에는 산바람이 이마에 시원하게 와 닿았다. 주위로는 푸름이 눈부시고 길 아래 계곡의 돌 틈으로 구르는 도랑물이 맑았다.

나는 살아오면서 잔잔한 수면과도 같은 아내의 모습에서 문득문득 수덕사를 떠올리고는 했다. 그날따라 꼭 수덕사를 둘러와야겠다는 생각이었는지는 모르겠으나 삼복허리의 무더위를 버티며 버스를 기다리던 내게 수덕사행 버스가 제 시간에만 도착했어도 나는 무심히 수덕사를 돌아보고 왔을 것이다. 그랬다면 지금의 아내와 만날 기회는 주어지지 않았을지도 모른다. 그보다도 부여행 시외버스가 정류장을 출발하자 바로 바퀴에 펑크가 나는 일이 없었다면 내가 부여에 가는 기회가 있었다 해도 그 이후가 되었을 것이다. 그 이후 아내와의 만남이 있을 수 있었다 해도 우리의 만남은 서로가 타인으로 그쳤을지도 모른다.

정말 아내와의 만남은 우연하게 이루어진 것인지도 모른다. 지금 생각해도 아슬아슬하기만 하다. 나는 지금도 그 만남에 깊이 감사하는 마음이다. 삭막하기만 했을지도 모를 내 인생의 오솔길에 외로움을 나눠가질 아내를 점지해준 그 만남의 소중함을 무엇에다 비기랴. 그래서 더욱 수덕사를 찾는 일을 미뤄왔던 것인지도 모른다. 그동안 예산까지는 여러 번 다녀왔었으나 그곳에서 지척에 있는 수덕사에 들리는 것을 나는 애써 미뤄왔었다. 어느 날 아내와 함께 손 마주잡고 찾아가서 우리의 만남이 이루어질 수 있도록 계기가 되어준 수덕사를 감사하는 마음에서 돌아보고 싶었기에 그만치 아꼈던 것인지도 모른다.

아내와의 만남은 인연이 닿았기에 이루어 졌겠지만 그날의 일들이 그렇게 작용하지 않았다면 아내와 만남은 극히 힘들었을 것이다. 그러기에 나는 아내의 모습에서 때때로 그날을 생각하게 된다. 그것은 살아가는 동안 내 마음에서 잊히지 않을 것이다.

어둠이 짙어서야 돌아오는 버스에서 아내는 잠들어 있다. 산정까지 그 오르막길을 오르느라 무척이나 피곤했으리라. 아내는 부처님 앞에서 오랜 시간 기원을 드렸다. 이제 아내의 기원 속에 남편은 믿음직스럽게 남아 있을 뿐이고 아이들에 대한 기원이 더 컸으리라.

어머님의 예금통장

친구 어머님께서 돌아가셨다. 막 잠자리에 들려는데 전화벨이 울려 받으니 친구의 울먹이는 목소리였다. 나는 아내를 재촉해서 급히 달려갔다. 그날 그 분은 시장에 들려 일을 보시고 집으로 오시다 인적조차 드문 들길에서 갑자기 쓰러져 돌아가신 것이다. 너무도 갑작스런 죽음이었다.

예순 아홉 해 한 평생을 변변한 옷 한번 입어볼 틈도 없이 여섯 아들을 키워내느라 바쳐진 생애였다. 여섯 아들을 남부럽잖게 키워 내기에 손톱이 닳도록 농사일에 매달려 살아오신 분이다. 채소를 가꿔 손수 시장에 내다 파시며 한 푼을 아끼시던 분이셨다. 이제는 편히 여생을 즐기실 만했으나 아들들의 성화에도 막무가내로 일손을 놓지 않으셨다. 평생을 해

오시던 농사일을 쉬지 않으셨고 집에서 가꾼 채소를 손수 시장에 내다파시는 일을 거르지 않으셨던 분이었다.

친구 어머님은 마을사람들의 알뜰한 보살핌으로 집에서 시오리 떨어진 선산에 고이 모셔졌다. 장례가 끝나고 그분의 유품을 정리하던 우리들은 -나도 장례 일을 마무리하느라 상제들과 함께 있었다.- 평생을 그분의 한 부분인 듯 지녔던 염낭 속에서 작은 쪽지를 발견하고는 놀라움을 금치 못했다. 쪽지는 다락의 어떤 장소를 가리킨 것이었지만 우리는 그것이 무엇을 뜻한다는 것을 단번에 알 수 있었다.

짐작했던 대로 다락의 옷 갈피 속에서 찾아낸 것은 적금통장과 정기예금증서였다. 그 많은 시간 집에서 가꾸어 낸 열무나 파 몇 단, 호박 오이 몇 개를 시장에 내다 팔았던 그 어려움의 땀방울이 여기 이렇게 적금통장과 정기예금증서로 응결된 것이다.

통장을 받아든 상주는 새로운 슬픔이 터지는 것을 애써 누르고 있었다. 그 분은 막내아들 결혼 예물만은 자신이 모은 돈으로 마련하겠다고 늘 말씀하셨다 한다. 여섯 아들 중 이제 남은 막내아들의 혼례를 위해서 그분은 그토록 많은 시간 얼마나 마음을 쓰셨던가. 그분은 자신이 땀 흘려 모은 돈으로 결혼예물을 장만해서 막내아들의 앞날을 축복하고 싶으셨던 것이다. 그동안 부스러기 돈을 주워 몇 백만 원의 큰돈을 마련하기에 그 어려움은 얼마나 컸으며 얼마나 많은 때를 시장기마저 참으셨을까.

나는 눈물이 솟구치는 것을 어쩌지 못했다. 어머니의 마음, 그것은 하나의 지고한 신앙이다. 젖먹이 시절 어머님과 헤어져 어머님에 대한 그리움만 안고 자라왔던 나는 스스로의 서러움에 뭉클했다.

나는 친구 어머님한테서 참다운 어머님을 느꼈다. 그 끝없는 어머니의 사랑이 어찌 헛될 수 있을 것인가. 그러기에 여섯 아들 모두가 훌륭하게 자라서 저마다 성실한 사회인으로 살아가고 있지 않은가. 아이들을 키우는데 어머니의 지고지순한 사랑이 없이 어찌 그 아이들이 바르게 성장하기를 기대할 것인가.

집으로 돌아오는 밤길, 나는 아이들을 위해서 얼마나 땀 흘려 왔는가. 스스로 돌아보는 마음으로 지난날들을 헤아려 보았다. 그러면서 이제라도 친구 어머님의 생애를 거울삼아 성실하고 참되게 살아 아이들에게 모범을 보이고 자극한 정성을 아끼지 않으리라 다짐했다.

억새밭에 남은 친구들

불가(佛家)에서는 이승에서 옷깃만 스쳐도 삼생(三生)의 인연이 있어야한다고 인연을 소중하게 생각했지만 우리는 살아가면서 많은 사람들을 만나게 된다. 그중에도 배우자와의 만남은 그 사람의 생애를 결정짓는 중요한 만남이기에 더 말할 수없는 것이지만 여기에 버금가는 것이 친구와의 만남이라고 볼 수 있다.

사람은 혼자서는 살 수 없다. 그러기에 우리는 어려서부터 사귈 친구를 찾아 함께 어울리며 살아가게 된다. 역사의 기록으로 남아 전해지고 있는 우정의 일화도 헤일 수 없이 많다.

금란지교(金蘭之交)는 역경(易經) 계사전(繫辭傳)에 두 사람의 마음이 같으니 그 예리함이 금석을 자를 수 있고 같은 마음에서 나오는 말은 그 향기가 난과 같다.(二人同心 其利斷金 同心之言 其臭如蘭)이라고 한데서 나온 말이다.

막역지우(莫逆之友)란 서로 거스르지 않는 친구란 뜻으로, 아무 허물없이 친한 친구를 가리키는 말로서 "장자(莊子)" 내편(內篇)에 나오는 말이다. 이와 같이 막역지우란 본래 천지의 참된 도를 깨달아 사물에 얽매이지 않는 마음을 가진 사람간의 교류를 뜻하는 것이다. 그러나 이러한 우정을 현실에서 기대한다는 것은 지나친 욕심이 아닐까.

그러나 사마천의 '사기(史記)'에 기록으로 남아 오랫동안 우리에게 회자(膾炙)되어 왔던 관포지교(管鮑之交)에 대해서는 오늘날에 와서도 다시 음미해 보아야 할 것이다. 관안열전(管晏列傳)에 의하면 중국 제(濟)나라에서 포숙은 자본을 대고 관중은 경영을 담당하여 동업하였으나 관중이 이익을 혼자 독차지 하였다. 그런데도 포숙은 관중의 집안이 가난한 탓이라고 너그럽게 이해하였고 함께 전쟁에 나아가서는 관중이 세 번이나 도망을 하였는데도 포숙은 그를 비겁자라고 생각지 않고 그에게는 늙으신 어머님이 계시기 때문이라고 그를 변명하였다.

이와 같이 포숙은 관중을 끝까지 믿어 그를 밀어주었고 관중은 일찍이 포숙을 가리켜 나를 낳은 것은 부모이지만 나를 아는 것은 오직 포숙뿐이다.(生我者傳母 知俄者鮑子也)라고 말하였다. 여기서 우리는 두 사람 사이를 믿음과 이해가 얼마나 단단하게 결속시키고 있었는지 알 수 있을 것이다.

친구를 믿을 수 있는 근거는 친구의 진실 됨이다. 아무리 사회가 변하고 오랜 세월이 지나더라도 자신이 사귀는 친구가 진실하기 때문에 믿을 수가 있는 것이다. 이 믿음은 확실한 신념으로 굳어진다. 그러나 믿음이라는 것이 쉽지 많은 않은 것 같다. 그러기에 노(魯)나라의 사상가 증자(曾子)같은 분도 친구와 사귀는데 믿음이 있었는가? 하며 날마다 스스로 묻고 반성하였다고 한다.

우리는 어려서부터 함께 자란 친구를 죽마지우(竹馬之友)라고 부른다. 죽마(竹馬)는 대나무로 만든 말로, 아이들의 장난감이다. 죽마지우는 어릴 때의 친구 즉 소꿉동무를 말한다. 죽마지우란 서로의 믿음에 의해서 맺어진 친구라기보다는 어느 한곳에 같이 있을 수밖에 없음으로 해서 선택의 여지없이 맺어진 친구다. 그러기에 어려서부터 함께 자란 동네 친구사이에는 진실한 우정이 맺어지기 힘들다는 말이 있다. 그것은 서로가 믿음으로 서로의 우정을 쌓아가기보다는 모르는 사이 서로가 서로에게 경쟁하는 마음이 먼저 생기기 때문이라고 한다. 거기에 대해서는 세설신어(世說新語) 품조편(品藻篇)괴 진서(晉書)에 나오는 은호(殷浩)와 환온(桓溫)의 이야기를 읽어보면 자연스럽게 느낄 수 있을 것이다

천성이 게을렀던 나는 살아오는 동안 많은 사람들을 만나면서도 친구를 별로 사귀지 못했다. 어쩌면 좋은 친구들이 내

곁을 지나갔으나 내가 그런 친구들을 곁에 잡아두려는 아량과 노력이 부족했었는지도 모른다. 많은 친구들이 머물거나 지나갔으나 대부분 아는 사람으로 그치고 말았다, 그러는 사이 우정이라는 허상에 상처를 입기도, 때로는 친구에게 상처를 입히기도 했었다.

지금에 와서 돌이켜본다면 손가락 안에 드는 몇몇 친구들은 내가 인생의 문을 닫는 날까지 마음의 위안이 될 수 있지 않을까 생각해 본다.

죽마지우(竹馬之友) 지관우 님. 오랜 세월 우리는 곁에서 함께했다. 서로의 허물을 서로가 용서하면서 한세상을 지내왔다. 이제까지 지내왔던 것처럼 앞으로도 지내갈 것이다. 송영만 님. 당진 오지에서 목장을 경영하느라 멀리 떨어져 있지만 항상 마음속에서 떠나지 않는 친구다. 산악회에서 처음 알게 되었지만 이십여 년을 하나같이 친구처럼 자별했던 안수웅 님. 아무 때나 만날 수 있어 위안이 되었던 김종호 님. 언제 만나도 마음이 즐거운 친구다. 내게 있어서 소중하고 아무 때 만나도 마음이 따듯해지는 친구들이다. 나로서는 남은 세상을 살아가는데 이 정도의 친구들이라면 세상이 외롭지 않으리라 생각해 본다.

折梅逢驛使 매화나무 가지를 꺾다가 역부를 만나
寄與총頭人 한 가지 묶어 그대에게 보내주오

江南無所有 강남에 살며 가진 것이 없어
( )贈一枝春 겨우 봄꽃 한 가지를 드리노라

육개(陸凱)의 강남일지춘(江南一枝春)이란 詩 한 수를 입속으로 웅얼거려 본다.

육개(陸凱)가 장안에 있는 법엽(范曄)에게 강남의 매화가지 하나를 보내주면서 써서 보낸 시다. 형주기(荊州記)에 보면 중국의 삼국시대에 吳나라의 육개(陸凱)가 친한 친구인 범엽(范曄)에게 봄꽃인 매화를 선물로 보내며 우정을 나눈 이야기가 전해진다.

온몸으로 피워내는 꽃

버스는 지금 오대산 자락을 밟으며 진고개를 오른다. 태백산맥을 넘는 데는 다섯 개의 고갯길이 있다고 한다. 대관령, 한계령, 미시령, 진부령, 그리고 진고개 길이 그것이다. 그 다섯 개의 고갯길 가운데서도 제일 험한 길이 진고개 길이라고 한다. 그래서인지 진고개를 넘는 길은 무척 험하다. 고개위에 올라서 잠시 숨을 고르니 저만치 노안봉이 우뚝하다.

오대산 국립공원에 속하는 노안봉은 산자락에 소금강 계곡을 거느리고 있으며 산의 정상에는 기묘하게 생긴 화강암 봉우라가 우뚝 솟아 그 모습이 사계절을 두고 멀리서 바라보면 백발노인과 같이 보인다하여 산 이름이 붙여졌다 한다. 다시 가파르고 굽이진 내리막길을 조심조심 내려간다.

길 양옆으로 산꼭대기로부터 쏟아져 내리는 단풍들이 곱다. 갖가지 빛깔들과 모양으로 다투어 피어내는 꽃무더기들, 정말 그것은 꽃이었다. 온몸으로 피워내는 꽃, 지금 나무들은 다가오는 동면의 겨울에 앞서 힘을 다해 온몸으로 꽃을 피워내고 있는 것이다. 그것은 처연한 아름다움이었다.

저만치 늙은 부부가 서로를 의지하면서 고갯길을 내려가고 있다. 그런 부부의 등 뒤로 감빛노을이 내려앉고 있었다. 산책길에 나서면 자주 만나게 되는 노부부의 모습이다. 노부부의 뒷모습이 한껏 다정스러워 보인다.

우리지역 천안 배 원예농협에 상무로 재직하면서 많은 일을 해왔던 유기찬 님, 정년퇴직한 얼마 후, 뇌졸중으로 쓰러져 병상을 벗어나지 못했었다. 그런데 부인의 지극한 간병으로 조금씩 건강을 회복하여 가고 있는 중이다. 걷는 운동을 시작한 처음에는 아기걸음마처럼 위태위태하였으나 수년이 지난 지금에는 부축 없이도 걸을 수 있게 되었다. 그런 부부의 다정한 뒷모습에 눈길을 주고 있자니 며칠 전 방영된 텔레비전의 화면이 클로즈업 된다.

노인전문병원의 한 병동, 병상에 기대어 누운 할머니 곁에서 백발의 할아버지 한 분이 하모니카를 불고 있다. 그런 할아버지의 오른손은 할머니의 왼손을 꼭 잡고 있다. 할아버지는 왼손으로 하모니카를 입에 가져다 대고 불고 있었다. 정신마저 혼미한 할머니는 할아버지에게 손이 잡힌 채 멍하니 허공만을 응시하고 있을 뿐이다.

팔순의 나이에 이제는 시력까지 잃어 앞을 잘 볼 수 없다는 할아버지는 할머니가 입원하면서부터 하루도 거르지 않고 찾아와 위로하기를 몇 년이 되었다고 한다. 그런 할아버지가 할머니와 헤어져 지팡이 하나만을 의지하여 집으로 돌아가던 쓸쓸하기만 했던 뒷모습이다.

부부.

한세상 함께 살아오며 사랑해 왔으면서도 머지않아 헤어져야 한다는 현실이 더욱 못 견디게 아쉬움을 던지는 것인지도 모른다. 그런 생각에 마음이 온통 눈물로 그렁그렁 젖어들 때가 있다.

나도 어느새 그런 나이에 이른 것인가 생각하면 가슴이 아리다. 아내와 함께 살아온 사십여 년. 돌아보면 아쉬움뿐이다. 그때는 왜 그랬을까? 왜 좀 더 잘해주지 못했을까? 하는 후회만이 남아 다시 돌이킬 수 없는 세월이 안타깝기만 하다.

그러나 가버린 세월을 다시 주워 담을 수는 없는 일. 이제부터라도 남은 세월을 아껴 아내에게 못 다한 사랑을 바쳐야 하겠다. 온몸으로 아내를 맞아들여 사랑하리라. 숲의 나무들이 단풍으로 물들어 온몸으로 꽃을 피워내듯이.

육갑에 대하여

다음 天干(천간 : 십간)과 地支(지지 : 십이지)의 내용을 한 번 상기해 보시기 바랍니다.

干支	1	2	3	4	5	6	7	8	9	10	11	12
天干(10)	甲(갑)	乙(을)	丙(병)	丁(정)	戊(무)	己(기)	庚(경)	辛(신)	壬(임)	癸(계)		
	4	5	6	7	8	9	0	1	2	3		
地支(12)	子(자)	丑(축)	寅(인)	卯(묘)	辰(진)	巳(사)	午(오)	未(미)	申(신)	酉(유)	戌(술)	亥(해)
	쥐	소	범	토끼	용	뱀	말	양	원숭이	닭	개	돼지

○ 천간(天干) - 갑, 을, 병, 정, 무, 기, 경, 신, 임, 계 - [10개]
○ 지지(地支) - 자(쥐), 축(소), 인(호랑이), 묘(토끼), 진(용), 사(뱀), 오(말), 미(양), 신(원숭이), 유(닭), 술(개), 해(돼지) - [12개]

◈ 간지 이해에 주의할 점은 한자들의 모양과 발음입니다. 천간의 '戊(무)'와 지지의 '戌(술)'의 한자 모양에 주의하고, 천간의 '신(辛)'과 지지의 '신(申)'의 발음에 주의하시기 바랍니다.

간지에 대한 기본 지식

干支(간지) 표기는 天干(천간)이 먼저 표기되고, 地支(지지)가 나중입니다.甲子(갑자), 乙丑(을축)' 등이 되는 것입니다. 그래서 조합을 하면 60개가 되고, 마지막이 癸亥(계해)가 됩니다. 이를 '六十甲子(육십갑자)'라고 하는데, 줄여서 '六甲(육갑)'이라고 하지만 사용은 조심해야 합니다.{ * *(?)이 육갑 떤다고 하죠}

자신의 출생 간지가 60년 후에 동일하게 되기 때문에 '還甲(환갑-甲子가 돌아옴)'이라 하는데 환갑은 만 나이로 60세 생일날입니다.

간지와 관련된 실생활 속에서의 활용은 天干과 地支의 순서와 개수만 알고 있으면 됩니다. 무모하게 갑자(甲子)부터 계해(癸亥)까지 60가지를 외우려 하거나 간지표를 들고 다닐 필요가 없다는 것입니다.

십간[천간]과 십이지[지지]에 대한 개념적인 설명은 간지와 역법에서 다루었습니다. 뒤에 참고 하시기 바랍니다.

부연 한마디

干支(간지)나 節氣(절기) 등을 비롯한 수많은 전통 생활양식을 그저 구시대의 잔재 정도로 인식하거나 하찮은 것으로 치부한다면, 우리 민족의 역사 속에 면면히 이어 내려온 유구한 생활양식의 문화유산(文化遺産)을 스스로 부정하고 도외시(度外視)하는 잘못을 저지르게 됩니다. 진정한 전통 문화 유산에 대해 올바로 인식하고 현대적 감각으로 재창조해낼 때 우리 후손들에게 자랑스러운 유산을 물려 줄 수 있는 것입니다.

간지 이해의 핵심 요령

간지표기에서 앞부분의 天干(천간)은 10개입니다. 곧 10년 단위로 항상 같은 것이 온다는 것을 알 수 있습니다. 바로 여기에 해결책이 있습니다.

天干(천간)의 첫 번째 甲(갑)은 서기년도의 끝자리가 항상 '4년'이 됩니다. 곧 [모든 '甲[*]年'은 서기년도 끝자리가 'OOO4년']이 되는 것입니다.

그러면 계속해서 乙(을)은 5년, 丙(병)은 6년, 丁(정)은 7년, 戊(무)는 8년, 己(기)는 9년, 庚(경)은 0년, 辛(신)은 1년, 壬(임)은 2년, 癸(계)는 3년이 바로 천간과 서기년도 끝자리의 결합입니다.

예를 들어 2003년은 끝자리가 '3'이라서 간지표기 앞부분 천간은 '癸(계)'가 되는 것을 바로 알 수 있고, 또한 10년 단위로 과거(1993년, 1983년...), 미래(2013년, 2023년...)가 모두 간지표기 앞부분의 천간은 '癸(계)'가 되겠지요.

이제 문제의 반은 해결되었습니다. 干支의 표기는 天干(천간)이 앞부분이고 地支(지지)가 뒷부분으로 표기되는데, 뒷자리인 地支(지지)는 곧 각각의 동물 형상인 '띠'를 의미하고 있기 때문에 자신의 '띠'를 중심으로 생각하면 쉽게 해결할 수 있습니다.

십간(十干: 天干)의 기원과 의미

【 甲, 乙, 丙, 丁, 戊, 己, 庚, 辛, 壬, 癸 】

干支(간지)는 우리 선조들의 삶 속에서 다양한 분야에 활용되고 적용될 정도로 우리의 삶 자체와 함께 했던 생활 철학이라 할 수 있습니다.

현대인의 생활에서도 아직 무시할 수 없는 부분이기에 우리들의 일상생활에서 상식으로 도움 받을 수 있는 부분들을 중심으로 干支(간지)의 기본적인 지식과 활용 면에 대해서 알아보겠습니다.

간지(干支)는 우리의 전통문화(傳統文化) 속에서 실생활과 밀접한 관계를 맺고 있었던 소중한 우리의 자산(資産)입니다. 인류가 날짜의 변화에 대한 인식에서 출발해 역법(曆法)을 만들어내게 되었는데, 동양(東洋)에서는 간지를 적용해 활용하게 된 것입니다. 이에 간지에 대한 구체적인 의미와 함께 생활철학(生活哲學)으로서의 간지의 위상에 대해 알아보고자 합니다.

十干의 구체적 기원에 대한 명확한 자료는 확인할 수가 없습니다. 그러나 사료(史料)들로 유추해 볼 때 중국 고대의 위서(緯書) 가운데 하나인 전한(前漢)말기에서 후한(後漢)시대에 만들어진 <하도낙서(河圖洛書)> 중에 중국 고대 복희씨(伏羲氏)가 역(易)의 팔괘(八卦)를 만드는 바탕이 되었다는 "하도(河圖)"에 벌써 십간(十干)이 보이는 것을 보면 그 기원은 하(夏)왕조 이전으로 올라간다고 볼 수 있습니다.

하지만 일반적인 학설로는 중국 한(漢)나라 때 완성된 것으로 전해옵니다.

결국 어느 한 시대의 창작물로 보기 보다는 고대의 주술적 점술과 철학적 사유, 또한 문명의 발달 등이 종합된 고대 역법(曆法)의 결정체라 할 것입니다.

10개라는 숫자의 의미는 열흘인 1순(旬)의 의미에서 온 것으로 보이며, 이는 달의 변화를 기준으로 한 달이 29일내지 30일 이기에 10일씩으로 나누어 3순(旬)으로 정했던 것 같습니다. 현재까지 상, 중, 하순으로 표현되는 것과 같습니다. 이렇게 10일의 의미로 10개의 명칭을 붙여서 사용해 온 것입니다.

명칭은 처음 십간(十幹)으로 쓰이다가 십간(十干)으로 변화되었으며, 점술가들에 의해 오행(五行)을 결부시켜 천간(天干)으로 불리게 되었습니다.

십이지(十二支: 地支)의 기원과 의미

【 子, 丑, 寅, 卯, 辰, 巳, 午, 未, 申, 酉, 戌, 亥 】

十二支 역시 중국 은(殷)왕조 때 이미 널리 사용된 것으로 보아 그 기원은 은(殷)왕조 이전인 하(夏)왕조까지 올라간다고 볼 수 있습니다. 12라는 숫자의 사용은 1년이 12달인 것에서 온 것으로 보는데, 12라는 숫자가 2,3,4,6으로 나누어떨어지는 숫자이기에 활용이 편리하다는 특이한 점이 있습니다.

십간(十干)이 날짜를 표시하는 부호로 사용되었다면, 십이지(十二支)는 12개의 달을 의미하는 부호로 사용되었다고 볼 수 있습니다. 십이지의 명칭은 처음 십이진(十二辰), 십이지(十二枝) 등으로 쓰이다가 현재의 십이지(十二支)로 변화되었고, 역시 점술가들에 의해 오행(五行)이 결부된 지지(地支)로 표현되기에 이르렀습니다.

또한 십이지에는 동물을 결합시켜 십이지수(十二支獸)로 표현하는데, 일반적으로 음양설(陰陽說)이나 불교사상(佛教思想) 등의 영향으로 생겨난 것으로 보고 시기로는 중국 전국시대(戰國時代)로부터라고 합니다.

여기에 12개라는 의미에서 시각(時刻)과 방위(方位)까지 결합시켜 우리의 일상에 오랜 세월 동안 사용되고 있는 것입니다. 특히 시각의 표시에서 새로운 날의 시작인 자시(子時)가 현재의 시각으로 오후 11시에 해당하기에 현재의 날짜 변경이 1시간이라는 큰 차이가 남을 알 수 있습니다.

역법(曆法)의 생성

십간(十干)과 십이지(十二支)의 배합

십간(十干)의 날짜 부호와 십이지(十二支)의 달 부호의 사용 이후 햇수의 표시 방법을 개발해 낸 것이 바로 십간과 십이지의 배합입니다. 곧 우리가 흔히 알고 있는 육십갑자(六十甲子)인 것입니다.

또한 날짜 표시에서도 10일까지의 표시가 반복되는 것을 보완해 햇수 표시처럼 십간과 십이지를 배합하게 되었고, 달수의 표시도 이와 같이 해서 해마다 배당되는 갑자(甲子)를 세차(歲次)로, 달의 배당을 월건(月建)으로, 날의 배당을 일진(日辰)으로 명명하게 되었습니다. 현재도 '일진이 나쁘다'는 표현이나 제사 축문의 '유세차(維歲次)' 표현 등이 그대로 사용되고 있습니다.

간지의 생활 철학(哲學)

우리의 전통 생활에서는 간지(干支)의 활용이 역법(曆法)의 사용은 물론이고 집터나 묘자리 설정뿐만 아니라 오행(五行)과 결부된 길흉(吉凶)이나 재수, 산수 등의 다양한 양태의 삶의 철학(哲學)으로 이어져 왔습니다.

민간(民間)에서 우리는 사주(四柱)와 팔자(八字)를 삶의 윤활유로 사용하고 있습니다. 인간의 길흉화복(吉凶禍福)에서부터 인간과 인간의 만남에 이르기까지 다양한 형태의 활용을 하고 있습니다. 이 사주팔자(四柱八字)의 8자가 바로 생년월일시(生年月日時) 간지(干支)의 8자입니다. 그렇다면 최소한 자신의 생년월일시 정도는 확인하고 있는 것이 어떨까요.

결론적으로 간지(干支)는 우리의 전통문화(傳統文化)에 기본 바탕으로 이어왔기에 잃어가는 우리의 전통 생활양식을 복원하는 차원에서도 소중하게 간직해야 할 자산이 아닌가 합니다.

간지를 활용한 실생활 적용 문제

간지가 실생활에서 어떻게 활용되고 어떻게 적용할 수 있는지를 몇 가지 문제를 통해서 알아보겠습니다.

▶ **문제 1. 자신의 출생 년의 干支(간지) 표기 알기**

예) 저는 1965년에 태어났습니다. 간지년도 표기는?

▶ **문제 2. 올해의 干支(간지) 알아보기**

- 달력을 보는 것이 빠를 수도 있습니다.

▶ **문제 3. 나이로 干支(간지) 알아보기**

예) 아무개 아버님의 연세가 50세라고 할 때 간지년도는 무엇일까?

▶ **문제 4. 干支(간지)로 나이 알아보기**

예) 친구 아버님의 연세가 몇이신지 잘 모르고 '甲子年(갑자년)'生이라고 할 때 연세는?

▶ **문제 5. 간지로 표기된 역사 속의 사건 연도 알기**

예) 우리나라 구한말의 역사속 사건들 중에 '壬午軍亂(임오군란)', '甲申政變(갑신정변)', '甲午更張(갑오경장)'은 서기연도로 몇 년 일까?

간지 활용 문제의 해결책

간지(干支)에 대한 이해의 출발점은 자신의 출생년(出生年) 간지를 확인하는 것입니다. 출생년 간지 표기 확인은 가장 쉽습니다. (어느 누구나 자신의 출생년도와 띠를 알고 있으니까요.) 곧, 자신의 출생년의 간지 표기를 알게 되면 다른 간지 활용의 기본 조건으로 작용합니다.

그럼 문제해결의 기본으로 앞서 다룬 간지의 天干(천간)과 地支(지지)의 순서와 개수를 다시 한 번 확인하시고, 간지의 생활 속 적용에서 '핵심요령'을 이해하셨겠지요. 꼭 생각해 두세요. 다시 확인하자면 바로 간지(干支)표기의 앞부분인 천간(天干) 부분은 10년 주기로 항상 고정되어 있어 맨 처음 '甲(갑)'이 서기연도 끝자리 '4'년이 되는 것이지요. 그러면 활용 문제들에 대한 해결책을 알아보겠습니다.

실생활 적용 문제 해결책

▶ 해결 1. 자신의 출생년도의 干支(간지) 표기 알기

예) 저는 1965년에 태어났습니다. 간지년도 표기는?

1965년의 끝자리 5는 天干의 '乙(을)'이 되고, 뒷자리 地支는 저

의 띠가 뱀띠이기 때문에 '巳(사)'가 되어 1965년의 간지는 '乙巳年'이 됩니다.

▶ 해결 2. 올해의 干支(간지) 알아보기

올해는 2008년, 끝자리 8은 天干의 '戊(무)'이고, 地支는 설사 올해의 띠를 잘 모 르더라도 자신의 띠를 활용하면 됩니다. 같은 띠는 12년마다 오지요. 저의 쥐띠 는 1984년, 1996년, 2008년… 입니다.

쥐띠는 자(子)이므로 올해는 "戊子"년입니다.

내년인 2009년은 끝자리 9는 기(己)이고 쥐띠 다음 해는 소띠로 소띠는 축(丑) 이므로 2009년은 "기축(己丑)"년이 되는 것입니다.

▶ 해결 3. 나이로 干支(간지) 알아보기

예) 아무개 아버님의 연세가 50세라고 할 때 간지년도는 무엇일까?

2008년을 기준으로 50세의 나이가 만나이라면 1958년생이고, 우리나라 나이 면 1959년생입니다. 1958년생이면 天干은 서기년도 끝자리 8의 '戊가 되고, 地 支는 자신의 띠(저는 48년 쥐띠)에서 동일한 띠인 12,24,36…을 더하거나 빼 보면 근접한 때가 나옵니다.

(48+12=60) 곧 1960년이 쥐띠(지지의 子)가 되어 2년 전은

寅(1년 전은 亥, 2년 전은 戌)이 되어 1958년의 간지 표기는 '戊戌年(무술년)'이 되고, 그 다음해 인 1959년은 '己亥年(기해년)'이 됩니다.

▶ **해결 4. 干支(간지)로 나이 알아보기**

예) 저의 친구 아버님은 꾀 연로하셨는데, 연세가 몇이신지 잘 모르고 '甲子年(갑자년)'生이라고 할 때 그분의 연세를 알 수 있는 방법은?

'甲子年'은 서기년도 끝자리가 '甲'이니까 OOO4년입니다. 곧 근래 2004, 1994, 1984, 1974, 1964, 1954, 1944, 1934, 1924년… 이 되겠죠.

저의 연로하신 친구 아버님이라고 했으니까 최소한 1944년 이하이겠죠.

그러면 여기서 활용할 수 있는 것이 환갑의 개념입니다. 60년마다 환갑이 되어 같은 간지가 돌아오니까 올해(2008년)가 戊子年(무자년)이면 1948년도 戊子年 입니다.

甲子年 생이라고 하셨으니까, 戊과 甲의 차이는 앞으로 6년과 뒤로 4년 차이입니다.

곧 1954년이 甲{}年이고, 1944, 1934, 1924년도 甲{}年이 된다는 것입니다.

그럼 여기서 2008년이 쥐띠[子]였기 때문에 1948년도 '子'라서 12년 뒤인 1936년이 '子' 이고 다시 12년 뒤인 1924년도 '子'라는 것을 알게 됩니다.

甲子年 생이라고 하셨으니 결국 1924년생이시고 2008년 올해의 연세는 84세이십니다.

▶ **해결 5. 간지로 표기된 역사 속의 사건 연도 알기**

예) 우리나라 구한말의 역사 속 사건들 중에 '壬午軍亂(임오군란)', '甲申政變(갑신정변)', '甲午更張(갑오경장)'은 서기연도로 몇 년 일까?

壬午軍亂(임오군란)은 1882년이고[아래 참고], 甲申政變(갑신정변)은 천간 甲(갑)은 서기년도 끝자리 4이고 구한말의 사건이므로 1864년이 甲子年이라면 地 支의 申은 4년전, 곧 1860년의 地支가 申이 됩니다.

그렇다면 서기년도 끝자리 4와 地支의 申이 일치하는 1860년의 24년 뒤인 1884년이 '甲申年'이 되겠지요.

또한 甲午更張(갑오경장)은 당연하게 갑신년의 10년 뒤가 되겠지요.{申에서 10 을 더하면 午} 1894년입니다.

참고로 六十甲子의 시작인 '甲子年(갑자년)'의 가장 최근 서기년도는 1984년입 니다.

곧 1924년 1864년 1804년 1744년… 이 됩니다.

1984년만 알고 있어도 근래의 간지년도는 쉽게 유추가 가능합니다.

예를 들어 2002년 월드컵이 개최되는 해의 간지는 천간이 '壬'(끝자리 2), 地支는 '子'에서 6만 더하면 '午'(84년의 18년 뒤 - 지지는 12년마다 동일함), 곧 '壬午年'이고 역사 속의 '壬午軍亂(임오군란)'이 일어난 지 120년 뒤가 되겠죠.

또한 올해(2008년)의 띠로 계산해도 올해[2008년]는 쥐띠해 '子(자)'에 해당 하므로 6년 전인 말띠 '午'에 해당합니다.

인생 칠십 고래회

朝回日日典春衣 조정에서 돌아와 하루하루 춘의를 잡혀
每日江頭盡醉歸 매일 강두에서 취하여 돌아오네,
酒책尋常行處有 술빚이야 가는 곳마다 흔히 있지만
人生七十古來稀 인생 칠십은 고래로 드물도다.

인생칠십고래희(人生七十古來稀)는 당나라 시인 두보가 지은 '곡강시(曲江詩)의 일절로 예로부터 사람이 칠십을 살기는 드문 일이라는 뜻이다.

아버지는 마흔을 넘기지 못하셨다. 그래서 그랬던지 나는 회갑은 넘겨 살았으면 하는 생각을 늘 가지고 있었다. 핑계 같지만 회갑은 넘겨 살아야 아이들한테 단명하는 집안 자식들이라는 소리를 듣지 않게 할 것 같았다. 그러다가 두보의 곡강시를 읽었을 때는 일흔까지 살 수만 있으면 괜찮을 같다는 생각을 했었다. 그런데 내 나이 어느덧 일흔을 넘기게 되었다. 살만치 살아온 나이다. 그런데도 어쩐지 한구석이 허전하다.

살아오면서 가끔씩 죽음에 대한 생각을 해본일은 있었지만 그때마다 죽음은 먼 곳에 있는 것으로만 생각되었다. 그것은 죽음을 내 삶과 연결시켜 생각하고 싶지 않았기 때문인지도 모른다. 마치 죽음 같은 것은 존재하지 않는 것처럼 일상을 살아온 것이다.

그러던 내가 죽음을 피부로 느끼게 된 것은 멀쩡하던 아내가 어느 날 갑자기 몸이 불편하다면서 병원 몇 군데 진찰을 받으러 다니다가 순천향 천안 병원에서 암 진단을 받고 서울 아산병원으로 이송되어 특실에 입원하게 되었을 때다. 그때까지만 해도 먼 곳에서 기웃거리기만 하던 죽음이 성큼 다가든 것이다. 그러면서 아내와 함께한 한 평생이 스크린처럼 스쳐갔다. 지나면 모든 것은 후회스러울 뿐이다. 하나같이 아내를 아프게 한 일들만 떠올랐다. 나는 이제까지 살아오면서 한 번도 홀로 남은 내 삶을 생각해 본 일이 없었다. 내 삶 속에는 언제나 아내가 함께 있었을 뿐이다. 그러기에 아내의 부재는 나의 부재 일 뿐이다.

어느 날 내 곁으로 성큼 다가든 죽음을 바라보며 내 마음은 바람처럼 흔들렸다. 살아있는 모두가 피하려는 것이 죽음이다. 그러면서도 모두가 피해갈 수 없는 것이 죽음이다. 죽음은 한순간에 모든 것을 잃어버리게 한다. 사랑하는 사람들, 사랑하는 모든 것을, 그러므로 두렵고 무섭다.

그러기에 죽음을 초월하여 영원히 살고 싶다는 인간의 절실한 소망은 예로부터 여러 가지 형태로 나타나고 있는 것 같다. 도교의 신선사상이나 불교의 윤회사상, 기독교의 영혼불멸 사상에서 이짚트의 미라 보존사상에 이르기까지 인간은 죽음으로 모든 것을 잃는 대신 자신을 불멸의 것으로 하려는 꿈을 버리지 못하고 있는 것인지도 모른다. 그러나 한편으로는 우리에게 영원한 것은 없다고 말하고 있다.

> 미야부인이 룸비니 동산에 거동하여 무수나무아래에 이르렀을 때에 손을 들어 나뭇가지를 잡고 태자를 낳으니 때는 4월 초8일 오전 4시 경 이었으며 곧 상서로운 기운과 맑은 빛이 하늘사람(天人)을 비추었다.(중략) 하늘 사람들은 공중에서 비단옷을 내려 태자를 입히고 하늘의 음악을 울리며...

석가모니불이 탄생할 때 나타나기도 했었다는 천상의 유정이라는 하늘사람(天人). 옛무덤의 벽화에서도 자주 보이는 머리에는 화관을 쓰고 가벼운 날개옷을 입고 날아다니는 여성으로 표현된 하늘사람(天人)도 복이 다하고 하늘의 수명이 다하면 오쇠(五衰)의 괴로움을 받다가 다시 인간, 축생, 윤회의 길로 떨어진다고 한다.

천지만물은 멈추어 있는 것 같으나 실은 항상 변하며 바뀌고 있으므로 세상에 영원한 것은 없다. 다만 끊임없이 변화해 갈뿐이라고 역경(易經)은 말한다. 만물은 항상 돌고 변하여 잠시도 한 모양으로 머무르지 않으므로(諸行無常), 생명이 있는 자는 반드시 멸하고(生者必滅), 만난 자는 반드시 헤어지므로(會者定離), 인생의 덧없음은 한이 없다(人生無常)고 말한다. 그러나 이 모든 것은 시간(時間)적인 성격이며 이 시간의 성격이 철저하게 표현된 것이 바로 죽음이라고 할 수 있다.

무상(無常)한 것은 고(苦)를 수반한다고 한다. 우리는 무상(無常)한 것을 영원(永遠)한 것으로 잘못 생각하여 그것에 집착(執着)하며 살아왔는지도 모른다. 그러나 죽음이란 태어날 때부터 이미 예정된 것이나 다름없다. 어차피 피할 수 없는 죽음이라면 하나의 자연현상으로 편하게 받아들여야 하지 않을까하는 생각을 하면서도 그때마다 마음은 말할 수 없이 어수선했다.

나는 지금 겨울을 지나온 참나무의 잎사귀들을 바라보며 어떤 연민의 정을 느끼고 있다. 차마 생명의 끈을 놓지 못하고 매달려 겨우내 세찬바람에 시달려 헌 종이처럼 메마르고 구겨진 잎사귀들, 신록의 무렵이 되어서야 새로 돋아나는 새싹에 밀려서 마지못해 미적미적 떨어지는 참나무의 마른잎사귀. 그것이 살아있는 자의 속성인가, 그러나 그것은 살아있는 자의 참모습은 아닐 것이다.

죽음이 아무리 두렵고 무섭더라도 나는 가볍게 떠날 것이다. 나를 대신하여 자리를 채울 다음 세대를 위하여 기꺼이 자리를 비워줄 것이다. 그러고 돌아가야 할 곳으로 떠날 것이다. 그것이 허무의 공간일지라도 돌아갈 것이다. 오랜 여행에서 조금은 피곤해진 몸을 쉬러 떠났던 집으로 돌아가듯이 나는 가벼운 마음으로 떠날 것이다. 그래서 돌아가야 할 곳으로 돌아갈 것이다. 긴 여행에 지친 심신을 잠재우기 위하여,

지난날 책갈피 속에 묻혀있었던 '은행나무'라는 제목의 시 한편을 꺼내어 읽어본다.

겨울로 가는 길목에 은행나무 한 그루
자금 잎사귀를 떨어트리고 있다

그렇게
은행나무 잎으로 지고 싶다

피멍 진 가슴을 드러내어 자신마저 불태우는 단풍나무
바람 맞받아 아우성치는 참나무의 마른 이파리여

살아간다는 것이 때로는
양파 껍질 벗기기

어느 날
한 닢

은행나무 잎으로 아픔 없이 지고 싶다
아직 풋풋함으로

잃어져 가는 것

우리는 살아가다가 문득문득 살아온 지난날을, 그것도 어린 시절의 나날들을 회상하게 되고 그런 때면 갖가지 추억의 늪 속에 감미롭게 빠져들고 만다. 지나온 모든 일들은 무한히 아름답고 소중하게만 느껴지게 마련이다.

생각해보면 지금은 나의 어린 시절과 모든 게 너무 달라져 있음을 본다. 한마디로 생활이 몰라보게 편리해져 있다. 언제든지 스위치만 누르면 우리를 무료하지 않게 하는 텔레비전, 오디오, 하나하나 우리의 손을 대신하는 많은 가전제품들, 먼 거리를 갑자기 단축시킨 교통기관의 발달과 전화 등 통신시설의 보급, 지금의 편리함을 열거하자면 이루 헤아릴 수없이 많다.

나의 어린 시절엔 각종 문화시설은 물론 생활이 그리 편리하지는 못했다. 내가 자랐던 농촌마을에서는 더욱 그랬다. 그동안 산업의 발달은 우리에게 실로 많은 것을 가져다주었다. 그 시절엔 꿈속에서나 그리던 생활의 풍요를 몰아온 것이다. 보릿고개의 배고픔이 없어진 것은 정말 오래다. 그뿐 아니라 도시와 농촌을 막론하고 각종 문명의 혜택을 만끽하고 있다. 쓰러질 듯 기울어진 초가집자리에는 시멘트 기둥으로 튼튼하게 버틴 문화주택이 산뜻하게 들어서고 있다.

그렇지만 이렇게 풍요한 생활대신에 우리는 보다 귀중한 많은 것을 잃어가고 있는 것은 아닌지? 우리 고유의 문화와 전통을 잃어가는 것은 피부로 직접 느낄 수 없는 것이기에 모른다 하더라도 우리는 우리 이웃과의 인정과 고향에 대한 애착과 향수마저 잃어가는 것은 아닌지 모르겠다.

보릿고개를 없앤 생활의 풍요를 얻은 대신에 우리는 이웃과 아기자기 엮어왔던 인정을 잃어가고 있는 것인지도 모른다. 텔레비전이나 오디오등 그것들에 강요된 시간으로 해서 이웃과 대화의 단절은 없는 것인지. 편리한 가전제품의 범람으로 우리는 식구들 끼리 손 모아 오순도순 매달리던 집안일의 즐거움마저 빼앗기고 있는 것은 아닌지.

일이 끝나 저녁을 먹은 후거나 겨울철 한가한 때면 어느 집 사랑방에 모여들거나 가까운 이웃으로 마실을 갔다. 거기서 세상사는 이야기도 나누고 농사에 대한 의견도 교환했다. 살림살이 걱정도 했으며 커가는 자식들에 대한 은근한 자랑도 비쳤다. 그러면서 이웃끼리 돈독한 우의를 다져갔다. 그래서 이웃은 가까워져 점점 한 가족 같아졌다, 울이래야 사립짝 울이 고작이던 시절, 울 밖에서 "누구야"부르는 소리에 주인은 밥숟갈을 들다가도 방문부터 먼저열고 찾아온 이웃을 만났다. 그런데 지금은 담장만 점점 높아간다. 안이 조금도 들여다 보이지 않는 시멘트 불럭 담, 철대문도 대부분 꼭꼭 잠겨져있다. 소리 질러 들리지 않는 담이기에 대문 옆에 붙어있는 초인종을 누르거나 문을 두드리면 기척은 없고 먼저 사나운 개가 이빨을 들이대고 우악스럽게 짖고 나선다. 그것보다도 우리는 점점 마음의 담을 더 높이 쌓아가고 있는 것은 아닐까. 그것이 비록 작고 하찮은 것일지라도 새로운 것이 있으면 이웃 간에 조금씩 나눌 줄도 알면서 살아왔었다. 그것이 처음 거둬들인 농사의 열매이거나 먼 곳에서 얻어온 생선토막이거나 식구들끼리 날을 잡아 장만한 한 접시 떡이거나 흔한 몇 조각 부침개일지라도 먼저 이웃과 나누는 정을 익혀왔었다.

이웃의 불행을 내 아픔으로 받아들일 줄도 알면서 살아온 우리였다. 지금에 와서 우리들은 남의 불행과 고통을 모른 체 짓밟고 일어서야 자신이 행복해질 수 있다고 잘못 생각 하는 것은 아닐까. 점점 이웃과의 대화마저 단절되어 가고 있는 것 같다. 도대체 시간이 없다. 그보다는 마음의 여유들이 없다.

그냥 무엇이 그리 바쁜지 쫓기고만 있는 것 같다. 마냥 줄달음 치고 있다. 무엇 때문에 자신도 모르는 채 목적도 없이 내달리고만 있는 것일까. 우리는 풍랑 거센 암울한 바다위에 떠밀리는 난파선과 같은 처지가 되어가고 있는 것은 아닐까?

어쩌다보니 우리는 가족끼리의 대화마저도 단절을 느끼게 되어버린 것 같다. 생업에 바쁜 아버지는 아버지대로, 어려서부터 학원의 사태 속에서 처음부터 시험에 길들여진 아이들은 시험에 짓눌려 버리느라. 어쩌다 얼굴을 맞대는 시간은 텔레비전 스포츠 중계에 시달리느라, 일상적이고 지극히 상식적인 몇 마디 대화를 하고는 서로가 마음을 열어볼 시간이 없다.

이런 상태로 언제까지나 어느 곳까지 달려갈 것인가. 생각하면 암울할 뿐이다. 우리에게 서로의 마음속에 따뜻하게 흐르는 정이 없다면 우리는 컴퓨터나 로봇보다 별로 나을 바 없을 것이 아닌가. 비약해서 생각하면 실로 몸이 오싹해지는 한기를 느낀다. 다른 모든 것보다도 우리는 가장 소중한 서로의 마음속에 흐르는 따사로운 정을 정말로 잃어가고 있는 것인지도 모른다.

지족(知足)의 삶

나 오(吾), 오직 유(唯), 알 지(知), 발 족(足), 이 네 글자를 오유지족(吾唯知足)이라 한다. '나는 오직 만족할 줄 안다'라는 뜻이다. 오유지족이란 한문 문화권에서 온 사자성어(四子成語)가 아니다. '유교경'의 지족(知足)에 근거하여 불교에서는 입구(口)자를 가운데 두고 좌우상하에 오유지족 네 글자를 모아 한 개의 큰 글자를 이루고 있는 상징적인 글자를 만들어 냈다. 그것은 세상에 살면서 좌우상하 잘 어울리면서 현실에 만족하라는 가르침이기도 하다. 너와 내가 만족하니 더 이상 바랄 것이 없다.

지족각(知足覺)은 석가모니 부처님께서 모든 것을 버리고 출가해 깨달음을 얻은 40여 년. 그동안 교화를 마치시고 구사나 성 밖 사라쌍수 사이에서 열반에 드시면서 제자들을 위해서 말씀하신 가르침을 적은 경전인 유교경(遺敎經)에 유언처럼 남기신 말씀이다. 모든 일에 있어서 만족할 줄 모르는 사람은 자신이 극락에 있어도 그것을 모른 채 부족하다는 푸념만 할 것이고 만족할 줄 아는 사람은 비록 땅바닥에 누워 잠을 자는 생활이라도 즐겁다는 생각으로 늘 행복할 것이라는 뜻이다.

오유지족의 풀이로 회자(膾炙)되고 있는 이야기를 여기 적어본다. 옛날에 한 심부름꾼이 상인과 함께 길을 걷고 있었다. 한참을 그렇게 걷다보니 뱃속이 출출했고 그제서 점심때가 된 것을 안 그들은 강가에 앉아 밥을 먹으려 했다.

그때 느닷없이 까마귀 떼가 시끄럽게 울어대기 시작했다. 상인은 까마귀 울음소리가 흉조라며 몹시 언짢아하는데, 곁에 있던 심부름꾼은 도리어 씩 웃는 것이 아닌가.

우여곡절 끝에 목적지에 도착한 상인은 심부름꾼에게 품삯을 주며 물었다.

"아까 까마귀들이 울어댈 때 웃었던 이유가 무엇인가?"

"까마귀들이 저를 유혹하며 말하기를 저 상인의 짐 속에 값진 보물이 많으니 그를 죽이고 보물을 가지면 자기 들은 시체를 먹겠다고 했습니다."

"아니, 그럴 수가? 그런데 자네는 어떤 이유로 까마귀들의 말을 듣지 않았는가?"

"나는 전생에 탐욕을 버리지 못해 그 업보로 현생에 가난한 심부름꾼으로 살아가고 있습니다. 그런데 이제 또 탐욕으로 강도질을 한다면 그 업보를 어찌 감당한단 말입니까? 차라리 가난하게 살지언정 무도한 부귀를 누릴 수는 없습니다."

심부름꾼은 조용히 웃으며 길을 떠났다. 그는 오유지족의 참된 의미를 알고 있었던 것이다.

스프링복은 아프리카에 살고 있는 산양의 일종이다. 이 양들은 처음에는 풀을 뜯어먹으면서 평화롭게 행렬을 이루지만, 앞쪽의 양들이 풀을 다 뜯어먹어버리면 뒤따르는 양들이 풀을 차지하기 위해 앞 다툼을 하게 된다고 한다. 그러면서 양들의 대열은 조금씩 빨라지기 시작한다.

뒤쪽의 양들이 속력을 내어 앞으로 달려오므로 앞쪽은 선두를 지키기 위해 더 빨리 달릴 수밖에 없게 된다. 그러다 모든 양떼가 전 속력으로 달리게 되고 결국 가속도가 붙은 양들은 멈추지 못하고 낭떠러지로 떨어져 버린다고 한다. 스프링복의 비극을 되새겨보면 거기에는 탐욕이 근본적인 원인이라고 볼 수 있다. 스프링복이 욕심을 누르고 조금만 달리다가 멈춘다면 많은 풀을 뜯어먹을 수 있고 죽지도 않을 것이다.

그런데 지난 봄, 버마를 여행하면서 지족에 대한 나의 신념이 흔들리기 시작했다. 현재 그 나라 이름은 '미얀마'라고 변경했다지만 군부독재로 국민들을 도탄에 빠트린 그네들이 지은 이름은 쓰고 싶지 않다.

버마는 전 국토가 지하자원의 보고라고 할 수 있는 나라다. 뗏장만 들추어도 보석인 루비가 나온다는 나라다. 우리나라가 6·25전란으로 어렵게 지내던 시절 식량인 쌀을 지원하여 배고픔을 달래어준 우리의 우방이기도 하다. 아마 그 시절 안남미(安南米)를 먹어보지 않은 사람은 드물 것이다.

버마는 불교국가로 지족의 삶이 몸에 배어 국민의 행복지수가 세계에서 제일 높다고 한다. 우리나라에 5·16이 일어난 비슷한 시기에 네윈 이라는 군인이 쿠데타를 일으켰다. 그런데 우리나라는 전쟁을 겪은 빈국에서 부국으로 발돋움했는데 버마는 부국에서 세계 제일의 빈국으로 떨어졌다. 왜 그런 것일까? 우리나라는 혁명 주체의 군인들 손수 국가의 재건에 신명을 바쳤고 버마는 소수의 혁명 주체들이 자신들만의 부귀영화를 위하여 국민들을 희생 시켰기 때문이다.

오랜 세월 부처님을 받들어 지족의 삶을 살아온 국민들은 군부독재의 총칼 앞에 노예로 전락했을 뿐이다. 이것은 지족의 삶이 국민들을 무기력하고 나태하게 만들어 활력을 없애버린 탓인지도 모른다.

내가 들렀던 그 나라 관광지마다 몇 푼의 돈벌이로 내몰린 초등학교 1,2학년 정도의 어린아이들을 보면서 나는 6·25전쟁속의 우리모습을 쉽게 떠올릴 수 있었다.

오랜 세월 지족의 삶에 길들여져 온 버마국민들의 모습에서 지족의 삶이란 아름다운 것이긴 하나 올바르지 않은 지도자를 만나게 되면 그들에게 착취당하여 나락(奈落)으로 떨어질 수도 있다는 것을 생각하니 마음이 착잡해진다.

춤 이야기

아직 한 번도 춤의 내력에 대해서 헤아려 본 일은 없었지만 어쩌면 그것은 인류의 역사와 함께 시작되어왔었던 것인지도 모른다. 인류가 처음으로 공동생활을 시작했을 농경시대의 어느 날. 풍족하게 거두어들인 수확물을 앞에 두고 즐기던 자리에서 흥겨워 저도 모르게 팔다리나 몸을 움직이기 시작했던 것이 더욱 흥을 돋웠을 것이다. 춤은 그렇게 우연히 생겨나고 다시 그들이 받들기 시작했던 전능 신에 대한 제례 행사에 의하여 다듬어졌거나 그 밖의 연유에 의해서 조화되어 마침내 우리 생활의 한 부분아 되어버린 것은 아닐까. 그러기에 지역과 만족에 따라 각기 나름대로의 춤이 전승되어 온 것이 아닌가 생각해본다.

춤에는 문외한이나 다름없는 나로서는 춤의 내력이나 그 의의에 대해서는 잘 모르겠고 다만 그 율동이 아름다워 보고 있으면 때로는 황홀하고 신명이 절로나 우리생활을 풍성하게 하는 데는 필요한 것이라고 늘 생각하고 있었다.

우리나라에도 예로부터 전승되어왔고 꾸준하게 이 분야에서 노력하시는 분들에 의하여 발전되어 온 우아하고 아름다운 춤이 많이 있는 줄 알고 있다. 나비가 꽃을 스치는 듯 눈 먼저 황홀한 고전무를 비롯해서 우리생활에 깊숙이 뿌리내리고 자라온 민속무와 심오한 영혼의 번뇌를 느끼게 하는 승무에 이르기 까지.

처용무, 무고, 춘앵전, 아박무, 향발무 같은 궁중무에서 비롯된 화관무나 학춤, 부채춤, 장구춤 등 우리의 고전무용이 우아함으로 우리의 영혼을 어루만져 준다면 나비춤이나 바라춤 같은 승무는 우리에게 영혼의 번뇌를 일깨워 준다. 더욱이 우리의 민속무용에 이르러서는 다양하기 그지없다. 해학적인 탈춤이나 주술적인 무당춤, 모두가 한때를 시원스럽게 즐길 수 있는 강강술래를 비롯해서 곱사춤, 멍석말이춤, 깨끼춤, 자라춤, 까치걸음춤, 양반춤, 엉덩이춤, 어깨춤 등 흥이 나면 어느 때나 누구든 별 준비 없이 즉흥적으로 즐길 수 있는 춤들도 있다. 엉덩이춤이나 어깨춤이라면 우리나라 사람치고 거의가 한두 번은 추어봤을 법하다. 명절이거나 마을에 잔치가 있을 때, 아니면 마음 맞는 이들과 시원한 계곡으로 화전놀이 갔을 때, 한잔 술에 흥겨워 한바탕 추고나면 온몸에 혈액은 골고루 퍼지고 정신마저 맑아진다.

그런데도 이런 좋은 것 모두 마다하고 요즘은 서양 사교춤인가 하는 것을 추지 않고는 직성이 풀리지 않는다니 모를 일이다. 어떤 자리에서는 그런 춤을 모르면 사뭇 바보 취급이라니 말이다. 처음에는 읍내 가까운 마을에서부터 시작이 되었다. 벌써부터 읍내에 할 일없는 몇몇 사람들이 그 춤을 추느라 밤낮없이 맞붙잡고 돈다는 소문은 들은 적 있었지만 이렇게 빨리 농촌마을까지 번져갈 줄은 몰랐다.

마침 마을에 마흔을 갓 넘긴 미망인이 있었다. 그동안 그렇게 조신하던 분이었는데 우연한 기회에 읍내에 드나드는 일이 마을사람들 눈에 띄게 되었다. 처음에는 무관심했던 것이 차츰 호기심을 가지고 보는 눈이 늘게 되었다. 그랬으나 봄바람 가을밤이 그분에게 얼마나 많은 외로움을 가져다 줄 것이라는 것을 짐작하고도 남았던 대부분의 마을 사람들은 그때까지만 해도 연민의 마음이었다.

그러다가 미망인의 죽은 남편이 네 명의 자녀와 함께 넘겨준 논 열 마지기가 까닭도 알 수 없는 빚에 몰려 넘어가게 되었을 때야 큰일이 벌어졌다. 그 무렵 마을에는 그미망인과 같은 처지의 부녀자들이 늘어나 있었다. 마을은 소란에 휩싸였다. 들판을 사이에 둔 건너 마을에서는 중동에 취업 나가 있는 남편을 둔 젊은 부인이 마을에서 빚을 얻어 쓰다 당하지 못하고 숨어버리는 일이 생겼다. 모르는 새 그것은 광견병처럼 농촌마을 속속들이 번져가고 있었던 것 같다.

모르는 일이다. 그 서양 사교춤이라는 것이 그렇게 사람을 눈멀게 하는 것인지 나로서는 잘 모르겠으나 긴 세월 서로가 의지하며 사랑해 왔던 사람이 죽음의 순간까지도 애태워 부탁했을 아이들마저 돌아보지 못할 지경이거나, 열사의 사막에서 갈증에 시달리며 내일의 꿈을 위해서 땀 흘리는 남편을 한 번 생각해볼 틈도 없었을까 하는 안타까움이다.

아직도 농촌에 사는 대부분의 부녀자들은 흙을 일궈 자신의 땀방울로 농사를 지었어도 수확을 맞는 기쁨을 조상과 이웃에 감사할 줄 알면서 살아가는 순진무구한 마음을 지니고 있다. 한 포기 곡식을 가꾸면서도 늘 하늘에 풍년을 빌었고 남편과 아이들에 대한 사랑을 잊어본 일이 없이 살아가고 있다. 이렇게 자연의 춤사위 속에서 여념 없이 살아가고 있다. 그런데 어쩌다 보니 주위에 소비적이고 퇴폐적인 많은 향락산업에 편승해서 그런 것들이 춤의 너울을 쓰고 오물처럼 번지고 있는 것 같다.

조약한 음식을 영양식으로, 맑은 공기를 화장으로 알고, 곡식을 돌보는 것을 휴식으로 알며, 이웃과의 인정을 여유로 아는 우리 농촌마을 부녀자들의 삶이 그런 오물의 진창에서도 그대로 이기를 바라는 마음이다. 맑은 공기, 신선한 풀냄새가 몸에 밴, 농촌마을 부녀자들의 체취가 자연의 춤사위 속에 그대로 남기를 바라는 마음이다.

2부 농촌 일기

이곳 농촌 일기에 실린 글들은 오래전 농민신문이 발간되어서 폐간 될 때까지 격 주간으로 실렸던 글에서 발취한 것입니다.

- 정 창순 -

가지치기

화사하게 다가오는 봄의 여신에게 시샘이라도 하듯 며칠간 계속되던 혹독한 추위가 자국눈을 끝으로 수그러들었다.

대학교 졸업반으로 올라간 큰 딸애가 수강 신청을 하러 제 하숙집으로 떠나고 봄방학으로 남았던 막내아들이 새벽 일찍 고등학교 2학년 새 학기 첫날 등교를 했다. 집안이 썰렁해진 느낌이다.

아내마저 읍내에 볼일이 있다고 나가버린 후 나는 한동안 처박아 뒀던 전정가위와 톱을 찾아들고 과수원으로 나갔다. 햇살은 한껏 맑았으나 추위가 덜 풀린 탓인지 살갗에 스치는 바람은 아직도 차다. 겨우내 틈틈이 배나무 가지치기를 해왔으나 혼자서 하는 일이라 일거리는 별로 줄지 않아 아직도 가지가 머리카락처럼 엉킨 배나무들이 절반 남짓 남아 있었다.

"혼자 고생하시지 말고 손 모아서 며칠 안에 해치우고 말아요."

아내가 나 혼자서 한다고 겨우내 사다리를 오르내리며 가지치기를 하는 것이 안 되어 보였는지 몇 번이나 날을 잡아 한꺼번에 끝내자고 했지만 나는 들은 척도 않고 고집을 세웠다.

아내의 말대로 일꾼들을 얻어 며칠 만에 가지치기를 끝내면 긴 겨울을 한가하게 지낼 수도 있고 늘 가지치기의 부담이 없이 마음 가볍게 지내게 된다는 것도 잘 알고 있다. 그러나 나는 달리 부업도 없는 처지인지라 긴 겨울을 가지치기에 들어가는 품삯이나마 줄여보고 싶었다. 그뿐만 아니라 우리 가족의 생활을 책임지고 눈비 속에 싫은 빛 하나 없이 버티고 서있는 배나무의 가지치기를 내 손으로 하면서 이모저모 보살펴주고 싶기도 했었다. 나무의 아픔은 아랑곳없이 우악스런 톱질이나 사정없는 가위질에 내 소중한 배나무들을 내맡기느니 나는 어쩔 수 없이 가지를 잘라야 하는 배나무의 고통을 함께 나눠가지고 싶었던 것이다.

지금으로서는 혼자 해온 배나무 가지치기를 남의 손에 맡기고 싶은 생각이 없다. 배나무 가지를 자르는 가위소리가 해맑은 햇살 속으로 청아하게 울려 퍼지고 있다.

"좀 쉬면서 하셔요."

하는 소리에 돌아보니 사다리 아래서 아내가 밝은 웃음을 담고 올려다본다.

“아니 언제 왔어, 당신? 볼일이 많아서 늦을 줄 알았는데.”

“혼자서 일하고 계실 것 같아서 주춤거릴 수가 있어야지요. 대충 일 끝내고 서둘러 왔어요.”

그러면서 사다리를 내려간 내 손에 무엇인가 쥐여준다. 보니 내 손안에 발그스름한 빛깔의 달걀 한 개가 들어있다.

“뭐가 있어야지요. 보니까 둥우리에 이게 있어서 꺼내가지고 나왔어요. 금방 낳은 것인가 봐요. ”

손안에서 달걀은 아직 따스한 온기를 간직하고 있었다. 나는 살그머니 미소를 머금은 아내의 얼굴을 건너다보았다. 웃음 진 눈가장자리로 잔주름이 곱게 잡혀가고 있다. 그것은 아내와 나의 사랑이 연륜으로 맺어진 표적이라고 생각하니 가슴이 뭉클해진다. 나는 내가 배나무를 가꾸어오듯 진솔한 마음으로 더욱 소중하게 가꾸고 보살펴야 할 사람이 바로 여기에 있다는 것을 새삼 느꼈다.

권농의 날

예로부터 농업을 중하게 여겨온 우리나라는 임금님께서 몸소 교서를 내려 농업을 장려하고 농민의 증산 의욕을 북돋우기 위해서 하루를 권농일로 정했으리라는 생각이 든다. 그러나 권농일의 의미는 날이 갈수록 퇴색되어 가고 있는 느낌이다.

내가 스스로 농업을 선택했을 때는 나름대로 자부심을 갖고 있었다. 그런데 지금에 와서 나는 내 아이들에게 농업을 권할 수 없다는 게 솔직한 심정이다. 빈곤과 고달픔만 남아있는 곳에 아이들에게 남아있으라고 할 염치가 없기 때문이다.

그동안 일관성 없는 농업정책은 많은 농민들을 도시의 유랑민으로 만들었고, 농촌에 남은 농민들은 빈곤과 실의 속에 버려진 채 산업화에 치중한 정부의 정책에 희생되었다 해도 과언이 아니다. 빈곤의 깊은 수렁에서 빠져나오려고 소득원을 찾던 농민들은 소 파동, 고추 파동 등으로 가슴앓이를 처절하게 겪어야 했었다.

아무리 둘러봐도 뭘 심고 뿌려야 할지 뾰족한 답이 없다. 정부도, 어느 누구도 적극적으로 대체작물을 권장하지 못하는 현실에서 권농일이란 앞뒤가 맞지 않는 일이다.

누구는 농촌에서도 절대빈곤은 사라졌다고 말한다. 어렸을 적 보릿고개의 아픔이 지금은 희미한 기억으로만 남아있으니 그 말은 사실일지도 모른다. 그러나 그런 말을 하는 이들에게 묻고 싶다. 이 풍요한 시대에 푸성귀 하나로 밥을 먹는 아이들과 마흔 살이 되도록 장가들지 못하고 난감해하는 농민 후계자들을 한 번이라도 생각해 보았는지를...

절박한 농촌의 실상이 신문 귀퉁이에 있는 듯 없는 듯 실렸다 지나면 그뿐인 현실이 어찌 서글프지 않겠는가. 우리나라가 이만치 성장하기까지는 농민의 희생을 발판으로 발돋움했기에 가능했음에도 성장의 과일을 나눌 때는 정책의 부재로 농민은 언제나 버려져 있었다.

요즘은 어디에서도 목화 꽃을 볼 수가 없다. 아이들은 목화를 전래한 문익점 선생의 이야기를 역사 시간에 배워도 실제로 목화 꽃을 구경하지 못한다. 어린 시절 목화 꽃이 터지기 전 어린 꽃술을 따서 입에 넣고 씹으면 달착지근한 물이 목젖을 시원하게 적시던 기억이 아직 선명하건만 지금은 사라져 버린 작물이다.

농산물 수입개방이 확대되면서 우리 땅에서 사라져가는 작물은 늘어갈 것이고 정책적인 대안이 없이는 그나마 대체작물을 찾아 헤매는 방황도 또한 오래 계속되지는 않을 것이다. 농민들의 생존권이 걸린 문제들은 매번 시위, 파업 등의 소용돌이 속에 묻히기만 했다. 목소리 큰 사람들의 일이 가장 시급하고 꼭 정의로운 것만은 아닐 텐데, 그들의 주장은 받아들여지고 애써 목소리를 누르고 참아내는 농민들의 아픔은 왜 외면당해야만 하는가.

그렇다고 이 좁은 땅 위에서 농민만을 대접해달라는 말은 아니다. 다만 오랫동안 흙을 대하며 살아온 농민들이 소외당하고 결국에는 정든 고향 땅을 등지는 오늘의 현실이 안타깝고 원망스럽다는 이야기다.

한편으로는 이런 때일수록 모든 것을 남의 탓으로 떠넘기고 물러앉아 있을 게 아니라 모든 것을 자기 책임으로 돌리며 새로운 각오로 농사짓는 자세를 가다듬어야 한다는 다짐도 해본다. 자연의 작은 혜택에도 늘 감사하는 마음으로 가난하지만 너그럽게 살아오지 않았는가. 그리고 농민이 일구는 땅과 농업은 누가 알아주건 알아주지 않건 국가 구성원 모두를 위해서 끝까지 지켜야 할 소중한 영역이지 않은가.

권농일을 맞아 그 의미와 각오를 되새기면서 참으로 실속 있는 농업정책이 세워져 농민이 긍지를 갖고 농사를 지을 수 있었으면 하고 간절히 바라는 마음이다.

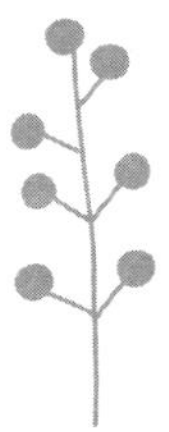

꽃가루받이를 하면서

4월 25일, 언제나 이 무렵이면 배꽃이 만개한다. 배 농사를 주업으로 하고 있는 나는 봄바람에 얼음이 풀리기 시작하면서 줄곧 이날을 기다리는 마음이었다.

한 해의 배 농사는 이 무렵 꽃이 흐드러지게 피어야 풍년이 든다. 겨울 된바람에 얼어 죽은 것이 없고 늦서리 피해도 입지 않고 꽃필 무렵의 날씨가 따듯하고 조용해야 꽃은 흐드러지게 피어난다.

그런데 웬일인지 이 무렵에는 날씨가 고르지 못한 편이다. 꽃 시샘 때문인가, 멀쩡하던 날씨가 기온이 떨어지면서 늦서리를 몰고 와 봉우리를 비집고 나오던 여린 꽃잎을 상하게 하는 경우가 있다. 거기에 구질구질 비까지 겹치면 배 농사는 한

층 더 어려워지게 마련이다.

지난해에는 꽃이 만개했을 때 사흘이나 계속 내린 비로 꽃가루받이가 안 되어 배 수확량이 절반으로 줄었다. 그러나 내리는 틈틈이 부지런하게 꽃가루를 받아 인공으로 꽃가루받이를 시킨 사람들은 얼마간 수확을 올릴 수 있었다는 이야기를 듣고는 올해는 서둘러 아주머니 몇 분에게 부탁하여 함께 꽃가루받이를 시키기로 단단히 마음먹고 있었다.

아침 일찍부터 미리 받아두었던 수꽃 가루를 붓끝에 묻혀 꽃송이를 찾아다니며 암꽃술 머리에다 찍었다. 나중에는 그것도 모자라 가늘고 기다란 대나무 끝에 잡아맨 빨래집게에 방금 따온 꽃송이를 물려서 꽃가루를 털고 다녔다. 그 짓을 하는 사람이나 시키는 사람이나 일이 일 같지도 않다.

"이렇게 혀서 될 것 같지도 않네? 원 일이라고 시부정찮어서."

이런 일을 처음 해본다는 아주머니 한 분은 대나무를 치켜들어 꽃가루를 터느라 두 팔이 저려오고 젖힌 목이 뻣뻣해져 참기 어려웠던지 투정을 해댄다.

"그래도, 하는 데까지는 해봐야지요. 설마 안 한 것보다야..."

대답하는 나 자신도 결과가 미심쩍은 것은 매한가지다. 제발 효과가 있어 열매가 주렁주렁 열리기만을 바랄 뿐이다.

어디로나 배나무가 꽉 들어찬 우리 마을에 배꽃이 필 때면 너무 많은 꽃잎들로 마을이 은은한 안개에 휘감긴 듯 착각을 일으키게 한다. 거기에 상쾌하리만큼 싱그러운 꽃냄새. 불과 10년 전까지만 해도 배꽃이 피는 시기엔 배나무 가지치기, 거름주기, 약제 살포 등으로 바빴던 일손을 잠시 놓고 배꽃을 바라보며 흐뭇한 마음으로 지낼 수 있었다. 꽃가루받이가 안 되어 열매가 맺지 않는다는 것은 생각해 보지도 않았었다.

그러던 것이 지나친 농약 살포로 꽃가루받이 곤충인 벌, 나비가 줄어들면서 해마다 과수원의 열매 수가 줄어들기 시작한 것이다. 지금은 양봉업자들도 과실 꽃이 피기 시작하는 시기에는 과수원 근처를 피해 간다고 한다. 이런 것을 자업자득이라 할 것인가. 농약 남용은 생태계를 파괴하고 결국은 사람들 자신이 벌 나비가 해야 할 일을 대신하게 만들었다.

문득, 후회스러운 생각 때문이었는지 꽃송이를 매단 대나무를 잔뜩 치켜든 두 팔이 사정없이 저려오는 것을 느끼며 허망한 웃음을 흘리는 수 밖에는 없었다.

나의 새해 소망

집 앞 아름드리 참나무 가지 위에서 지저귀는 까치 소리가 오늘따라 새롭게 들리는 것은 새해를 맞은 신선함 때문일까. 아침 하늘을 향해 비상하는 까치의 날갯짓이 더욱더 힘차 보인다. 새해는 추위 속에서 찾아왔지만 지금 지난밤에 묻은 어둠을 털어내며 솟아오르는 붉은 해가 밝게 비추고 있다. 마당 끝부터 시작된 너른 과수원에 햇빛이 가득하다. 배나무 가지마다 햇살은 고루 퍼져 봄을 향한 꽃망울들을 하나하나 어루만지고 있다.

예년에 길고 지루했던 장마도 견디어내고 사납게 몰아치던 태풍도 이겨낸 배나무들이 여기 이렇게 든든하게 버티고 서 있는 모습을 바라보며 새해를 맞으니 새로운 힘이 솟는다.

돌이켜 보면 지난해는 그 어느 때보다도 어려움이 많았던 한 해였다. 윤오월이 들면 농사가 풍년이라는 말이 있기에 배 농사가 주업인 나는 제발 풍년이 들기를 바라며 한 해를 시작했으나 늦서리 피해로 꽃눈이 얼어 죽는 바람에 꽃필 무렵부터 마음을 졸여야 했었다.

배 농사는 뭐니 뭐니 해도 배꽃이 흐드러지게 피어야 풍년을 바라보게 된다. 배꽃 하나하나를 놓칠세라 찾아가며 인공수분을 했으나 결실은 예년의 절반도 안 되었다.

눈앞을 어둡게 가로막은 절망 같은 것을 느끼며 배나무 곁에서 도망치고만 싶었다. 그런 마음을 우직한 농민의 끈기로 누르며 포기하지 않고 배나무를 보살폈다. 밑 빠진 하늘 같던 긴 장마, 극성스러운 병해충, 태풍과 홍수, 그것은 허기진 싸움이었다.

그러나 나는 거기서 다시 흙의 진리를 터득한다. 흙은 가꾸는 만큼 보답했다. 가을에 씨알이 굵고 품질이 우수한 황금빛 열매들을 바구니에 쏟아 놓는 것으로 배나무는 내게 보답을 한 것이다.

정말이지 모든 게 예년에 없이 어려웠던 한 해였다. 농사짓기에 여념이 없었던 내게 다른 것은 직접 피부에 와닿지 않았지만, 홍수로 인한 아픔과 우루과이라운드 농산물협상으로 받은 마음의 짓눌림은 쉽사리 벗어버릴 수 없는 지난해의 기억이다.

그런 그런 아픔들도 이제 가버린 날들 속에 깊이 묻어버리고 가는 해와 함께 보내버리자. 돌아올 봄의 약속을 믿기에 눈과 바람 속에서도 봄을 향해 해바라기하고 있는 배나무들 곁에서 풍요의 수확을 꿈꾸며 차분한 마음으로 영농계획을 세워야겠다.

수입 농산물의 산더미 속에서 살아남으려면 이제까지 해온 농사짓기만으로 어려울 것 같다. 새로운 농사 기술을 익혀서 좋은 품질의 열매를 얻도록 힘써야겠고 무엇보다도 영농비를 절감할 수 있는 길을 찾아내야 하겠다.

지난해 결실이 불량했던 배나무에서 좋은 품질의 열매를 수확함으로 예년의 수확을 따라잡을 수 있었던 것은 훌륭한 교훈이었다. 농사에 최선을 다하는 것만이 최대의 수확을 얻을 수 있다는 것이 증명된 셈이다.

밖에서 도와줄 사람은 아무도 없다. 도울 수 있는 것은 자신의 노력뿐이다. 지금까지 목을 길게 늘이고 기다렸던 정부의 농업정책도 언제나 먼 거리에만 있었다. 누구에게 도움을 청할 수 있을 것인가.

몰아치기 시작한 외국 농산물 수입의 폭풍 속에서 검불처럼 날려가지 않으려면 새로운 영농 기술의 습득과 지혜로 맞서는 수밖에는 없다. 참 농민으로서 내 고향, 내 농토를 가꾸고 내 조상의 얼을 지키며 살아간다는 자부심을 보상으로 여기면서...

애초에 농업을 천직으로 선택했을 때 얼마간의 각오는 되어 있었지만 지금 불확실한 미래를 생각하면 가슴이 떨리고 갈등이 있는 것은 사실이다. 그러나 과수원 가득 언 땅에 발목을 묻고도 세찬 바람에 맞서는 의연한 배나무들처럼 버티어 나갈 것이다.

품성이 어질고 유순하며 행운의 상징이기도 한 양의 해에 농사짓는 데 큰 어려움이 없기를 바라며, 언제나 한데 어울려 사이좋은 양 떼들처럼 도시의 이웃들이 농촌의 이웃들을 위하여 우리 농산물을 즐겨 찾는다면 크나큰 바람막이가 될 것이다.

그리된다면 얼마나 좋을 것인가. 어쩌면 이것이 나의 가장 큰 새해 소망인지도 모른다.

냇물의 죽음

과수원 지대인 우리 마을에서 읍내까지 나가는 데는 마을 외곽을 돌아가는 시오리 정도의 도로를 통해 가는 길이 있고 과수원 샛길로 등성이를 내려가 들판을 질러가는 오리 남짓한 지름길이 있다. 전에는 지름길인 이 논두렁길을 많이 이용했으나 자동차와 오토바이가 집집마다 있다시피 되고 조금 나가면 시내버스까지 탈 수 있어 요즘엔 잘 이용하지 않는다.

얼마 전, 친구 딸의 결혼식이 있어 예식장인 읍내 농협회관에 가기 위해 집을 나서다가 참으로 오래간만에 그 지름길을 떠올렸다. 수년 전 차를 구입한 후로는 걸어보지 못했던 길이었다.

그 지름길은 지난날 학교에 오가며 정들었던 길이기도 하다. 과수원 샛길을 내려가다가 만나게 되는 들판을 질러난 논두렁길을 따라 한참 걸으면 냇둑에 닿았다, 거기서 징검돌을 밟으며 냇물을 건너면 읍내가 눈앞에 보인다. 내를 따라 빙 둘러막은 냇둑 안의 들판은 꽤나 넓다. 봄이면 마른갈이를 해놓은 논바닥의 쟁깃밥에 올방개 덩이줄기가 촘촘하게 박혀 있어 학교가 끝나 집으로 돌아오다가 쟁깃밥을 넘어뜨리며 올방개를 캐어 먹느라 해지는 줄도 몰랐다. 올방개 덩이줄기는 달콤한 맛과 아삭거림으로 해서 입맛이 당겼고 그 무렵 허기를 달래주기도 했다. 그 후 들판은 수리시설이 생기면서 어느 날 갑자기 옥토로 바뀌었다. 그 이후에는 점점 올방개가 줄어들더니 아무리 쟁기 밥을 뒤져도 올방개는 찾을 수 없게 되었다.

그 들판이 지금은 경지정리를 해 놓아 논배미들이 바둑판처럼 반듯해졌고, 논두렁의 좁은 길도 경운기가 지날 수 있는 넓은 둑길로 변해버렸다. 지난날 논두렁길의 정감은 맛볼 수가 없었으나 잘 정돈된 들을 바라보고 걷자니 향상된 농촌의 모습을 보는 것 같아 한결 마음이 훈훈했었다.

그런데 나이 이런 마음은 냇물을 건너기 위해서 징검돌을 찾다가 얼음처럼 얼어붙고 말았다. 흐르는 냇물은 물이 아니라 진하게 풀어놓은 먹물 바로 그것이었다. 징검돌 아래로 송사리 떼들이 모여들고 치리가 햇살 아래 허연 배를 뒤집으며 퍼덕이던 그런 냇물의 모습은 거기 없었다. 시커멓게 죽어버린 수챗물이 있을 뿐이다. 어린 시절에는 책가방을 냇둑 잔디 위에 팽개치고 송사리를 잡으러 뛰어들곤 했던 냇물이었다. 수년 전 여름만 해도 근처의 아낙네들이 밤이면 몰려나와 몸을 담그던 맑은 냇물이었다.

냇물을 바라보고 있자니 물속에 가라앉거나 떠 있는 오물의 찌꺼기가 목구멍 속으로 밀려드는 것만 같았다. 냇둑이나 주변 모래밭에 비닐 조각이나 빈 깡통, 깨진 유리병 따위가 어지러이 널려있었다.

냇물은 온갖 오물을 끌어안고 미적미적 밀려 안성천에 닿을 것이고 그 물은 아산호에 이를 것이다. 그리고 호수의 물은 정화되지 않은 채 농업용수로 퍼 올려져 또다시 논밭으로 흘러들 것이다.

누구의 탓이랄 것도 없다. 냇물을 죽이고 있었던 것은 바로 나 자신이었는지도 모른다. 물질의 풍요만을 추구하느라 생명의 원천인 농토와 그 젖줄인 냇물이 병들고 죽어가는 것을 애써 모른 체해왔던 것은 아닐까? 이제 걷잡을 수 없는 안타까움뿐이다.

농업에 대한 소고(小考)

북유럽 하면 먼저 바이킹을 떠올리게 되는데 그들의 신화(神話)를 읽어가다 보면 맹랑한 이야기에 부딪히게 된다. 신화 중 '리그의 노래'에는 무사계급을 먹여 살리기 위해서 농민과 농노의 종족을 탄생케 했다는 것이다.

신들의 파수꾼인 헤임달은 그의 뿔피리 갈(Giall)을 미미르의 샘가에 안전히 놓아두고 자신의 황금 갈기 종마 굴톱(Gullt에)도 마구간 문 뒤에 그대로 놔둔 채 불타는 세 가닥 무지개다리인 비프로스트를 혼자서 성큼성큼 건너 아스가르드에서 미드가르도로 향했다.

계절은 봄이었고 씨뿌리기를 할 시기였다. 비프로스트를

건너 싱그러운 푸른 대지를 지난 헤임달은 곧 땅끝에 이르렀다...

이 여행에서 방문한 곳의 유부녀와 밀통하여 농노와 농민의 종족을 먼저 잉태시키고, 그런 다음에 전사계급을 잉태시켰다. 그것은 무사계급을 잉태시키기 위하여 필요에 의하여 농노와 농민의 종족을 먼저 잉태시킨 것이다.

아무리 신화라지만 기가 찰 노릇이다. 그렇다면 농노와 농민의 종족은 애초부터 무사계급을 위해서만 존재할 뿐이다. 그래서인지 유럽에서는 중세까지도 영주가 농민의 결혼을 승인하는 조건으로 초야권을 행사했다고 한다.

그에 비하면 동양의 신화에서는 전설상의 삼황(三皇)이 모두 농업과 연결이 되었다고 보아야 할 것이다. 그런데도 농민의 소리는 어디에서도 나오지 않는다. 백성일뿐이다. 복희씨(伏羲氏)는 그물을 만들어 백성들에게 어획 수렵의 방법을 가르쳤고, 신농씨(神農氏)는 나무를 잘라 구부려서 농구를 만들어 백성들에게 농경을 가르쳤으며, 수인씨(燧人氏)는 나무를 마찰하여 불을 얻어 백성들에게 음식을 조리하여 먹게 했다고 한다.

그런데 야만적인 유목민족의 후예도 아닌 문명이 발달했던 농경정착민의 후예인 우리나라 국회 안에서 이해가 되지 않는 일이 벌어지고 있다니 딱한 일이다. 전체 인구수에 비하여 농업에 종사하는 인구수가 적다는 게 농업예산 삭감을 주장하는 예결위 의원들의 논리라고 한다. 예컨대 전체 인구수 중에서 종사하는 인구수가 많은 산업자원부와 농림부를 비교할 때 농업예산이 상대적으로 높은 수준이라는 식이다. 우리나라 농업인구는 330만 명(2006년 기준)으로 현역군인의 수보다 5배 정도 많다고 한다. 하지만 내년도 국방예산 (일반회계기준)은 농림부 예산보다 갑절 이상이 많다고 한다. 국가안보라는 국민적 공감 속에서 많은 예산을 편성해 놓은 것이다.

그렇다면 농업은 식량안보는 물론 다양한 공익적 가치를 유지 발전시키고 있는 산업이다. 결코 돈으로 환산할 수 없는 역할을 해내고 있는 것이다. 거기다 세계적인 기상이변과 바이오 에너지 장려 정책으로 국제 곡물값이 치솟고 식량 무기화될 조짐마저 업지 않다고 한다.

더구나 식량자급률이 20%에 머물고 있는 실정인데도 농림부 예산에서 무려 3,000억씩이나 삭감한다고 주장한다니 정말 안타까운 일이다.

농업은 인류가 지구상에 태어나 가장 먼저 시작한 원시산업으로 여러 산업 중에서 가장 오랜 역사를 가지고 있다. 따라서 농업의 발달은 인류의 발달이라고 할 수 있으리만치 직접 간접으로 밀접하게 연결되어있다고 볼 수 있다. 예로부터 인간의 생존은 농업에 의지할 수밖에 없었다. 그것은 지금에도 변함없을 것이다.

먼저 농업은 자연환경을 깨끗이 유지하고 국토를 보전하는

데 없어서는 안 될 중요한 역할을 하고 있다. 농업을 위한 댐이나 저수지의 조성, 하천의 정비는 수자원을 보호하고, 농지의 침식을 방지하며, 농지에 심어진 나무나 작물은 재해 발생을 예방하므로 국토 보전이나 국민 생활의 안정과 행복에 큰 역할을 하게 된다.

산지에 나무를 심어 가꾸는 조림사업은 임산물을 생산할 뿐 아니라 각종 재해를 막아준다. 다시 말해서 산지를 푸르게 가꾸고 다랑이 논이나 들에 있는 수많은 논에 물을 가두거나 조절하므로 홍수를 예방한다. 그뿐 아니라 농업은 생활환경을 아름답고 쾌적하게 만든다. 녹색식물은 광합성을 통하여 이산화탄소를 흡수하고 산소를 배출할 뿐 아니라 아황산가스나 부유먼지를 흡착하여 공기를 정화한다.

산지나 농지에 자라는 수목이나 작물로 해서 정화된 맑은 공기는 하강 기류가 되어 밖으로 유출되고 고온으로 상승기류가 되는 도시의 오염된 공기와 교체되어 도시의 대기를 정화한다. 그러나 무엇보다도 식량은 인간이 살아가는 데 없어서는 안 될 것이니만치 농업의 쇠퇴는 곧 관련 산업의 쇠퇴를 가져와 그 나라의 경제사회를 불안하게 한다.

1960년대 이후, 수출주도형 공업화에 의한 국민경제의 고도성장 과정에서 여러 가지 전환기점 실책이 파생되어 그로 인한 농업의 상대적 위치 하락을 가져와 도시와 농촌의 불균형은 심화되고 있다.

농촌을 농민이 보람을 갖고 활력 있는 생활을 할 수 있는 안주의 공간으로 가꾸어 갈 수 있도록, 농업의 본질과 역할을 깊이 인식 이해하는 가운데 농촌에 대한 투자 및 보호 정책이 수행되어야 할 것이다.

농협에 바라는 마음으로

오월에 윤달이 들면 과일을 비롯한 열매 달린 곡식이 풍년이라는 말이 있기에 과일 농사를 짓는 나로서는 과일값도 풍년이겠거니 한껏 기대를 가지고 새해를 맞았다. 그런데 웬일인지 봄 들어 맑은 날이 별로 없었다. 이틀이나 사흘에 한 번 꼴로 흐리고 바람이 사납거나 비가 내렸다.

그래서 배나무들은 꽃 한번 흐드러지게 펴보지 못하고 게으름뱅이 늦잠 깨듯 지질하게 꽃을 피워냈다. 거기다 가까스로 피어난 꽃들도 비바람 속에서 지질하게 꽃잎을 떨어트렸다. 진작부터 생태계의 파괴로 벌이나 나비 같은 곤충의 도움으로 수정할 수 없게 된 지 오래였기에 하나하나 꽃송이마다 찾아다니며 인공으로 수분을 시키느라 애썼으나 늦서리까지

쓸고 지나가 열매 맺지 못하고 어이없게 쏟아지는 꽃잎들을 바라보기 안타까웠다.

그랬어도 생애를 과수원에서 과일 농사에 매달려왔던 나로서 이 정도로 실망 같은 것은 하지 않는다. 농민이 최선을 다했을 때 아무리 천재지변이 혹독해도 사람 먹을 것은 남겨놓는 법이다. 다시 허망한 배나무 가지를 더듬어 그 속에서 어쩌다 결실된 열매나마 찾아 정성으로 키우면 예년의 수확을 바라볼 수도 있으리라는 생각이기 때문이다.

지금 과수원을 바라보는 내 마음에 암울한 그림자를 드리우는 것은 불순한 일기로 결실이 불량하고 제대로 과일이 자랄 수 없다는 것에 대한 걱정보다도 지난가을부터 시작된 과일 값 폭락으로 애써 농사를 지어도 생산비를 건질 수 없다는 안타까움과 과일시장마다 넘치는 수입과일의 산더미 때문이다.

농산물 수입이 자유화되면서 기반이 취약한 농촌에서는 지금 대체작물을 쉽사리 찾을 수 없다. 농사를 지어 얻은 수확물에서 생산자재비를 제한 노동의 대가로 최저의 생활이나마 꾸려나가려고 하는 것은 농민으로서는 생존을 위한 권리이기도 할 것이다. 그런데도 그 생존을 위한 권리마저 이제 스스로는 잡아둘 힘이 없어졌다.

모두가 어렵게 살았던 시절부터 나는 농촌에서 지금까지 살아왔다. 지금에 와서 그 시절 그 시절처럼 정감에 넘치던 농촌을 그리워함은 한낱 추억에 연연하는 감상만은 아닐 것이다.

서로가 나누던 인정과 맑은 시냇물이 있었다. 잡념 없이 농사를 지으면 식구를 굶주리게 하지 않는다는 보장이 있었다. 농민으로서 긍지도 있었다. 지금에 와서 농촌에 남은 것은 담벼락과 물고기 한 마리 살 수 없는 썩은 시냇물과 불안하기만 한 농사, 그리고 상대적 빈곤의 아픔만이 있을 뿐이다.

그런데도 농민의 목소리는 아무 곳에서도 들리지 않는 것인지도 모른다. 이제 와 구름 사이로 비치는 한 가닥 햇빛처럼 농민이 바라볼 수 있는 것이 있다면 민선 조합장 선거가 모두 끝난 민주 농협이 있을 뿐이다. 농민으로서 농협에 거는 기대는 너무나 많다. 지금으로서는 너무 바랄 것이 많아 어지러울 뿐이다.

농산물 수입개방의 어려운 시대에 사는 농민을 위해서는 농협이 농민의 이익기관으로, 농민의 대변자로 든든하게 버티고 있기를 바라는 마음이다. 그러기 위해서는 정부에서도 농협에 대한 적극적인 지원이 있어야 하리라고 생각해 본다. 농민의 입장에서 바라볼 때 아직도 농협이 해야 할 일을 나누어 가진 유사기관이 너무 많은 것 같다.

농산물유통공사 같은 것 하나만 보더라도 농협에서 마땅히 그 일을 해야 하고 능히 감당할 수 있을 터인데 농민에게는 별 이익도 되지 않는 그런 기관이 중복되어 있어야 한다는 게 언뜻 이해가 되지 않는다. 농민의 이익에 관계되는 일은 민주 농협이 맡아서 해주기를 바라는 것이 농민의 마음이다.

그래서 농협이 농민의 진정한 안식처가 될 때. 농민 스스로도 모든 어려움에서 견디어 나갈 수 있을 것이다.

다디달기만 한 낮잠

벼농사에 제초제를 쓰기 전에만 해도 들길을 지나다 보면 아무 데서나 쉽게 눈에 들어오는 풍경이었다.

벼농사를 짓다 보면 여름을 지나는 동안 애벌, 이듬, 만물, 이렇게 세 번 이상 김매기로 논바닥의 잡초를 뽑아주고 벼 포기 주위의 흙을 부드럽게 해서 벼의 자람을 돕는다. 애벌과 이듬김매기는 날이 긴 호미를 써서 한다. 애벌과 이듬은 호미로 논바닥의 흙을 부드럽게 해서 벼의 새끼치기를 돕는다. 만물은 배동바지 무렵이 되므로 벼의 뿌리가 다치지 않게 손으로 흙을 훔쳐서 잡초를 흙으로 묻어준다.

벼농사의 김매기는 한여름 뙤약볕 아래서 하게 되므로 금방 등거리가 땀으로 흠뻑 젖는다. 그래도 구성진 농요에 맞추다 보면 저절로 호미질이 빨라진다. 새참의 막걸리로 논두렁에서 목을 축이고 김을 매다 점심때가 되어 광주리마다 그득 안식구들이 머리에 이고 온 점심을 받아 장 둑 널찍한 곳을 잡아 펼쳐놓고 먹는 맛이란 비길 수 없이 달다. 새콤하게 익은 열무김치와 오이소박이, 평소엔 흔치 않은 생선 몇 토막, 거기에 강달어로 끓인 국까지 곁들이면 더 바랄 것이 없다.

점심을 물리면 저마다 식곤증을 안고 흩어져 그늘을 찾아 나선다. 손바닥만 한 그늘이라도 있으면 무성하게 자란 풀을 쓰러뜨려 눕는다. 곧 코를 골고 깊은 잠에 빠진다. 김매는 날의 낮잠은 으레 오후 새참 무렵까지 흠씬 자고야 일어나게 마련이다.

이따금 무자치의 끄나풀은 긴 몸뚱이가 정강이를 넘어가고 개미가 얼굴 위를 마당처럼 돌아다녀도 아랑곳하지 않는다. 다디달기만 한 낮잠이다. 잠에서 깨어나면 온몸이 날아갈 듯 거뜬하고 머릿속은 개운해진다. 세월의 흐름 탓인가. 제초제가 벼농사에 널리 쓰이기 시작하면서 사람 손으로 김매는 일이 없어지니 낮잠을 늘어지게 즐겨볼 핑계도 없어졌다. 긴 여름 한낮에 어쩌다 집에서 낮잠을 청해봐야 어설프게 눈을 붙이고 나면 머리만 무겁다. 바다로 흘러내리는 하천마다 둑을 막아 이즈음엔 강달어의 담백한 맛을 볼 수 없듯이 농사꾼의 일손을 덜어준 제초제 덕에 다디달기만 한 낮잠을 즐겨볼 기회는 없어져 버린 것인지도 모른다.

문명의 이기가 우리에게 많은 것을 가져다준 것은 사실이지만 그래도 사라진 것에 대한 아쉬움이 남는 것은 어쩔 수 없다. 때때로 아쉬움이 남는 많은 사라져간 것들 중에서 김매는 날 한낮의 낮잠도 그 하나가 아닐까 한다. 그것은 내 손으로 농사짓는 사람만이 맛볼 수 있었던 작은 행복이었는지도 모른다.

봄비처럼

봄비가 보슬보슬 내려 메마른 대지를 촉촉하게 적시고 있다. 낮게 내려앉은 하늘이 포근함을 더해준다. 이제 새싹은 검은 흙을 들치고 고개를 내밀어 내리는 빗속에서 봄을 맞으며 환호에 차 있는 시간이다.

나는 비를 좋아하는 편이다. 그것도 고즈넉이 내리는 봄날의 보슬비를 좋아한다. 여름비처럼 사납지도 않고 가을비처럼 쓸쓸하지도 않아서이다. 보슬비가 지나면 겨울을 견뎌온 메마른 흙이 젖가슴처럼 부드러워지고 빗소리에 잠이 깬 봄풀들이 다투어 고개를 내민다. 그 생명의 신비함. 나는 그때마다 거기서 무한한 감동을 받는다. 긴 겨울 얼어붙은 흙더미 속에서도 생명은 잉태되고 있었다. 아무리 혹독한 추위도, 세찬

바람도, 결국은 눈가림에 불과했다. 그것들은 생명의 잉태를 막을 수는 없었다. 끈질긴 생명력의 승리라고 아니할 수 없다.

우리 농민들의 생명력도 이에 못지않으리라고 생각한다. 그렇게 본다면 농민들의 삶은 자연과 가까운 삶일 것이다. 자연의 섭리가 불변하는 진리라면 우리 농민들의 삶 또한 진리에 가까이 있는 삶이 아닐까? 우리가 자연을 벗어나 살아갈 수 없다면 농민들의 삶, 그것은 우리 모두의 삶이 될 것이다.

그런데 우리 농민들의 삶은 겨울 들녘에 버려진 허수아비에 불과한 삶은 아닌가, 돌아보는 이도 없이 홀로 버려져 찬바람에 한들한들 떨고 있는 허수아비의 외로움이 농민들의 마음속에 자리를 넓혀가고 있는 것은 아닌지.

계수나무 아래 옥토끼의 전설이 아름다웠던 보름달이, 인공위성의 강철 발톱으로 할퀴어져 소중하게 간직했던 마지막 꿈마저 허물어진 지금, 과학 문명이 최고도로 발달했다고 자부해도 사람들이 살기 위해서는 농민들이 생산한 농산물을 먹어야 하지 않는가, 사람들이 먹고 마시는 대부분 음식물은 대부분 농민들의 땀방울로 이루어지고 있다.

생명을 이어가기 위한 하루 세끼의 식사와 식도락을 위한 푸짐한 요리들, 달고 향긋한 과일과 맛있는 빵류, 기름진 고기와 술과 음료수에 이르기까지 모든 것에 농민들의 수고가 미치고 있는 것이다. 그럼에도 농민들의 이런 인고에 대한 보답은커녕 따돌림과 업신여김을 받아야 한다는 게 이해가 되지 않는다.

하긴 그러니까 농민들은 중노동과 가난 속에서 살아왔지만, 옛사람들은 '농자천하지대본'이라고 추켜세울 줄도 알았고 엄격하게 사, 농, 공, 상으로 신분을 나누는 속에서도 둘째번 서열의 신분은 보장해 주었다. 그런데 지금에 와서 농민들은 과연 얼마나 보장을 받고 있는 것인지.

그동안 농민들은 정치하는 사람들에게서마저 관심 밖으로 밀려나 서자 노릇을 감당해온 것은 아닐까. 그런 것이 농사를 천직으로 알고 한 톨의 쌀알이라도 더 거두려고 삼복의 불볕 속에서 몸 안에 남은 진액마저 땀방울로 흘려보내야 하는 농민들의 마음속에 멍울을 만들어주고 있는 것은 아닌지, 이제 더 이상 그런 일들은 없었으면 한다. 아무리 농민들의 삶이 끈질긴 생명력을 가졌다 해도 이제 막다른 곳에 도달해 있는 것인지도 모른다.

봄비가 내렸으면 좋겠다. 정치하는 사람들이 참으로 농민을 위하는 농정을 펴서 그것이 보슬비가 되어서 내렸으면 좋겠다. 그래서 단돈 삼십만 원에 하나뿐인 생명을 내던지는 농민도 없고, 신부 없어 장가 못 가서 실의에 빠지는 농민 후계자도 없는 그런 삶이었으면 좋겠다.

봄빛 들녘

오랜만에 제 모습을 찾은 설날의 설렘이 채 가시도 전에 우수가 지났다. 우수 경칩엔 대동강 물도 풀린다는 말처럼 계절은 지금 막 봄을 향해 치닫고 있는 느낌이다. 정월 대보름까지는 명절 기분으로 들떠 지내던 어린 시절도 있었으니 핑계 삼아 더 쉬어볼까 했으나 이 겨울엔 남의 손을 빌리지 않고 혼자 하기로 마음먹었던 배나무 가지치기가 아직도 깨나 남아있다. 전정가위와 톱을 찾아들고 밖에 나오니 가지치기를 끝내고 바로 밭에 내야 할 거름더미가 눈에 띄어 저절로 마음이 급해진다.

좀 있어 햇살이 퍼지자 시렸던 발끝도 풀리고 배나무 가지를 자르는 가위소리만 귓가에 단조롭다. 일을 하다 보면 자신도 모르게 일에 취해버리는 때가 있다. 배나무의 병든 가지를 잘라내고 얽힌 가지를 정리하며 꽃눈을 매만지다 그 일에 몰두해버렸다. 이런 맛에 배나무를 남의 손에 맡기지 않고 혼자서 가지치기를 해내려다 보면 한겨울 쉴 틈도 없이 내 몸을 스스로 볶아댄다. 그러나 그것은 싫지 않은 시달림이기에 아직도 그 일을 감내해 오고 있는 것인지도 모른다.

어느새 더욱 부풀어 보이는 꽃망울이 따스한 봄기운에 열려 우윳빛 꽃을 토해내면 온 밭이 은은함으로 채워지리라 생각하며 부지런히 가지치기를 하다가 잠깐 멈췄다. 아까부터 경운기 소리는 멀리서부터 있었으나 가까이 청아하게 울리는 웃음소리에 나는 손을 놓고 주위를 돌아다보았다.

"까르륵, 깔깔…"

듣는 사람의 마음을 시원하게 해주는 티 없이 맑은 웃음소리였다. 그 웃음소리가 나는 곳으로 눈을 돌리니 과수원 아래 마른 논바닥에 경운기가 엔진 소리를 내며 세워져 있고 논바닥에 쌓아두었던 짚가리를 헐어 짚단을 경운기에 싣고 있는 젊은 부부가 보였다.

나는 이끌리듯 다가갔다. 그들 부부의 모습이 눈에 익지 않은 것을 보니 아마 이웃 과수원에 농사를 지으러 왔다는 젊은이들 같았다. 삼십 대 초반의 젊은 사람들이다. 남편은 경운기 위에서 짚단을 받아 쌓고 부인은 짚가리에서 짚단을 뽑아내어 경운기 위로 던진다. 푸릇푸릇 젊음이 넘치는 몸놀림이 사뭇 경쾌하다. 그런 부인의 주위에 조무래기 남매가 부산하게 내

닫는다. 시원스런 웃음소리는 그 조무래기들의 웃음소리였다.

대여섯 살이나 되었을까. 조무래기들은 제 엄마의 일을 돕는다고 고사리손으로 제 키만 한 짚단을 질질 끌어 나른다. 그런 내 눈에 지난날이 성큼 다가든다. 언제였던가, 퍽 오래전 일이었지만 하늘이 드높고 햇살이 밝게 퍼진 날, 추수의 뒤처리를 하느라 아내는 힘겹게 짚단을 던져 올리고 나는 받아서 짚단을 쌓아갔다. 그 주위에서 우리 아이들 소영이, 병석이 남매가 제 엄마를 돕는다고 짚단을 지질 끌어 날랐다. 그러다가 힘에 부쳐 짚단위에 나뒹그러져도 아랑곳없이 하늘을 향해 마구 웃어댔다.

나는 절로 흐뭇한 마음이 되어갔다. 지금 그들 부부는 모를 것이다. 아이들을 햇빛 담뿍 쏟아지는 들판에서 티 없이 밝고 건강하게 키울 수 있는 것이 농사짓는 사람만의 복인 것을, 세월이 지나 되돌아보면 그 시절 논두렁길을 내달리고, 자라는 곡식 틈에 같이 자라는 아이들의 모습에 흐뭇해하던 때가 무엇과도 바꿀 수 없는 소중한 추억으로 남는다는 것을.

나는 잠시 서울에 살고 있는 조카 아이를 생각한다. 콘크리트 벽 속에 갇혀 웃음소리마저 자유롭지 못한 파리한 모습이다. 갖가지 공해 속에 차가운 콘크리트 벽만을 만지며 자라느라 정서마저 메말라가고 있을 조카 아이를 생각하니 마음이 어두워진다. 날씨가 풀리면 조카 아이를 데려다 이 풍요로운 들판을 마음껏 달리게 해주고 싶다.

수확 끝난 과수원에서

해마다 이맘때 막 수확이 끝난 후 배나무들을 바라보는 마음은 한가롭기까지 했었다. 긴 가뭄을 넘기느라 견뎌야 했던 갈증과 뿌리까지 흔들어대던 세찬 비바람, 거기에 때도 없이 달려들어 싱싱한 잎사귀들을 괴롭히던 병해충의 시달림에서 놓여난 배나무의 '나른한 쾌감'을 느끼면서 그리고 그 어려움 속에서도 열매를 충실하게 키워온 배나무들의 억센 생명력에 감사하는 마음이었다.

열매의 무게를 감당하기에 온몸으로 버티느라 위태롭던 배나무들이 이제 열매를 내려놓고 무거운 짐에서 벗어나 다시 활기찬 모습으로 서 있는 것을 바라보고 있으면 무한한 친근감을 느끼게 된다. 긴 세월 함께 살아오면서 배나무들은 어느

새 내 가족의 일부가 되어 있기 때문이다.

나와 배나무 사이에는 언제나 만남으로만 이루어져 왔었다. 단 한 번도 이별을 생각해 본 일이 없었다. 그런데 지금 가을비에 젖고 있는 배나무들을 바라보는 내 마음은 편치 않다. 왠지 소소함이 내 마음의 구석구석을 적시고 있다. 어쩌면 내 손으로 배나무들을 베어버리고 뿌리까지 뽑아버려 우리의 만남을 이별로 바꾸게 될지도 모른다는 생각이 지금 나를 괴롭히고 있는 것이다.

농민이 수확만을 목적으로 농사를 짓는 것은 아닐지라도 농민이 그 농사를 지어 스스로의 생계를 유지할 수는 있어야 할 것이다. 수년을 두고 배 값은 제자리를 맴도는데 비료, 농약, 농기계 등 영농자재비와 인건비는 오르기만 하니 얼마나 더 견뎌낼지 모르겠다. 그래도 아직까지는 견딜만하다는 배농사가 이 지경이니 다른 농사는 말할 것도 없을 것이다.

지금 낙후된 농촌 환경 속에서도 농민들이 말없이 농사에 전념하고 있으니까 이제 농민들도 농사를 지어 남부럽지 않게 잘살고 있는 것이라고 잘못 생각하고 있는 것은 아닌지 모르겠다. 대부분의 남아있는 농민들은 고향에 대한 깊은 애착과 농사를 천직으로 아는 그들의 농사에 대한 끈끈함 때문에 떠나려던 발목이 붙잡혀 있을 뿐이다.

미국같이 잘사는 나라에서도 자기 나라의 농민을 보호하기 위하여 농산물 수출에 혈안이 되어 있는데 그동안 농정의 부재로 농업기반이 빈약한 우리 농민의 처지는 생각지 않고 농산물을 무분별하게 수입하고 있는 사람들에게 농민의 생활이 얼마나 주름져가고 있는지 한 번쯤 생각이나 해봤는지 묻고 싶다.

지난 추석을 전후해서 배 한 상자의 농가에서 판매하는 값이 분위기 있는 곳에서 판다는 커피 한 잔 값도 안 되는 단돈 몇천 원인 경우도 있었으니 배 농사를 지어온 농민들의 허탈함이 어느 정도인가 짐작이나 할는지.

수입과일인 자몽이나 바나나에 배불러 우리나라 배 사과는 먹지도 않는다니 애써 농사를 지어도 팔 곳이 없다. 지금 과수원 곳곳에서는 버려진 과일들이 악취를 풍기며 썩어가고 있고 아까운 생각에 소나 돼지에게 과일을 먹인 과수원은 너무 많이 먹인 탓에 소와 돼지가 설사병을 일으켜 골치를 썩이고 있는 실정이다.

스스로 택한 영농의 길이고 유달리 배나무를 좋아해서 평생을 배나무와 더불어 어려움 속에서도 작은 소망을 간직하며 살아왔다. 배 농사를 지어 최저의 생계만 꾸려갈 수 있다면 버티겠지만 지금으로 봐서는 그것도 용이하지 않을 것 같다. 이제 초로의 나이에 접어든 내게 배나무와의 이별은 인생에의 짙은 허무감과 거칠고 힘든 노역으로 얻어진 몇 군데 상흔과 검붉은 주름만을 안겨줄 것이다.

이제 초로의 평범한 농민으로서 바람은 늦게라도 정책의 배려가 있어 이제껏 함께 살아온 배나무와의 이별이 없이 배나무 품 안에 내 생애를 묻고 싶을 뿐이다.

스치는 바람결에도

새해 아침, 나는 창밖으로 과수원에 줄지어 선 배나무들을 바라본다. 한차례 하늬바람에 잔뜩 웅크린 배나무의 가지 끝이 하늘하늘 떨고 있다. 앙상하게 벗은 몸으로 새해를 맞은 배나무를 보며 안쓰러운 마음이다. 긴 겨울 앞으로 다가올 그 모진 추위에 배나무는 얼마나 더 떨 것인가. 지난 한 해를 배나무 곁에서 자연의 온갖 변덕스러움에 함께 맞섰던 내 마음에 안타까움이 인다.

지금은 잎사귀들을 모두 떨어트리고 맨몸으로 찬바람 속에 섰지만, 지난 한 해 너의 꽃, 열매, 너의 푸름, 모두가 나의 희망이었다. 아지랑이 아른거림에 눈을 뜨자 꽃샘추위 속에 서둘러 꽃을 피워내고 열매 맺어 그것을 소중하게 키워내느라 너는 혼자서 얼마나 힘들었겠느냐.

예년에 없이 오랜 가뭄으로 불붙는 태양 아래 온몸이 그대로 드러나니 갈증은 얼마나 참기 어려웠고, 뒤늦은 장마에 사정없이 퍼붓던 폭우와 태풍의 시달림은 또 얼마나 견디기 힘들었느냐, 기다려도 그치지 않는 빗줄기로 허리마저 물속에 잠긴 채 썩어가는 뿌리의 아픔을 견디며 가지마다 무겁게 매달린 열매를 떨어뜨리지 않으려 안간힘 쓰던 너의 모습이 지금도 눈에 선하다.

지난해를 돌아보면 그야말로 인고의 한 해였다. 무시로 달려드는 병해충에 갈기갈기 찢기는 너의 잎사귀들을 보면서 힘겨워 주저앉아 버렸던 일은 얼마나 많았느냐. 그때마다 의연한 자세로 버티고 선 채 고통을 참아내는 너를 보면서 다시 힘을 얻어 끝까지 맞서지 않았더냐.

잎사귀에 남은 물기마저 모아들여 열매를 키우려고 갈증을 참으며 가뭄에 버틴 너에게 뒤늦은 빗줄기는 왜 그리 세찼던지, 개울의 둑이 무너져 내리고 배수로가 막혀 너의 주위에 물웅덩이를 만들어 그때는 또 얼마나 네 뿌리의 숨통을 막았더냐. 태풍에 가지가 찢기고 물속에서 결국은 숨이 막혀 늘어진 너의 이웃들을 보면서 그 두려움은 어떠했겠느냐.

그걸 보면서도 자연의 심술에 속수무책일 수밖에 없었던 나에게 단 한 번의 원망하는 눈짓도 없었던 너였다. 그때 나는 너에게 부끄럽기만 했었다. 그 엄청난 수해와의 힘겨룸에서 탈진한 몸을 겨우 버티면서도 너의 탐스러운 열매로 내 바구니를 가득 채워줬을 때 나는 너의 고통으로 일그러진 몸을 돌아보기에 앞서 바구니를 가득 채운 열매에 마음을 빼앗기고 있었다. 왜 진작 너의 상처 난 몸을 돌아보고 지친 몸을 어루만져 주지 못했을까. 네 열매의 수확으로 나와 내 가족은 따듯한 겨울을 지내게 되었는데도 너의 벌거벗은 몸을 감싸주지 못하고 그냥 바람 몰아치는 문밖에 버려둘 수밖에는 없는 것이구나.

봄날 저녁 내 귀 곁을 간질이는 너의 따사로운 숨결에서, 여름의 활기 가득한 너의 투지에서, 가을의 성숙함에서, 겨울의 긴 기다림에, 나는 내 삶을 가꿔가는데 필요한 많은 것을 너로부터 배워 왔다. 그런데도 나는 아직 너를 위해서 무엇을 해야 할 것인지 모르고 있다.

지금 이 시간에도 너는 쉬지 않고 돌아오는 봄을 위해서 노력하고 있음을 안다. 봄이 돌아오면 더욱 아름다운 꽃을 피워 충실한 열매를 맺으려고 그 고난의 한 해를 지나면서도 아껴뒀던 힘을 다해서 준비하기에 찬바람 눈보라의 위협쯤은 아랑곳할 여념이 없으리라. 그럼에도 바람이 낙엽을 몰아갈 때면 내 마음에 으스스한 떨림이 이는 것은 어쩔 수 없구나.

이제라도 나는 너의 아픔을 나눠 갖겠다는 마음으로 너와 함께 있을 것이다. 네 곁에서 한 해를 견뎌오느라 몸 구석구석에 입은 상처를 정성을 다해 돌볼 것이다. 그래서 너의 그 상처에 새살이 돋고 아물어 다시 네가 굳게 설 수 있도록 내 모든 힘을 아끼지 않으리라.

천안 배 100주년에 즈음하여

국도 1호선을 따라 천안시 서북구 성환읍에 이르러 복지관 사거리에서 멈추면 읍내 나들이 한옆으로 당당하게 서 있는 천안 배 상징탑을 만날 수 있다.

> 천안 배 100주년에 즈음하여 재배 농가의 자긍심을 고취하고 배 고장임을 널리 알리고자, 우리 지역의 명품인 천안 배의 과거, 현재, 미래를 담아 이곳에 상징물을 세우다. 세계로 미래로 힘차게 뻗어 나가는 진취적인 천안 배를 하늘과 땅과 사람이 소중하게 감싸는 이미지를 상징적으로 표현하다.

상징탑은 2009년 11월 11일, 천안 배 원예조합, 천안시, 충청남도가 힘을 모아 성환의 주산인 성산을 바라보는 자리에 세워졌다.

배의 원산지는 중국의 서부와 서남부의 산지로 추정되고 있으며 우리 배는 중국으로부터 백두대간을 따라 전래되었다고 한다. [삼국시기] 권 제 십구 고구려 본기 제칠 양원왕(三國史記 券第十九高句麗本紀 第七陽原王) 편에 (王 二年 春二月 王都梨樹連理) 서울에 배나무를 가지런히 가꾸었다고 기록되어 있다.

우리나라에서는 삼국시대에 이미 배나무를 가꾸어왔음을 알 수 있다. 지금도 곳곳에 보면 마을 이름 중에는 배나무골이라는 지명이 눈에 띈다. 그런 것을 미루어 생각할 때 예로부터 우리나라 전역에 배나무가 재배되어 왔었으나 그 무렵 배나무는 지금처럼 과수원 형태를 갖추고 재배한 것이라기보다는 절이나 정원, 마을의 빈터 등에 심었던 것으로 알려져 있다.

배는 소화효소가 많고 고기를 연하게 하며 변비와 조갈증에 좋은 식품이라고 한다. 담이 나오는 기침을 멎게 하며 심장을 맑게 해서 화를 내리게 해주고 주독을 씻어준다. 이런 것들이 본초강목(本草綱目)에서 전하는 약효지만 과일로서도 꿀처럼 단맛에 시원한 맛으로 누구에게나 사랑받는 과일이다.

배나무는 장미과 배나무 속에 속하는 나무로 옛날부터 우리나라의 야생에서 자랐던 배나무로는 산돌배나무, 참배, 돌배나무 등이 있었다. 그러나 이들의 열매는 크기나 맛에서 이용 가치가 없어 열매를 먹기 위해서 추안네, 황실네, 청실내, 고실네, 백실네 등으로 알려진 금화배, 함흥배, 안변배, 봉화배를 만들어 냈으나 지금은 일본 배에 밀려 거의 자취를 찾아보기 힘들다. 배는 중국에서 한국을 거쳐 일본에 전래되었으나 일본에서 개량되어 일본 배로 자리 잡았고 다시 한국으로 전래된 것이다.

나는 지금 상징탑 앞에 서서 신고배로 상징되는 황금빛 상징물을 올려다보고 있다. 신고배는 일본에서 품종이 개량되었으나 정작 그곳에서는 성공을 거두지 못했다고 한다. 그것이 우리 지역 천안에서 주요품종으로 자리 잡게 된 것이다. 일본에서 성공할 수 없었던 신고배가 우리 지역에 접목되면서 명품으로 자리 잡게 된 것은 우리 지역의 풍토가 신고배의 특성에 적합했기 때문이었던 것 같다. 경험으로 느낀 것이지만 여름과 가을에 걸쳐 비가 많은 해에는 신고배의 당도가 떨어질 뿐 아니라 전체적으로 작황이 좋은 편이 아니었다. 오히려 비가 적은 해에는 좋은 과일을 얻을 수 있었다. 상대적으로 비가 적은 우리 지역의 기후가 좋은 신고배를 수확하게 만들었는지도 모른다. 여러모로 감사해야 할 일이다.

우리 지역에 배나무가 과수원 형태로 재배되기 시작한 것은 1905년 을사보호 조약이 체결되고 1910년 한일 합방에 이르는 정치변환의 소용돌이 속에서였던 것 같다. 기록에 의하면

1900년 초에 뚝섬에 원예보범장이 설립되면서 일본의 우량품종인 장십랑, 명월, 금촌추, 등이 도입되었다고 한다.

내가 어린 시절 살던 송덕리에는 한 씨, 김 씨, 이 씨 등 몇몇 마을의 부유한 집안에서 배나무를 재배하고 있었고 더러 일본에서 농업이민으로 건너온 일본인들이 배나무 과수원을 가지고 있었다. 그들은 경부선 철로의 침목이 깔리는 것을 멀리 보면서 배나무 묘목을 심었다고 한다. 경부선 개통이 1905년이었으니 그에 앞서 배나무 묘목을 심은 것이다. 그때 심은 금촌추 나무 몇 그루가 아직도 남아있는 것으로 알고 있다. 그로부터 100년, 10년이면 강산이 변한다고 하니 상전이 벽해되고도 남는 시간이다. 1세기가 지난 지금, 송덕리에 오면 할아버지로부터 아버지로 다시 아버지로부터 손자에게, 이렇게 과수원을 물려받아 3대를 이어 배 농사를 짓고 있는 사람들을 만날 수 있을 것이다.

신고배가 우리 지역의 명품이 되기까지는 천안 배 100년을 밑거름으로 하여, 조합을 구심점으로 한 수백여 조합원들의 노력이 있었기에 가능한 일이었다. 신고배를 명품으로 키워 세계로 향한 문을 열어놓은 과거가 있었다면 현재는 무한한 가능성으로 세계로 뻗어 나가기 위한 미래의 든든한 디딤돌이 되어야 할 것이다. 천안 배 상징탑은 세계로, 미래로 힘차게 뻗어 나가는 진취적인 천안 배의 표상을 그리고 있다.

세계로 향한 배 수출의 다변화와 소비자 입맛의 변화 등, 배나무 수익이 상대적으로 높아지자 한때 전국에 걸쳐 무분별하게 배나무를 심었던 일이 있었다. 그로 인한 불량과의 범람으로 많은 어려움을 겪고 있는 것이 현재의 실정이다. 이런 때일수록 천안 배 100년의 자긍심으로 배 생산농가에서도 자신만이 아닌 모두를 위하는 마음으로 품질을 높여나간다면 아직도 전망은 밝다고 생각한다. 합리적인 재배로 품질을 높이고 계획적인 생산으로 생과로서만이 아닌 주류나, 즙 등, 다른 용도로 가공하여 생과의 품질을 높이고 불량과의 범람을 막아 가격을 보전할 수 있어야 하겠다.

논들이 안양골 골짜기에 있어 먼 길을 오가며 벼농사를 짓던 아버지는 논 가까운 골짜기 위쪽에 있던 자그마한 배나무 과수원을 사가지고 이사를 했다. 나는 초등학교에 다니던 시절부터 배나무 과수원 속에서 자라게 되었다. 그리고 자연스럽게 배 농사를 짓는 농부가 되었다. 젊은 시절 몇 번이고 배나무 과수원에서 도망치려 했으나 결국은 되돌아오고는 했었다. 그러다가 밀리듯 배 농사가 천직이 되어버린 것이다.

내 나이 어느덧 일흔, 인생칠십고래회(人生七十古來會)를 넘기도록 살아왔다. 되돌아보는 마음에 만 가지 감회가 쌓인다. 그러나 이제 와 배나무 과수원에서 배 농사를 짓는 농부로 살아온 것에 아무런 여한이 없다.

3부 길 위에서

남매 탑을 오르며 

천년 동학사를 들러 남매 탑을 오르는 길은 갈수록 가파른 길로 변했다. 전날 봄비치고는 많은 양의 비가 내려 계곡의 물은 폭포수처럼 계곡 바닥의 바윗돌에 부딪치며 흘렀다.

수척한 흰 물살
갈가리 손가락 펴고

언제나 산행을 하며 계곡의 힘찬 물살을 대할 때마다 떠오르는 정지용 시인의 시 한 구절이다. 평범한 일상어로 계곡을 흘러내리는 힘찬 물살을 이토록 표현해 낼 수 있었는지 감탄을 금할 수 없다.

위로부터 흘러내리는 물은 넘쳐 등산로에 깔아놓은 돌바닥이 사뭇 미끄럽다.

산악회 회원들도 십 수 년을 지나오는 동안 나이들을 먹은 탓인지 대부분 절에 머물고 산에 오르는 사람들은 많지 않았다. 앞선 일행을 뒤따르려니 길은 미끄럽고 점점 가파른 고갯길은 멀게만 느껴진다. 등산로 옆 바위에 걸터앉아 쉬면서 쉬엄쉬엄 오르는데도 이마에 땀방울이 맺힌다. 잠시 쉬면서 이마에 흐르는 땀을 수건으로 훔치며 보니 저 아래 뒤따르는 여자 분이 보인다. 용케도 여자 한분이 따라 나선 것이다. 가까이 올라오는 모습을 보니 일행의 김문자 님이시다. 조금은 반기는 마음이 있어 좀 더 기다리는데 지난 어느 날인가, 이 길을 오르던 일이 일이 떠올랐다.

그때는 나와 안수웅 님, 아내와 김문자 님, 이렇게 넷이 동행하여 이 길을 오르고 있었다. 그 가을 계룡산은 갖가지 빛깔로 물들어 가고 있었다. 그날의 만남은 우연한 만남이 아니라 미리 예정된 만남이었다. 김문자 님은 그때 대전에 살고 있었던 아내의 어린 시절 친구였었다. 한약방을 경영하던 아버님 슬하에서 유복한 어린 시절을 보냈으나 인연이 맞지 않아 초혼에 실패하고 긴 세월을 대전에서 홀로 지내오고 있었다. 안수웅 님은 나에겐 선배였으나 친구처럼 허물없이 지내는 사이였다. 그 무렵 안수웅 님은 아내와 사별하고 몇 년을 홀로 지내고 있었다. 그래서 아내와 내가 의도적으로 만남을 주선

한 것이다.

그 뒤 두 분은 남은 생을 서로를 위로하며 살아가기로 다짐했다. 그날 계룡산은 단풍으로 곱게 물들어 바람이 지날 때마다 단풍진 잎들이 우수수 내려 길 위를 덮었다. 황혼을 바라보는 나이에 이른 두 분이 단풍을 배경으로 낙엽위에 마주 선 모습은 아름다우면서도 알싸한 아픔을 느끼게 하고 있었다. 어쩌면 하루의 끝자락에 선 노을만이 붉게 타는 것은 아니라는 생각이 가슴 안으로 흘러들었다. 우리도 살아가기에 따라서 노을처럼 타오를 수 있을 것이라는 생각이 들었던 것은 분위기 탓이었을까? 그분들은 낙엽이 흐트러진 길 위에서 처음 만나 이듬해 신록이 무르익는 산사(山寺)에서 손을 마주 잡았다.

우리가 오르고 있는 남매 탑은 삼불 봉 기슭 청량사지에 남은 각기 높이가 다른 두기의 석탑을 말한다. 일명 오뉘 탑 이라고도 불리는 남매 탑은 백제계양식과 신라계양식이 혼합된 석탑으로 7층 석탑은 오라비 탑이라 하고 5층 석탑은 누이 탑이라고 한다. 이 석탑은 두기가 한 쌍을 이루고 있는데 큰 석탑은 상층부가 결실되었고 작은 석탑은 4층까지만 남아있다. 이 작은 석탑은 부여에 있는 정림사지석탑을 충실하게 모방한 걸작 품이라고 한다. 이 석탑들은 고려시대에 세워졌다고 전하며 다음과 같은 전설이 전해져 온다.

백제가 멸망한 후 왕족 한 사람이 이곳으로 들어와 토굴을 파고 수도하고 있었는데 어느 날 이상한 소리가 나서 토굴 밖으로 나가보니 토굴 앞에 커다란 호랑이 한 마리가 와서 입을 벌리고 있었다. 왕족은 자기를 해치러 온 것이냐고 물었더니 호랑이는 고통스럽게 입을 벌린채로 고개를 흔들고 있기에 입안을 잘 살펴보니 목에 뼈가 걸려있는 것이 아닌가. 그래서 왕족이 호랑이 목에 걸린 뼈를 빼주었다. 그러자 호랑이는 고맙다는 듯이 머리를 숙이고 어디론가 사라져 버렸다.

그런데 어느 눈 내리는 밤이었다. 밖에서 호랑이 소리가 나기에 나가보니 젊은 여인을 내려놓고 가는 게 아닌가. 왕족은 서둘러 여인을 토굴에 들여다 눕히고 정신을 차리게 한 후 사연을 물어보니 여인은 상주에 사는 여인으로 결혼식을 올리고 신방에서 자다가 잠깐 밖으로 나온 사이에 호랑이에게 업혀온 것이라고 한다. 눈이 녹은 다음해 봄. 왕족은 여인을 고이 고향에 돌려보냈으나 어떤 인연이던지 호랑이에게 물려죽을 목숨을 구해주었으니 같이 살아달라며 여인의 부모는 받을 수 없다하여 받아주지를 않았다. 이후 계룡산으로 돌아온 두 사람은 함께 살되 서로 범접치 않으며 구도에 몰두하여 깨달음을 성취했다. 그들이 죽은 뒤 몸에서 많은 사리가 나와 사람들이 이 탑을 세워 오누이를 공양했다고 한다. 비록 전해 내려오는 이야기지만 여기서 색욕을 극복한 구도의 승리를 엿볼 수 있을 뿐만 아니라 멸망한 나라(백제)의 왕족과 멸망시킨 나라(신라) 여인과의 숭고한 사랑에서 용서와 화해의 정신을 읽을 수 있을 것 같다.

남매 탑의 전설에서 보듯이 우리가 견뎌내기 힘든 것은 실은 혼자라는 외로움인지도 모른다. 망국의 한이 사무쳤음인가, 어떤 연유에서였던지 깊은 산중으로 찾아들었던 백제의 왕족도 끝내 홀로 있었다면 깨달음을 성취하기 전에 먼저 외로움에 사위였을 것이다. 비록 색욕을 억제하는 괴로움이 온몸에 아픔으로 파고들었다 해도 그래도 곁에 누군가가 있어 혼자가 아니라는 믿음이 외로움을 물리쳐 깨달음에 이르게 했는지도 모른다.

파스칼은 그의 사후에 간행된 저서인 "팡세"에서 외로움을 견디지 못하고 심심풀이에 빠져드는 인간의 나약함에 대해서 이야기했다. 그처럼 우리가 외로움을 홀로 견디어 내기에는 너무도 나약한 존재인지도 모른다. 그러기에 외로움을 둘이서 나눌 수 있다면 외로움으로 사위었던 시간들을 보람 있게 보낼 수도 있을 것이다. 만물은 음과 양으로 나뉘었으나 음과 양이 결합하므로 생성을 이루고 있는 것이 아닌가?

녹음 사이로 불어오는 시원한 바람 속에 다정하게 서 있는 남매 탑을 올려다보며 두 분이 서로 버팀목이 되어 두 분 앞에 열려진 길을 손 마주잡고 가시는 뒷모습을 언제까지 지켜보고 싶은 마음이다.

노도의 9월

오랜 가뭄 끝이었다. 하늘에는 구름 한 점 없다. 생량머리인데도 수그러들 줄 모르는 더위가 더욱 우리를 목마르게 한다. 저만치 다가오고 있는 섬 하나. 남해 본섬의 옆구리에 매달린 작은 섬 노도는 아무데서나 만날 수 있는 그런 마을 앞동산이었다.

뱃머리에 앉은 아내의 눈길이 물결을 쫓아가고 있다. 지금 아내의 마음은 넘실넘실 주름을 펼쳐가는 푸르게 맑은 그 물에 두 손을 잠그고 있으리라. 그런 하염없는 모습에서 아직도 처음 만났던 스물세 살 앳된 처녀로 머물러 있는 아내를 느낀다.

여행은 일상에서 잠시나마 벗어날 수 있어서 좋았다. 뿐만 아니라 새로운 산하와 인정에 마주치면서 스스로 자신을 돌아보는 계기가 되기도 한다. 나의 여행길에는 언제나 아내가 곁에 있었다.

저물면 닿는 곳에서 잠자리를 찾아 밤을 지내는 목적지를 미리 정하지 않고 떠나는 여행이 편하다. 생각났을 때 훌쩍 떠나면 되었다. 그런데도 이런 여행의 기회가 우리에게 아무 때나 주어지는 것은 아니다. 과수원 농사라는 게 늘 일에 매달려 있어야 했기 때문이다. 그런 틈 없이 바쁜 농사도 첫여름 어린 과일에 봉지 씌우기가 끝나면 짬을 낼 수가 있었다. 그래서 우리의 여행은 봉지 씌우기가 끝나는 첫여름에서 과일 수확이 되기 전까지의 무더운 여름철이 되고 만다.

여름 해수욕장을 찾아 바닷물에 몸을 담그고 있다면 몰라도 무더위 속에서 여행을 한다는 것은 어려움이 한둘 아니다. 이번 여행은 삼복더위를 피한다고 했는데도 늦더위가 기승을 부려 남해안은 목마름에 지쳐있었다. 어디서 시원한 물 한 사발 마음껏 마셔보지 못하고 음료수에 갈증만 더했다.

그런 우리가 일정을 늦추면서까지 남해의 노도에 있다는 서포 김만중 선생의 유배지를 찾아보려했던 것은 소설 [구운몽]이 쓰여 진 곳을 둘러보고 싶다는 마음에서였다. [구운몽]에서 양소유가 누렸던 삶은 누구나가 원하는 낙원의 삶이라고 할 수 있다. 그런 낙원의 꿈이 잉태되었던 산하 가까이 왔을 때 저도 모르게 발길을 서두르게 했다.

어제 늦게야 노량 수도를 건넜던 우리는 우선 섬의 끝에 있는 미조 항으로 가서 여장을 풀었다.

잠을 청했지만 무더운 바람만 쏟아내는 선풍기 앞에서 견뎌내지 못하고 좁은 목욕탕을 번갈아 드나들며 물을 끼얹느라 잠을 설쳤다.

아침을 서둘러 벽련마을에 도착한 우리는 노도로 건너가기 위해 바닷가에서 배를 찾다가 노도분교에 근무하는 선생님을 만나게 되어 고기잡이배를 얻어 탈수가 있었다.

노도에는 열다섯 가구가 고기잡이로 살아가고 있으며 분교에 있는 세 명의 학생을 위해서 선생님은 매일 이렇게 고기잡이배로 오간다고 했다. 초로에 접어든 선생님은 우리 부부를 반갑게 맞아주었다,

섬에 오르자 마을 앞에 세워진 서포 김만중 선생의 유적비에 마주쳤다. 김만중의 자는 중숙. 호는 서포다. 인조 15년(1637)에서 숙종 18년(1692)까지 살았다. 본관은 광산 김 씨로 증조부는 예학의 대가인 김장생이고 부친 김익겸은 병자호란 당시 강화도에서 순절하여 유복자로 태어났다. 현종 6년(1665) 정시문과에 벼슬길에 올라 대제학 대사헌에 이르렀으나 숙종 15년(1689) 남해에 유배되기까지 청렴결백하고 강직한 성품으로 해서 벼슬길은 순탄하지 못하여 결국은 유배지에서 파란 많은 생애를 마치고 말았다.

마을 고샅길을 오르다보니 젊은 내외가 집 앞에서 갖 잡아

온 물고기를 손질하고 있어 발을 멈추고 배낭에서 소주병을 꺼내 들었다. 마땅한 안주거리가 있으면 한 잔 하리라 미리 준비해온 것이다. 즉석에서 병어 몇 마리를 회쳤다. 내가 주인과 술병을 비우는 사이에 아내는 시장했던지 병어회를 달게 들었다.

유배지가 있는 경남 남해군 상주면 양아리(노도) 뒷산. 유배지를 찾아 풀숲을 헤치며 오르다보니 소나무로 둘러싸인 마루터기에 멍석 두어 잎 넓이의 빈터가 나타난다. 서포 김만중 선생이 유배지 초막에서 돌아가신 숙종 18년 4월부터 9월까지 묻혔던 가묘자리로 그 이후 이 묏자리에는 소나무가 다시 자라지 않는다고 한다. 초막이 있던 자리가 저만치 건너다 보인다.

골짜기 건너 가파르게 기어오른 산 중턱. 겨우 한 칸 초막이 비비고 들어앉을 만한 자리에 유배지였음을 알리는 표석. 삼 년여 유배 생활 중에 마른 목을 축였을 옹달샘 하나 찾아보기 힘들다. 바다를 사이에 둔 남해 본섬의 이름 모를 산골짜기만 마주 건너다보일 뿐이다.

고요하다. 무척 단조롭고 고요하다. 솔바람 소리도 들리지 않는다. 내려다보이는 몇 그루 동백나무도 표본처럼 정지되어 있다. 시간마저 멎은 듯 정적 위로 햇살만 내려 꽂이고 있다.

아무렇게나 잡초를 밀어붙이고 앉은 내 마음에 서포 김만

중 선생이 느꼈을 외로움만 송곳이 되어 파고든다. 기사환국으로 노도에 유배된 것은 그의 나이 쉰둘이었던 때였다. 돌아봐도 정붙일 것 하나 없는 곳에 홀로 떠나와 있는 그 외로움이 어떠했을 것인가. 거기에 만날 길 아득한 가족들에 대한 그리움이 더욱 그를 잠 못 들게 했을 것이다. 나는 옆에 따라 앉아 땀을 훔치고 있는 아내의 손을 살며시 끌어다가 잡아본다.

그는 이곳 유배지에서 소설[구운몽]을 썼다고 한다. 이 소설에는 구사량이라는 실제의 인물이 나온다. 구사량을 비롯한 내시들을 제거하려 했던 감로의 변이 일어난 것은 당나라 제14대 황제 문종 치세였다. 이것으로 미루어 소설의 무대는 내시들의 발호와 당쟁으로 국정은 문란해지고 반란은 끊일 새 없어 멸망의 길로 들어섰던 당나라 말기의 암울했던 시대였다. 이처럼 거듭되는 유배와 사면의 파란 많은 생애를 살아야 했었던 그에게 양소유가 누렸던 유가적 부귀공명은 바로 그의 이상이었고 선망이었을 것이다. 그러나 그와 같은 것이 현실에서는 이루어지지 않았으므로 자신이 처한 현실의 절망을 위로 받으려 했던 것은 아니었을까.

낙원은 우리 모두가 찾아 헤매는 것이긴 하지만 어쩌면 무지개와 같은 것인지도 모른다. 그래도 우리는 낙원에 대한 희망을 버리지 못하고 살아간다. 그것이 비록 허망한 것일지라도 떨쳐버리지 못한 채 지치고 힘든 삶의 길목에서 때때로 상상의 날개를 펼치며 낙원을 그려보고는 한다. 소설 [구운몽]

은 그런 마음의 빈자리를 메워보지 못했던 서포 김만중의 꿈이었을 것이다.

돌아오는 뱃길에서 노도를 바라보는 나의 마음은 잠시 어수선했다. 유배지 옆 마루터기에 있던 오랜 세월 소나무 한그루 용납하지 않는 묏자리. 허전하다. 집으로 돌아가야 할 천리 길이 아득하게만 느껴진다.

동해 일기(東海 日記)

생애의 대부분을 과수원 속에서 배농사만 짓던 내게 휴가라는 말은 생소하기만 했다. 그러나 처음으로 휴가라는 것을 다녀왔다. 농사짓는 일이라는 게 그렇지만 배 농사를 짓다보면 한가한 시간을 얻기가 쉽지 않다. 시간을 쪼갤 수 있다면 배에 봉지 씌우기가 끝나는 7월부터 배 수확이 되기 전인 9월까지가 될 수 있을 것 같다. 절기로 말하자면 일 년을 통 털어 가장 무더운 삼복중이다.

그래서 나는 이 무렵이 돌아오면 아내와 함께 여행을 떠나고는 했었다. 올해도 봉지 씌우기가 끝나면서부터 나는 아내와 함께할 여행계획을 세우고 있었다. 이번에는 서해안을 몇 군데 돌아볼 생각이었다. 그런데 생각지 않게도 작은 아들이 설악산에 콘도를 빌려놨으니 함께 모시고 가겠다는 거였다. 제 딴에야 한번 효도를 해보겠다는 생각에서였겠지만 영 마음이 내키지 않았다. 자식들과 함께 간다는 것이 서로가 불편할 것 같았고 나와 아내는 나름대로 여행계획을 세워놓고 있었던 때라 너희들끼리 단출하게 다녀오라고 했더니 제 누나들한테 연락하여 함께 떠나기로 했다한다. 거기다 콘도도 세 군데나 예약해 놓았으니 다녀오자고 해서 어정쩡하게 따라나선 길이다.

이것은 여담이지만 이웃에 술을 즐기시던 노인 한분이 계셨었다. 그분이 위로 두 따님을 시집보내고 아끼던 막내따님마저 시집보냈을 때의 이야기다. 처갓집에 처음 인사를 막내사위는 술을 즐기신다는 장인어른을 위해서 정종 한 병을 준비했다. 지금은 좋은 술이 많아 정종 한 병이 별로이겠지만 60년대 전후해서는 그래도 들고 윗사람을 찾아 뵐 만은 하였다. 노인은 당시 시골에서는 흔치않은 술이라 한잔 따르고 싶었겠지만 사위가 비싼 술을 사오느라 힘겨웠을 것이라 생각하고 정종을 소주로 바꿔오라고 했다. 그러니 소주를 즐기시는 장인어른께 실례를 했다는 죄송스러움에 어쩔 줄 몰라 했던 막내사위의 손에는 그 이후 언제나 소주병이었다. 실은 소주를 별로 좋아하지 않던 노인이었으나 막내사위가 생각하기에는 장인어른께서는 소주만 즐기시는 줄로 생각하게 된 것이다. 이런 일들을 지켜보면서 자식들의 효도는 길들이기에 따른 것이라는 생각을 해본다. 나는 자식들이 사다주는 것을 한 번도 마다해 본적이 없었다. 자식들이 주는 것은 비상이래도 달게 먹겠다는 것이 내 마음이다. 그러니 자식들이 부모를 생각해서 마련한 자리에 질다 마르다 말할 게재가 아니었다. 그냥 못이기는 체 따라나서는 수밖에.

첫째 날

예산의 큰딸 부부가 집에 도착하는 대로 미리 모여 기다리고 있던 작은 아들네와 작은 딸네가 자동차 세 대에 분승하여 출발한 것은 오전 열 시경. 차는 연료를 절약하기 위하여 디젤을 사용하는 승용차로 골랐다.

이번 길에 큰아들 하나만 참석하지 못했다. 큰아들은 아내를 잃은 아픔을 간직한 채 5년여 넘는 세월을 읍내에서 혼자 살아오고 있는 터라 굳이 가자고 권하기도 뭣해서 그냥 놔두고 불시에 어미를 잃어 우리 부부가 거두어 기르고 있는 큰손자 현오와 큰손녀 은비만 데리고 가기로 한 것이다. 이런 때 일수록 두드러지게 나타나는 며느리를 잃은 아픔이 가슴을 할퀴었으나 모르는 사이 훌쩍 자란 현오, 은비 남매를 바라보며 그래도 마음을 위로받을 수 있었다. 자식의 주검은 가슴에 묻는다 했던가, 모처럼 휴가를 떠나는 길, 그동안의 시름은 집에 남겨놓기로 했다.

먼 길이라 내차에는 작은 딸네 식구가 동승하여 작은 사위가 운전대를 잡기로 했다. 급하게 서두를 것도 없는 길, 안성에서 38번 국도를 골랐다. 영동 고속도로에서 처음 차를 멈췄던 강원도의 관문이라 할 수 있는 문막(文幕)휴게소, 문막은 원주시에서 하나뿐인 읍으로 읍의 중앙을 관류하는 섬강의 물을 막았다 해서 붙여진 이름이라고 한다. 문막은 경기도 여주와 어깨를 맞대고 있으면서 섬강 유역에 넓고 기름진 충적평야를 이루어 강원도 제일의 곡창지대라고 할 수 있다. 그래서인지 휴게소도 넓었고 정차한 차들도 많았다. 올림픽과 월드컵을 치루면서 눈에 띄게 달라진 것이 있다면 휴게소의 화장실일 것이다. 내가 외국을 나가보지 않아서 비교할 수는 없지만 이 정도면 선진국의 화장실 문화에 뒤지지 않을 것이라고 생각해본다. 거기다 장애인을 배려한 화장실의 구도는 마음을 흐뭇하게 해준다.

차에서 내리니 아이들이 여덟, 어른해서 열여섯의 적지 않은 인원이다. 우리 부부는 어쩌다보니 당시에 번지던 산아제한 한번 안하고 연년생 사남매를 두었는데, 사남매 모두 출가해서 하나도 거르지 않고 남매씩 두었으니 손자가 넷, 손녀가 넷, 이러니 여덟이다.

휴게소에서 차에 내리면 사람들이 제일 먼저 찾는 곳이 화장실일 것이다. 휴게소 화장실로 우르르 몰려갔던 아이들이 하나둘 화장실을 빠져나오면서 그 옆에 있는 놀이터로 자연스럽게 몰려든다.

현오가 초등학교 3학년, 은비가 초등학교 2학년, 윤회와 종운이가 초등학교 1학년에다 아직 유치원에 다니는 은서와 호진이, 민겸이, 수민이, 작은 딸네 수민이가 네 살로 제일 어리다. 저마다 놀이기구를 차지하고 놀이에 빠져있는 아이들을 바라보고 있자니 마음 뭉클하다. 어느 사이 내 나이 일흔을 바라보게 되었다. 그래도 저 아이들이 있음으로 해서 나 자신의 존재를 증명할 수 있는 것이 아니던가. 사랑스럽기만 한 아이들의 모습이 바라보아도 물리지 않는다.

휴게소 식당에서 점심을 간편하게 들고 출발해서 차가 횡성군 둔내를 지날 때 어느 날 민들레 꽃씨처럼 날려 와 이곳에 살고 있는 후배 하나를 떠올렸다. 그러면서 아주 오래전에 아내와 둘이서 배낭 하나 달랑 둘러메고 설악산을 찾던 일이 먼지 뒤집어 쓴 책갈피처럼 펼쳐진다. 그 책갈피에는 수원 터미널에서 한동안 기다려 강릉행 고속버스를 타고 대관령을 넘어가던 일들이 아련하게 떠오른다. 강릉 시내를 먼발치로 내려다보며 굽이굽이 내려가던 길이 지금은 몇 개의 터널로 닿았다.

휴게소에서 미리들 약속을 했었는지 차는 강릉 입구에서 우회전하여 남쪽으로 내려간다. 해서 운전을 하고 있는 작은사위에게 물으니 삼척에 있는 환선동굴을 들려가기로 했다 한다.

환선동굴에 도착하여 매표소에서 입장권을 끊었을 때는 입장종료시간이 임박해 있었다. 매표소에서 굴 앞까지 오르는데 숨이 가쁘다. 나이 탓인가, 몇 년 전 왔을 때는 숨이 차지도 않았을 뿐 아니라 차에서 내려 금방이었다. 그런데 오르는 길이 힘겹고 사뭇 멀기만 하다. 환선동굴을 돌아 나올 때는 동굴 안의 전등불이 꺼지고 있었다. 우리가 맨 마지막으로 돌아 나온 관람객이었다.

삼척시 신기면 대이리 동굴지대에 흩어져있는 동굴들 중에서 해발 500미터 지점에 있는 환선굴이 가장 규모가 크고 볼만하다. 1966년에 천연기념물 178호로 지정되었을 만큼 동굴 내에는 종유석을 비롯하여 석회암 동굴 특유의 형형색색의 기암이 쌓여 있어 장관을 이룬다. 또한 희귀한 동식물이 서식하고 있어 생물고고학적으로 희귀한 자료가 되어 비공개 영구보존동굴로 지정 보호되고 있다고 한다. 동굴은 주굴 길이 3.3㎞로 총길이 6.5㎞에 이른다고 한다. 이런 길이의 동굴을 어린 아이들, 네 살짜리 수민이 까지 포함해서 모두 돌아 나왔다는 것이 놀라운 일이다.

저녁을 먹고 가기로 하고 주차장 옆의 송어 횟집에 들어가 어른들은 송어회를, 아이들은 닭볶음을 시켰다. 나는 송어회를 즐기지 않았으나 이곳에서 먹는 송어회는 맛이 있었다. 그것은 곁들인 부재료 때문인가 싶다. 상추 잎에 당근과 무를 채 썰어 얹고 붉은 송어회 한 점, 고추냉이 듬뿍 섞은 고추장에 먹으니 별미였다.

저녁 후, 해거름에 출발했다. 그런데 날이 어두워지면서 우리부부와 작은 딸네가 탄 자동차에 문제가 생겼다. 하향전조등 두개가 모두 꺼진데다 차 뒤의 제동 등까지 듣지 않았다. 그래서 안개등을 켜고 밤눈 어둔 사람 밤길 가듯 더듬더듬 차를 모는 것인데 마음은 좌불안석이다. 작은 아들차가 앞서고 뒤에서 큰사위차가 쫓아오면서 전조등을 비춰주기 때문에 그래도 큰 도움이 되었다. 동해고속도로에 이르기 까지 자동차 정비소 하나 찾지 못했을 뿐 아니라 있어도 문을 닫은 상태였다.

하찮은 소형전구 하나가 이렇게 사람을 몸 달게 한다. 하긴 살아가다보면 하찮게 생각 했던 일들이 실은 중요한 일이었을 때가 더 많은 것인지도 모른다. 다행이 상향전조등은 고장이 없어 급할 때는 가끔 쓰기는 하나 도로에 중앙분리대가 없거나 있어도 높이가 낮아 상대편 차량에 피해를 줄까봐 사용하지 못하고 조심조심 차를 운전하는 작은 사위에게 사뭇 미안한 생각이다. 나이를 먹을 만치 먹은 사람이 차를 운전하고 다니면서 전조등이 꺼진 것을 몰랐을까, 슬그머니 찬찬하지 못함이 부끄럽기까지 하다. 핑계 같지만 요즘 들어 눈이 피로해서 야간운전을 자제해온 탓인지도 모른다.

거기다 고속도로에 올라서면서 비까지 내리기 시작했다. 가랑비였지만 더욱 운전을 조심스럽게 했다. 운전하기가 얼마나 힘들었을까, 속초까지 그 먼 길을 달려 숙소가 있는 농협수련원에 도착했을 때는 옆에서 지켜보던 내가 먼저 초주검이 되었다.

둘째 날

잠자리가 바뀐 탓인지 새벽녘에 일찍 잠이 깨었다. 옆에는 현오와 은비가 곤하게 잠들어 있다. 내가 자리에서 일어나려고하니 자고 있는 줄 알았던 아내가 잡는다. 좀 더 누워있으라는 거였다. 공연히 일어나 설치면 피곤해서 자고 있는 아이들 잠을 깨운다는 것이다.

아참, 그랬었군. 딸네들은 이곳에서 한참이나 덜어져 있는 일성콘도로 잠을 자러 갔고 작은 아들네가 옆방에서 자고 있다는 것을 생각했다. 한참 후에 작은 며느리가 일어난 기척이 있자 아내는 그제야 일어나 나갔다.

아내가 며느리와 함께 주방에서 아침을 준비하는 동안 나는 옥상으로 올라가 둘러보았다. 저만치 속초 시내의 건물 모서리에 찢겨 조각난 바다위로 지금 막 떠오르던 아침 해가 안개 같은 엷은 구름을 뒤집어쓰기 시작했다. 돌아서니 울산바위의 웅장한 모습이 바로 눈앞에 있었다. 남쪽으로 첩첩한 준봉들 속에 멀리로 대청봉(1,707m)이 웅장한 모습을 드러내고 있다. 청봉이란 봉우리가 푸르게 보인다 해서 유래된 이름이라

한다. 젊은 날 나는 아내와 함께 대청봉에 오르겠다고 배낭 하나 달랑 둘러메고 설악산을 찾아 왔었다. 그러나 다음날부터 내리기 시작한 비로 등정을 포기하고 돌아와야만 했었다. 하나의 회상이 알싸하게 다가와 아픔으로 가슴을 휘젓고 있다.

잠시 후 두 딸네가 도착해서 집에서처럼 온 식구들이 모여 잔치같이 북적거리며 아침을 먹었다. 설악산 소공원에서 케이블카로 권금성에 오르기로 했다. 케이블카의 탑승요금이 만만치 않다. 잠시 케이블카 한 대로 벌어들이는 수익과 내가 일 년 내내 농사지어 벌 수 있는 수익을 계산해 보면서 그냥 쓴웃음을 지었다. 오죽했으면 농사나 짓겠는가. 못난 처지에 그래도 농토가 있어 농사지어 굶주리지 않으니 다행이랄 수밖에.

권금성

설악산 소공원에서 마주보이는 높이 솟은 바위봉우리로 해발 670m에 위치해 있다. 케이블카에서 내려 한참 오르니 정상에는 넓은 반석이 팔십여 칸에 이르는 광장을 이루고 있다.

이 광장을 중심으로 주위에 석성의 흔적이 보인다. 권 씨와 김 씨의 두 장수가 적병을 피하여 가족을 데리고 피난하면서 하룻밤 사이에 쌓았다는 이 성은 두 장수의 성을 따라서 권금성이라고 부르게 되었다는 전설이 있다.

이곳은 대청봉으로 이어지는 화차능선의 출발점으로 임진

왜란 때 불을 피워 왜적의 침입을 알렸다는 봉화대에 오르니 속초시내가 한눈에 바라다보였다. 반석위에는 케이블카가 쏟아놓은 사람들로 장터를 이루고 있었다. 한 귀퉁이 조용한 곳을 찾아 식구들이 둘러앉아 준비해온 간식들을 나누어 먹는데 바람이 어찌 세찬지 모자를 쓰고 있을 수가 없다.

바람도 시원하고 전망도 좋았으나 반석 주위로는 깎아지른 벼랑으로 아이들을 오르기에는 위태위태하다. 어린 손자들이 염려되어 오래 있을 수가 없어 바로 내려왔다.

소공원 식당에서 좀 이른 점심을 먹는데 아이들이 여럿이니 잠시도 조용할 틈이 없다. 큰 딸네 종운이와 은서, 작은 아들네의 윤회는 항시 조용하고 얌전하다. 큰손자 현오가 장난기가 많은 편이어서 같이 자란 작은 딸네의 민겸이까지 덩달아 마찬가지다. 그래도 아이들이 잘 따라주어 대견스럽기만 하다.

네 살짜리 수민이만 아니라 아이들이 어려서 무리라 싶었지만 신흥사 앞으로 해서 울산바위로 오르는 계곡 길로 접어들었다. 가다가 그늘에서 쉬기도 하고 계곡물에 발을 담그기도 하면서 걷다보니 어렵지 않게 계조암에 이르렀다.

계조암 앞마당 황소바위 위에 올려진 흔들바위를 밀어봤으나 내 힘으로는 움쩍도 않는다. 현오, 종운이, 호진이, 만겸이, 이놈들은 그래도 사내놈들이라고 반석위로 올라가 바위를 몇 번 밀어보다가 움쩍도 않으니 그냥 헤실헤실 웃는다. 그런 놈들을 향해서 큰사위가 연실 셔터를 눌러댄다. 계조암 너머로 한 개 바위로는 동양에서 제일 크다는 울산바위의 웅장하고 아름다운 모습이 가깝게 보인다.

계조암은 천연의 바위동굴 속에 있는데 신라시대 자장율사가 창건했으며 계조암에 들어앉은 바위가 목탁바위로 절이 목탁 속에 들어 있어 다른 절에서 수십 년이 걸려 수도하여도 득도하기가 힘드나 이곳에서는 몇 년 만 수도하여도 도를 얻을 수 있는 곳이라는 이야기가 전해진다. 그처럼 이 절에서 동산, 지각, 봉정, 의상, 원효 같은 큰스님이 계속 나왔다고 해서 계조암으로 불린다고 한다.

내려오는 길은 한결 수월했지만 올라오는데 힘이 들었던 탓인지 몇 놈은 입이 나와 툴툴거렸다. 그런데도 네 살짜리 수민이 까지 종종걸음으로 잘도 따라 내려왔다.

셋째 날

아침 일찍 두 딸네가 짐을 싸들고 왔다. 휴가 성수기라 방을 한곳에 얻지 못하고 두 딸들은 상당히 거리가 떨어져 있는 일성콘도에 방을 따로 얻었던 것인데 이곳에 하루 비는 방이 있어 미리 예약해 뒀던 것이다.

식구들이 한곳에 모이니 비록 방은 따로따로 얻었어도 마음 흐뭇하다. 타향에 왔어도 귀여운 손자손녀들을 끌어안고 식구들 모두 모여 아침상을 받으니 여기가 바로 고향이다. 마음의 충족이란 바로 이런 것인가.

고성에 있는 통일전망대를 향해 속초에서 7번 국도를 타고 북상했다. 차가 길가의 낯익은 시골마을을 지날 때 잠시 주변을 돌아보았다. 몇 년 전 통일전망대를 들러 남해 미조항에 이르는 여정에서 처음 짐을 풀었던 곳이 반암리였다. 그때는 친구인 김종호 님 부부와 우리부부 넷이서 짚차 한 대에 일용품을 처싣고서 강릉을 지나쳐 북상하다가 이곳에서 하룻밤을 묵게 되었다. 가다가 쉬고 민박을 하면서 천천히 시간을 즐겼다. 아침을 지어먹고 천천히 출발해서 오후에는 일찍 숙소부터 정해놓고 주변을 돌아보거나 바닷가 백사장에 자리를 펴고 친구와 소주를 권하면서 얼마간 일상을 벗어나 휴식을 즐기다가 미조항에서 차를 되돌려 남해 금산의 보리암을 들려서 마침 북상하는 태풍을 꽁무니에 매달고서 돌아왔었다.

고성군 거진읍 반암리, 이 마을은 해변이 돌아가는 모퉁이에 위치하였기에 옛적에는 돌구미 또는 회진리로 부르기도 하였으며 마을 지하에 암반이 있다하여 반바우라고도 불러오다 그후 마을 주변에 암석과 주위의 바다 속에 평평한 반석이 널려있기에 반암리라고 부르게 되었다고 당시 민박집 주인이 마을 이름의 유래에 대해서 일러주었던 것 같다.

이런저런 상념에 잠겨있는 사이 차는 명파리 못미처 왼편으로 있는 통일 안보공원의 주차장으로 들어서고 있었다.

통일 전망대

갈 수 없는 곳에 대한 동경이랄까. 먼발치에서 나마 북한 땅을 보기 위한 사람들의 발길이 끊이지 않는다. 화진포와 최북단 마을인 명파리를 거치면 바로 통일전망대로 향하는 길이다.

통일전망대는 강원도 고성군 현내면 명호리의 해발 70m에 위치하고 있다. 지난번 왔을 때보다는 훨씬 넓어진 주차장에는 주차된 차들로 틈이 없어 보인다.

전망대까지 그 많은 계단을 네 살짜리 수민이가 한 계단 한 계단 지치지 않고 오른다. 생각 같아서는 덥석 안아서 올리고 싶었으나 어린것의 끈기를 보기 위해서 뒤따라 오르고 있자니 그 많은 계단을 끝내 오르고 만다. 그 앙칼진 성격만치나 끈기도 대단하다는 생각에 웃음이 절로 나온다.

아직은 통일이니 안보니 하는 것을 헤아릴 수 없는 아이들은 그 힘든 계단을 오르자 먼저 매점의 아이스크림 판매대 앞으로 모여든다. 거기서 아이스크림 한 개씩을 그 긴 계단을 올라온 승리의 깃발인양 받아들고 좋아라한다.

전망대 위에 서면 가슴을 할퀴는 분단 철책너머로 해금강이 한눈에 들어온다. 바람은 지나도 오고 갈수 없는 곳. 흰 갈매기 몇 마리 끼룩거리며 분단 철책을 눈 아래로 지난다. 60

여년 긴긴 세월 허리가 동강난 강토는 얼마나 괴로움을 견디었을까? 능선도 수맥도 계곡에 흐르는 냇물도 막힘없이 흘러왔는데 사람들만 자연의 산하위에 금을 긋고 철조망을 올려쌓아 제 발목을 붙잡고 있다. 마르크스의 철학이 무엇이고 레닌 따위의 혁명이 무엇인데 아무런 연관이 없는 우리가 스스로 강토의 허리를 잘라놓고 이념의 적으로 형제가 맞서고 있는 것인지. 그 시대 지식인들에게 원망하는 마음이 크다. 전망대에 오르내리면서 연실 디지털카메라의 셔터를 눌러대고 있는 큰사위는 그래도 아이들에게 하나의 추억을 남겨주고 싶었음인가.

무거운 마음을 안고 돌아오는 길 명파리에서 점심으로 막국수를 먹었다. 막국수는 강원도의 특산 음식이라는 이름처럼 맛이 있었다. 옆에서 막국수 가락을 건져내고 있는 여섯살짜리 외손자 민겸이에게 맛있느냐고 물으니 맛있다고 또다시 오잔다. 웃음이 번진다. 문막휴게소에서도 점심으로 막국수를 먹었다. 그때는 몇 젓가락 건지다 말고 맛없다고 다시는 오지 말자던 놈이 이곳의 막국수에는 입맛이 당겼던 모양이다. 하긴 휴게소 식당에서는 가락국수나 건지는 것이 제격이겠지.

화진포 해수욕장

화진포는 남한에서 가장 북쪽인 고성군 현내면 초도리에 위치하고 있으며 바다의 일부가 바다 퇴적물에 의해 막히면서 생긴 석호의 하나로 주위가 울창한 소나무 숲으로 둘러싸여 있어 경관이 수려하다. 그래서인지 해수욕장 주위 어딘가에 국토분단의 주역인 김일성과 이승만의 별장이 있다고 한다.

해수욕장에 도착해서는 터를 잡아 텐트를 치고 준비해온 수영복으로 갈아입히니 아이들은 붙잡을 새도 없이 물로 뛰어든다. 첨벙첨벙 물로 뛰어든 아이들은 오리새끼처럼 흩어진다.

나는 수영복을 갈아입히고는 바닷물이 호수로 유입되는 입구로 나가 아이들이 바다로 나오지 못하게 밀어 넣기 바쁘다. 입구는 수심이 정강이밖에 차지 않았으나 바다로부터 파도쳐 밀려드는 물결은 아이들을 넘어트리기에 충분했다. 바다로부터 차고 세찬물결이 계속해서 밀려들고 있었으나 호수 안은 잔잔하고 얼마간의 수온을 유지하고 있어 아이들이 놀기에는 좋았다.

물에서 쉽게 나오지 않으려는 아이들을 겨우 데리고 좀 일찍 돌아오면서 대포항에 들려 생선회를 떴다. 저녁에는 모두 모여 대포항에서 떠온 생선회를 안주로 소주잔을 비웠다. 소주잔이 비워짐에 따라 거나해지는 마음처럼 이곳에서 보내는 사흘째 밤의 어둠이 창밖으로 겹겹이 쌓이기 시작했다.

넷째 날

아침 후 짐을 챙겼다. 식구들이 짐을 싣는 동안 옥상에 올라가 아침 햇살에 푸르게 드러난 대청봉의 능선을 바라보며 이제 작별을 고한다.

차가 천천히 콘도 앞 작은 길을 빠져나오고 있었다. 떠나려 함에는 언제나 미진한 아쉬움이 남게 마련이다.

속초 시내를 빠져나와 미시령을 향해 달릴 때였다.

"할머니, 할머니, 저것 봐? 울산바위가 손에 잡힐 것 같네."

뒤에 타고 있던 민겸이가 신기한 것이라도 본 듯 갑자기 소리를 지른다.

"손에 뭐가 잡혀?"

돌아보는 내 눈앞에 정말이지 울산바위가 다가서 있었다. 나는 뒷좌석의 제 외할머니 옆에 앉은 작은 딸네 민겸이를 바라보며 아직 어린이집에 다니는 여섯 살짜리 입에서 나온 손에 잡힐 것 같다는 표현에 놀라고 있었다. 처음부터 제 외할머니가 길러 작년에야 제 부모에게 보낸 녀석이다. 자라면서 상상력이 풍부하고 언어감각이 뛰어나다. 한편으로는 대견하면서도 조금은 걱정이 앞선다. 자라면서 제 외할아버지처럼 되잖은 글이나 쓰겠다고 생애의 귀중한 시간을 허비한다면 어쩌나 하는 것이다. 차는 굽이굽이 미시령 고갯길을 오른다.

미시령은 강원도 인제군 북면과 고성군 토성면 경계에 있는 고개다. 해발 826m로 예로부터 진부령, 대관령, 한계령과 함께 태백산맥을 넘는 주요 교통로였다고 한다. 미시령은 설악산 북부를 넘어 속초에서 인제로 연결된다.

가면서보니 이곳도 머잖아 터널공사를 할 모양이다. 그리되면 이곳도 대관령처럼 단순에 동서로 통할 수는 있겠지만 굽이굽이 고개를 넘으며 자연경관에 흠씬 젖어보는 즐거움은 사라질 것이 아닌가. 몇 년 전 안개 속에서 진부령을 넘어가던 때의 정취가 떠오른다.

지금은 대관령의 안개도 터널까지는 쫓아오지 못하고 고개위로만 맴돌다가 사라질 뿐, 아무런 정취가 없다. 사라져가는 것에 대한 아쉬움 때문만은 아니다. 명승지를 찾아 떠나는 사람에게는 굽이굽이 고갯길도 명승지이다. 얼마 전 충주를 지나다보니 박달선비와 금봉이의 애틋한 사랑이야기가 서렸던 박달재 옛길도 다시 정비하는 것 같았으나 박달재를 넘어야 충주에 이르던 옛날의 정감은 찾을 수 없었다. 빠르고 편리한 것도 좋지만 몇몇 이름 있는 고갯길은 도로를 넓히고 보완하는 것으로 놔뒀으면 어떨는지 생각해본다.

미시령 고갯마루에 있는 휴게소 주차장은 자동차를 댈 틈이 없다. 그곳에서 내려다보는 시원함. 수목의 푸른 바다 사이로 구불구불 긴 뱀처럼 기어오른 고갯길이 햇빛에 번쩍인다. 큰사위가 잊지 않고 커피를 뽑아온다. 언제나 보면 찬찬하고 자상하기가 나무랄 데 없다. 나는 가끔 큰딸 부부를 보며 겸손하고 결백한 성품들이 교직에 잘 어울린다고 생각을 해본다. 큰 딸애가 유전공학을 하겠다고 하는 것을 내손으로 공주사범대학교 수학교육과에 원서를 접수시켰던 일을 지금도 후회하지 않는다. 거기에는 교육자의 꿈을 접어야 했었던 나의 아픔 때문에서였는지도 모르겠으나 말이다. 미시령을 넘어 홍천으로 가는 길에 내린천변에서 차를 멈추고 아이들을 풀어 놓았다. 내린천은 오대산과 점봉산의 물줄기가 하나 되어 흐르다가 소양강에 이르는 지류로 홍천군 내면과 인제군 기린면을 관통한다 해서 내린천이란 이름이 붙었다고 한다. 돌바닥을 누르며 흐르는 물이 차고 맑았다.

다리 아래로 자리를 잡고 점심을 준비하는 사이 아이들은 옷을 벗어부치기 바쁘게 냇물로 뛰어들어 뿔뿔이 흩어졌다. 나는 카메라를 찾아들고는 이곳저곳 흩어진 아이들을 찾아다니며 셔터를 눌러댔다. 고삐 풀린 망아지 같다더니, 하긴 차에 갇혀있느라 있느라고 힘도 들었으리라.

가만히 보면 아이들이 무리를 짓는다. 평소 조용한 편인 작은 아들네의 윤회와 큰 딸네의 은서 둘이는 멀리가지 않고 근처에서 어린 수민이를 데리고 돌 틈을 뒤지며 무엇을 찾고 있는 것 같다. 물고기 새끼라도 보았는가, 멀리서 보아도 장난기 많은 현오가 냇바닥의 반석 위를 이리 뛰고 저리 뛰면서 돌아다니고 종운이와 호진이에 민겸이 까지 제 형에게 뒤질세라 뒤쫓아 다니는 게 위태위태하다. 은비는 이쪽도 저쪽도 아닌

어중간이 있다가 윤회와 은서 있는 데로 가서 어울린다.

시간은 미끄러지듯 해서 아이들을 불러 모아 점심을 먹이고 출발 했을 때는 긴긴 여름해도 많이 기울어져 있었다. 차가 홍천에 이를 무렵에는 주위의 수려한 경관들이 그물처럼 내려앉는 땅거미 속으로 스며들고 있었다.

홍천, 나로서는 처음 지나는 고장이다. 그런데 사십여 년의 세월을 건너 뛰어 또렷이 기억되는 한 소녀의 이름이 있었다. 김은경, 우리는 어느 잡지에 실렸던 글을 인연으로 해서 오랫동안 편지를 주고 받았었다. 그러나 만나기로 했던 날, 나는 나가지 못했다. 소녀를 만날 용기가 없었기 때문이다. 지금쯤 그 소녀도 할머니가 되어 있으리라. 손자 손녀들을 앞에 거느린 다복한 할머니의 모습을 그려본다. 한 번도 소녀를 만난 일은 없었지만 내 생애에서 홍천을 잊어본 때는 없었던 것 같다. 점점 경관이 수려한 이 아름다운 고장도 어둠으로 묻혀가고 있었다. 추억처럼.

장호원 못미처 음식점에서 늦은 저녁을 먹고는 밤길을 달려 집으로 향했다. 이제 온가족이 모여 보냈던 시간들은 하나의 튼실한 열매로 맺혀 아름다운 추억의 색깔로 익어 가리라.

미얀마 여행의 참고

나 개인으로 존경하는 여성으로는 민족의 삶을 위하여 자신을 희생한 아웅산 수찌 여사와 병든 몸을 감추고 가난한 나라 헐벗은 아이들을 돌보다가 세상을 떠난 "로마의 휴일"에서 주연을 맡았던 오드리 햅번(Audrey Hepburn) 이다. 그가 죽음을 앞에 두고 식구들에게 유언처럼 들려주었다는 시 한편이 있어 여기 적는다.

"아름다운 입술을 가지고 싶으면 친절한 말을 하라.
사랑스런 눈을 갖고 싶으면 사람들에게서
좋은 점을 봐라.

날씬한 몸매를 갖고 싶으면 너의 음식을
배고픈 사람과 나누어라.

아름다운 머리카락을 갖고 싶으면 하루에 한번
어린이가 손가락으로 너의 머리를 쓰다듬게 하라.

이름다운 자세를 갖고 싶으면
결코 너 혼자 걷고 있지 않음을 명심하라.

사람들은 상처로부터 복구되어야 하며
낡은 것으로부터 새로워져야 하고
병으로부터 회복되어져야하고
무지함으로부터 교화되어야 하며
고통으로부터 구원받고 또 구원받아야 한다.

결코 누구도 버려서는 안 된다.
기억하라. 만약 도움의 손이 필요하다면
너의 팔 끝에 있는 손을 이용하면 된다.

네가 더 나이가 들면
손이 두개라는 걸 발견하게 된다.
한 손은 너 자신을 돕는 손이고

다른 한 손은 다른 사람을 돕는 손이다."

참고

* 네 윈(ne win) : (1911년 5월 24일 ~ 2002년 12월 5일)은 버마(미얀마)의 정치가, 독립운동가, 군인이다. 본명은 슈 마웅(Shu Maung)이다. 독립 후, 군 참모총장, 혁명 평의회 의장, 대통령, 버마 사회주의 계획당 (BSPP) 의장을 맡았지만 독재자로 비난받았다.

1911년에 중국인의 피를 가진 버마족 가정에서 태어나 의사를 희망하고 있었지만 포기해 랑군 대학을 중퇴했다. 우체국원을 거쳐 '우리 버마인 연맹'(도바마 협회; Dobama Asiayone, 혹은 타킨당)에 가입했다. 원장 루트 괴멸을 위해 버마에 눈을 돌린 일본군과 임시 동맹을 했다. 1941년 2월에 아웅 산이 인솔하는 청년 활동가 그룹 '30인의 지사'의 한 명으로서 일본에 의해 하이난 섬에서 혹독한 군사 훈련을 받았다. 그들은 12월에 방콕으로 이동해 버마 독립 의용군을 결성했다. 네윈은 국내 교란을 목적으로 하는 게릴라반의 반장으로서 1942년 1월에 일본군과 함께 영국 주둔군 사령부가 있는 버마로 진군했다. 전투 후 일본의 패세가 분명해진 1945년 3월에 네 윈의 의용군들은 대일 반란을 일으켜 일본군을 공격했다.
영국의 복귀를 거쳐 1948년 버마는 독립하지만, 그 직후부터 반란이 계속 되었다. 이 때 국군의 최고 지휘관(국방장관)이었던 네윈은 정부를 지키려 한다면서 1962년 쿠데타를 결행해 정권을 잡았다. 버마의 독자적인 사회주의 정책(버마식 사회주의)을 채택했고 혁명 평의회 의장을 거쳐 1974년부터 7년 후에 사직할 때까지 대통령이 되었다. 사직 후에도 버마 사회주의 계획당 (BSPP) 의장을 임하며 국정에 군림했다. 이 기간에 버마는 외교에서는 엄정한 중립 정책을 취해 주변 제국의 혼란에 말려 들어가지 않았지만, 경제 정책에서는 완전히 실패해 세계의 최빈국으로 전락했다.
1988년에 국민의 불만이 폭발한 민주화 요구 데모(8888 항쟁)가 발생했다. 여기에 책임을 져 당 의장을 사임했지만, 이때에도 연설로는 '군은 국민에게 총구를 향한다.'라면서 민주화 세력을 견제했다.

* 불교에서는 연꽃이 속세의 더러움 속에서 피되 더러움에 물들지 않는 청정함을 상징한다 하여 극락세계를 상징하는 꽃으로 쓴다.

* 흰 코끼리는 불교에서 대단히 귀중한 존재로 여겨지는데,

이는 석가모니의 모친인 마야부인이 태몽으로 6개의 상아가 달린 흰 코끼리가 옆구리에 들어오는 꿈을 꾸었기 때문이다.

* 흰 코끼리(White elephant)는 코끼리의 특정한 종이 아니라, 드물게 나타나는 흰색 피부 유형의 코끼리를 의미한다. 대체적으로 흰 코끼리는 여러 문화권에서 신성한 존재로 받아들여진다. 흰 코끼리가 완전히 하얗다고 묘사되지만, 사실은 그들의 피부는 주로 적갈색이고, 물에 닿으면 밝은 분홍색으로 변한다. 흰 코끼리는 긴 속눈썹과 큰 발톱을 지녔다. 흰 코끼리는 알비노로 자주 오해를 받지만, 태국에서는 흰 코끼리가 *chang samkhan*라 불리고, 이는 순백을 의미한다.

* 이러한 흰 코끼리는 아이러니하게도 '처치 곤란한 물건'을 의미하기도 한다. 그 이유는 버마나 태국, 캄보디아의 설화에서 찾을 수 있는데, 고대 국왕이 불편한 관계에 있는 신하에게 흰 코끼리를 선물했던 것이 그 유래라고 전해진다. 즉, 신하 입장에서는 국왕이 선물한 코끼리가 죽게 되면 왕권에 대한 도전으로 간주되기 때문에, 코끼리가 자연사할 때까지 어쩔 수 없이 열과 성을 다해 키울 수밖에 없다. 코끼리는 평균 수명이 70년이고 하루 180-270 kg의

먹이를 먹는 대식가로 어지간한 재력을 가지지 않고서는 그 사육이 불가능하며, 실제로 사육에 드는 비용을 제외하더라도 흰 코끼리의 건강을 책임져야 하는 신하의 심적 고통은 실로 엄청난 것일 수밖에 없다.

* 호텔의 입구 분수가 차려진 정원에 두 마리의 흰 코끼리가 마주보고 서서 긴 코로 연꽃을 들어 올리고 있는 조각이 있다. 흰 코끼리가 불교에서는 대단히 귀중한 존재로 여겨지는데 그것은 마야부인이 태몽으로 6개의 상아가 달린 흰 코끼리가 옆구리에 들어오는 꿈을 꾸었기 때문이다. 이러한 이유로 흰 코끼리는 어떠한 일도 시키지 않고 신성시되고 있는데, 특히 불교국가인 태국의 경우 국가의 수호신으로 대접받고 있으며, 일반적인 코끼리도 신성하게 여겨진다.

* 파고다(Pagoda)
'파야(Paya)', '제디(Zedi, 탑)'로도 불리며 산스크리트어로는 '스투파(Stupa)'라고 한다. 부처나 제자들의 유골, 유품, 경전, 불상 등을 모신 탑을 말한다.

* 마르타반만(Gulf of Martaban)은 미얀마 남부의 안다만해에 있는 만이다. 만의 이름은 항구 도시 모따만(예전 이

름은 마르타반)에서 유래한다. 시타웅 강과 살윈 강이 이곳으로 흘러든다. 마르타반만의 지리적 특성은 조수가 강하다는 것이다. 만 서쪽의 '코끼리의 코' 부분의 최고 조류의 높이는 4~7m에 달한다.

* 전설에 의하면 서기 573년에 타통(Thaton)으로부터 온 두 명의 몬족 왕녀가 바고를 창설했다고 한다. 도시의 역사상의 최초의 기술은 서기 850년경의 아랍인의 지리학자에 의한 것이다.

* 미얀마는 1983년 이래로 공식적인 인구 조사가 행해진 적이 없다.

* '쉐(Shwe)'는 미얀마어로 '황금'이라는 의미이고, '다곤(dagon)'은 '언덕'이라는 뜻이다. 즉 '황금의 언덕'이다. 쉐다곤은 60m 높이의 언덕을 만든 후 그 위에 지어진 파고다로, 높이가 99.36m에 이르는 거대한 크기의 사원이다.

* 573년 2명의 몬족왕자에 의해 발견된 바고는 13세기를 거치면서 몬왕조 문화의 중심지로 화려했던 역사의 흔적들을 확인할 수 있는 유적들이 남아있다.

* 미얀마의 전통의상

상의(上衣)는 옌지라고 부르고 하의(下衣)는 론지라고 부릅니다. 옌지(상의)는 재단 후 봉제를 한 의상입니다.

남성복의 경우 몸판은 3조각(등판. 앞판의 좌우), 소매는 통소매 또는 2조각으로 된 Set-in 형태의 소매입니다. Box형입니다. 단추는 원단을 빨대처럼 동그랗게 말은 다음 꼬아서 만든 단추이고 단추 고리 역시 같은 방법으로 만듭니다. 특별한 장식은 없습니다.

색상은 흰색이 주종이고 간혹 짙은 자주색 또는 검정색이 전통적인 색상입니다. 남성복의 원단은 주로 면을 사용합니다.

여성복인 경우는 상당히 화려합니다.

신체의 굴곡부분을 정확하게 맞추어 재단합니다. 자수를 많이 사용하여 화려하게 장식합니다. 제작방법은 남성복과 비슷하며, 색상은 노랑, 분홍 등 화려한 색상을 선호합니다. 원단은 옛날에는 비단을 주로 사용했다고 하는데 요즘은 화섬(폰지, 자카드 등)을 많이 사용합니다. 여성복의 경우 스카프가 한 세트입니다.

여성은 긴소매/짧은 소매 모두 있고 칼라가 없는 자켓 형태입니다. 색상은 원색을 주로 입습니다. 하의는 긴 원단의 양면을 봉제하여 자기 허리 크기의 3배 정도로 만든 후 그 속에 들어가서 여미는 형식입니다. 여성은 여밈선이 좌측이나 우측 옆구리에 위치하고 남성은 여밈선이 중앙에 위치합니다.

* 버마족의 결혼식 의상
론지(하의)는 상당히 단순합니다. 자신의 허리 사이즈의 4배 정도 길이의 원단을 준비합니다. 그 원단을 반으로 접어서 양쪽 끝을 봉제합니다. 이러면 위와 아래가 터진 포대(봉지) 형태가 되며, 입구(入口)의 지름은 자신의 허리 사이즈의 2배가 됩니다. 이 속에 하체를 넣은 후, 허리에 밀착시킨 후 여성은 남은 여유부분을 접어 돌려서 반대편의 허리춤에 끼워서 고정합니다. 남성은 가운데로 모아서 고정합니다.
따라서 론지를 착용하면, 여성은 앞부분의 원단은 3겹이 되고 뒷부분의 원단은 1겹이 됩니다. 남성은 앞부분이 5겹이 됩니다. 고정기능을 가진 의류부속품이 없어서 수시로 느슨해지므로 자주 고쳐 입어야 합니다. 원단은 면긴감(Gingham) - 체크무늬 원단 - 을 주로 사용합니다.

* 신발 : 원래는 맨발입니다. 1940년대 일본이 점령한 기간 중에 슬리퍼(쪼리)가 보급되었다고 합니다.

* 속옷 : 남성이나 여성 모두 전통의상의 속옷은 없습니다.

1990년대 초반까지는 속옷을 입지 않았으나 1990년대 중반 이후로 속옷을 착용하기 시작했습니다.

* 머리장식 : 여성은 화관을 사용하며, 남성은 두부(頭部) 전체를 원단으로 덮고 꼬리부분을 밖으로 돌출시킵니다. 이것은 미얀마의 버마(Burma)족 기준입니다. 나머지 카렌, 카인(kayin)족 샨(Shane)족, 락카인(rakhine)족, 몬(Mon)족, 께야(kayah)족, 까친(kachin)족, 친(Chin)족의 전통의상은 서로 다릅니다.

* 낫(nat)신앙 : 미안마의 토속신앙.

* 트라이쇼는 삼륜자전차로 운전하는 사람 옆으로 두 명의 사람이 앉을 수 있도록 만들어져 있다.

* 미얀마의 사람들은 흰 코끼리가 신성하다고 믿습니다.

* 많은 사람들이 코끼리가 매우 긴 수명을 가지고 있다고 믿는다.

* 우리나라 사람들은 떡국이 새해에 행운을 가져올 것이라고 믿고 있습니다.

* 미얀마식 천연 화장품, 따나카(Thanaka)

미얀마인들이 얼굴에 살구색(연한 주황색)을 바르고 있는 것, 이것이 따나카이다.

시장에서 작은 따나카 나무토막을 쌓아놓고 파는 모습을 볼 수 있는데요. 널찍한 돌 판에 물을 조금씩 뿌리면서 이 따나카 나무토막 껍질을 갈아 나오는 물을 얼굴과 목 팔 등에 바른다.

이는 자외선 차단 효과가 있다고 알려져 미얀마에서는 남녀노소 누구나 즐겨 사용한다.

불상(佛像)과 파고다(pagoda)의 나라

제1일 (2016년 3월 30일)

인천국제공항에서 대한항공 KE471기에 오를 때까지도 별 걱정은 되지 않았다. 젊은 시절 농민신문에 칼럼을 쓰다 만난 제주도 서귀포에서 수필을 쓰고 있던 친구가 있어 몇 번 제주도에 다녀오느라 국내선 항공기를 이용해 본 일은 있었으나 국제선 항공기는 지난 가을 태항산맥을 둘러보고 오느라 이용해 보고는 이번이 두 번째다. 중국의 정주국제공항까지 가는 데는 한 시간 남짓 걸렸으나 하나도 지루하거나 피곤함을 느끼지 않았으니 이번에 몇 시간 더 걸린다고 해야 가볍게 생각했는데 무려 여섯 시간이상을 비행한다는 게 그렇게 사람을 힘들게 할 줄은 미처 생각 못했었다.

아무튼 미얀마 양곤시의 '밍글라돈' 국제공항에 도착했을 때는 파김치가 되었다.

제2일 (2016년 3월 31일)

호텔에서 아침을 먹은 후 전용버스를 타고 양곤시내를 돌아보았다. 미얀마에서는 우기의 시작인데 시내곳곳 나무 위나 전선줄, 지붕 위에는 미얀마 까마귀들이 비둘기처럼 날아올랐다. 겨울철 보리밭에서 떼 지어 날아오르는 우리나라 까마귀들 보다는 몸집이 작고 웃는 이야기지만 좀 품위가 없다.

양곤은 미얀마에서 가장 큰 도시로 옛 수도이다. 원래의 이름은 랑군이었으나 나라 이름을 버마에서 미얀마로 바꾸면서 랑군의 명칭을 양곤으로 바꾸었다고 하며, 도시의 이름은 전쟁의 끝 또는 평화라는 의미를 담고 있다고 한다. 면적은 598.75㎢이고 인구는 2010년 기준으로 4,348,000명이다. 2005년 11월 7일, 미얀마 정부가 행정 수도를 핀마나로 분리시키고 2006년에 수도를 이 도시에서 네피도로 옮겼다.

양곤은 저지 미얀마의 양곤 강과 바고 강의 합류지점에 위치하며 마르타반 만에서 약 30㎞ 떨어져 있다. 도시는 4월부터 11월까지의 긴 우기와 12월부터 3월까지의 상대적으로 짧은 건기를 특징으로 한다. 큰 비는 주로 우기에 오기 때문에 양곤은 열대 몬순 기후로 분류할 수 있다. 연중 기온은 큰 변화가 없고 평균 최고기온은 29~36°C, 평균 최저기온은 18~25°C이다.

양곤은 6세기에 저지 미얀마를 지배하고 있던 몬족에 의해 다곤(Dagon)으로서 세워졌다. 다곤은 슈웨다곤 파고다를 중심으로 한 작은 어촌이었다. 1755년에 얼라웅퍼야 왕은 다곤을 정복한 후에 '양곤'으로 개칭하였고 다곤 주변에 정착지를 세웠다. 영국은 제1차 영국-미얀마 전쟁 때 양곤을 점령하였으나 전쟁 후에 반환하였다. 도시는 1841년에 화재로 파괴되었다.

영국은 1852년의 제2차 영국-미얀마 전쟁 때 저지미얀마 전역을 점령했고 이후 양곤을 영국령 버마의 상업과 정치의 중심지로 변모시켰다. 군사 공학자 알렉산더 프레이저의 설계를 기초로 영국은 삼각주에 격자형의 새 도시를 건설했고 동쪽은 판준다웅 수로, 남쪽과 서쪽은 양곤 강을 경계로 하였다. 양곤은 1885년의 제3차 영국-미얀마 전쟁 때 영국이 고지 미얀마를 점령한 후에 영국령 버마의 수도가 되었다.

1890년대까지 양곤의 인구는 증가하였고 상업이 발전하여 칸도기호와 인야호 북쪽에 부유한 교외 거주지를 탄생시켰다. 영국은 또한 랑군제네럴병원과 랑군대학을 세웠다. 식민지 시대에 양곤은 넓은 호수와 공원, 현대적인 건물과 전통적인 목조 건축물이 어우러져 '동쪽의 정원 도시'로 불렸다. 20세기 초까지만 해도 양곤의 공공 서비스와 도시기반시설은 런던과 비슷한 수준이었다.

2차 대전 이전에 양곤의 인구 50만 명 중 약 55%가 인도인이었고 버마족은 3분의 1에 불과했다. 카렌족, 중국인과 영국계 미얀마인 등이 나머지를 차지했다.

미얀마가 독립한 지 얼마 후인 1958년에 많은 식민지 풍 이름의 거리와 공원이 미얀마식 이름으로 개칭되었다. 1989년에 현재의 군부는 다른 많은 도시들의 영어 이름을 바꾸는 것과 동시에 이 도시의 영어 이름을 '양곤(Yangon)'으로 개칭하였다.

네윈의 고립주의식 통치기(1962~88)에 양곤의 도시기반시설은 유지보수의 부족으로 인해 나빠졌고 증가하는 인구를 따라잡을 수 없었다. 1990년대 현재의 군부는 시장 정책을 약간 개방해 국내외의 투자를 이끌었고 도시의 기반시설은 조금 현대화되었다. 많은 식민지 시대의 건물들이 고층 호텔, 사무용 건물, 쇼핑몰을 짓기 위해 파괴되었다. 주요 건축 프로그램의 결과 6개의 새로운 다리와 5개의 새로운 고속도로가 도시와 지방의 공업지대를 연결하게 되었다. 그러나 여전히 양곤의 대부분은 24시간 전기 공급과 규칙적인 쓰레기 수거와 같은 기초적인 도시 서비스가 부족한 상태이다.

양곤은 1974, 1988, 2007년에 주요 반정부 운동의 거점이었다. 정부의 총격으로 도시의 거리는 시위자들의 피로 물들었다. 거기에다 2008년 5월에 사이클론 나르기스가 양곤을 강타했다. 도시의 사상자는 별로 없었지만, 양곤의 도시기반시설의 4분의 3이 파괴되거나 피해를 입었다.

2005년 11월에 군사 정부는 양곤에서 북쪽으로 322㎞ 떨어진 네피도로 행정 수도를 이전하였다. 그러나 지금도 양곤은 미얀마에서 가장 크고 중요한 상업 중심지로서의 위치에는 변함이 없다. 버마어는 도시의 가장 중요한 언어이다. 영어는 교육받은 계층에서 제2언어로 선호되고 있다. 그러나 최근에 해외로의 취업을 위해 중국어·일본어·프랑스어와 한국어가 인기를 끌고 있다고 한다.

양곤의 바인나웅시장은 미얀마에서 가장 큰 도매 시장으로 쌀, 콩 등의 농산물이 거래된다. 제조업은 고용의 상당한 부분을 차지한다. 양곤에는 최소한 14개의 경공업 지대가 있으며 15만 명이 넘는 노동자가 있다. 양곤은 미얀마의 의복 산업의 중심지로 노동자의 80% 이상이 일일 노동자이다. 대부분은 더 좋은 삶을 얻기 위해 지방에서 온 15~27세의 젊은 여성들이다. 2008년에 양곤의 2500개 공장이 필요로 하는 전력은 120mw였고 도시 전체가 필요로 하는 전력은 530mw나 되나 이중 250mw만을 받을 수 있었다. 만성적인 전력 부족으로 공장의 가동은 오전 8시에서 오후 6시까지로 제한된다.

비록 동남아시아를 기준으로 볼 때 방문객 수는 적지만 관광업은 주요한 외화벌이 수단이다. 1990년대에 와서야 외국인 투자로 양곤에 국제적인 수준의 호텔이 지어졌다.

로카찬다 파고다(Lokachada pagoda)

1999년 만달레이 북쪽 석재광산에서 1,000톤에 달하는 거대한 통옥이 발견되자 신심 깊은 미얀마 사람들은 하늘이 내린 것으로 생각하고 불상을 조성키로 했다. 연인원 10만 명이 무보수로 참여하여 옥을 파내고 강과 임시철도를 이용하여 양곤으로 옮기는데 무려 3년의 기간이 소요되었다. 특이한 사항은 운송기간이 우기였으나 보름동안 비가 내리지 않는 신비한 현상이 있어 사람들을 놀라게 했다고 한다. 드디어 2002년에 높이 11m 무게 500톤에 달하는 통옥불상이 조성되었다. 불상을 유리 안에 모신 것은 우주를 뜻한다고 한다.

로카찬다 파고다 입구에 있는 벽화는 옥불상을 조성할 때 공헌한 사람들과 당시의 상황을 그림으로 그린 것인데 그림 오른쪽 노란 옷과 파란 옷 입은 사람 사이에 흐릿한 유령 같은 사람 모습은 불상을 모시는데 많은 공헌을 한 당시 높은 자리에 있던 군인이었는데 실각하니까 그림에서도 지워진 것이라고 한다.

법당 뜰에는 부처님 발바닥 모습을 따로 만들어 놓은 곳이 있는데 부처님 발바닥이 정말 그렇게 생겼는지는 과학적으로 연구해도 아직은 해답을 찾지 못하고 있다.

로카찬다는 세계에서 제일 큰 옥으로 만든 부처님을 모셔 놓은 파고다로 1999년에 조성되어 만든 것은 얼마 되지 않았지만 세계 최대의 옥 불상이라는데 의의가 있다. 이 불상은 불상조각가 우마웅지가 만들어서 기증한 것으로 그 큰 옥불상을 만들고 운반하는 일이 얼마나 어려웠을까 생각하며 미얀마 국민들의 신심을 다시 한 번 돌아보게 한다.

치옥타지 파고다

전통적인 의미에서 파고다는 아니며 와불상을 모신 전시관이라고 볼 수 있다. 현존하는 미얀마 와불중에서 두 번째로 큰 와불로서 길이가 67m에 이르며 가장 여성적인 상으로도 유명하다.

1917년 신도들의 보시로 10년 만에 완공하였다고 하는데 발바닥에 108개의 문양은 삼계(색계. 욕계. 무색계)의 번뇌를 새긴 것이라고 한다.

이곳의 와불은 열반의 와불이 아닌 휴식을 취하고 있는 와불이라 할 수 있는 것이 팔을 베고 있으며 눈동자가 선명하게 살아있다. 입술의 연지하며 손톱발톱의 메니큐어 눈 화장까지 틀림없는 여성상이다.

과일유통시장 방문

나는 평생 배 재배 농부로 살아왔기에 찬찬이 둘러보았다.

시장의 건물은 낙후되었지만 시장 안에는 많은 열대과일이 넘쳤다. 대강 둘러만 보아도 우리가 흔하게 보아오던 바나나·파인애플· 망고로 시작해서, 두리안· 파파야· 람부탄· 리치·카람볼라처럼 자주대하지 못했던 과일에서부터 우리나라에서도 재배되는 수박· 메론· 심지어 사과· 배· 포도까지 보인다.

그러나 과일은 차게 해서 먹어야만 시원함을 느낄 수 있게 된다. 그중에도 아삭한 식감과 시원함이 특징인 배는 더하다. 그것은 지나는 길에 널려있는 길가 노점의 수박 쪽을 씹으면서 느꼈다. 아삭함도 감미도 없다.

그러나 어느 곳에도 냉동시설이 갖추어 진 곳은 없는 것 같다. 더구나 지금의 미얀마 전기 사정으로는 불가능한 일인지도 모른다. 아직은 미얀마시장에 우리 배를 수출할 수 있는 여건이 갖추어지지 않은 것 같다. 다만 미얀마의 짧은 건기를 이용하거나 미얀마의 풍부한 열대과일과 우리 배의 교환교역은 한번 생각해볼 문제인지도 모른다.

미얀마식 천연 화장품, 따나카(Thanaka)

미얀마인들이 얼굴에 살구색(연한 주황색)을 바르고 있는 것, 이것이 따나카이다. 시장에서 작은 따나카 나무토막을 쌓아놓고 파는 모습을 볼 수 있는데. 널찍한 돌 판에 물을 조금씩 뿌리면서 이 따나카 나무토막 껍질을 갈아 나오는 물을 얼굴과 목 팔 등에 바른다. 이는 자외선 차단 효과가 있다고 알려져 미얀마에서는 남녀노소 누구나 즐겨 사용한다.

전신 마사지(massage)

마사지는 신경과 근육 계통에 치료효과를 주며 전신순환의 효과를 높여준다. 19세기 초 스톡홀름의 의사 페르 헨리크 링이 관절과 근육에 관련된 병을 치료하기 위해 체계적인 마사지를 고안했는데, 이후 이 방법이 관절염으로 인한 기형을 없애고 마비된 근육을 재생하는 치료로 발전되었다. 마사지는 통증을 없애주고 부기를 가라앉혀 근육을 이완시키며, 사고로 인해 생긴 염좌나 좌상의 치유과정을 단축시킨다. 손으로 두드리는 마사지는 근육을 이완시키며 표피의 모세혈관 순환을 개선시키고 심장으로 가는 혈액의 흐름을 증가시키는 방법이다. 압박법은 주무르거나 쥐어짜거나 마찰하는 방법으로 근육·힘줄을 늘려주므로 움직임을 쉽게 해준다. 타법은 손의 측면으로 피부표면을 계속 빠르게 두드리는 것으로 순환을 향상시킨다.

중국 사람들은 3,000년 전부터 이 방법을 사용했으며, 그리스 의사 히포크라테스는 삔 곳과 탈골을 치료하기 위해 마찰을 사용했고 주무르는 방법으로 변비를 치료했다고 한다. 이러고 보면 여행으로 피곤한 사람들에게는 꼭 필요한 것인지도 모른다.

나에겐 중학교 교사로 있는 오십 줄의 딸이 있다. 교사의 직분은 학생들에게 지식과 인격을 배양시키는데 있으므로 끝까지 평교사의 길을 고집하는 딸이다. 그 딸이 국립공주사범대학 수학과에 적을 두고 다닐 때의 이야기다. 소중하고 사랑스럽기만 한 첫딸인데 편하게 하숙을 시키지 못하고 방을 얻어 자취를 하게 하는 것을 늘 미안하게 생각하고 있었다. 제 어머니가 그런 마음을 딸에게 내비치니 펄쩍뛰며, 학교가 있는 공주에 오가며 버스를 타면 내 또래 소녀들이 차장이 되어 버스 문 앞에 서서 가고 있는 것을 볼 때마다 나는 부모님 덕에 학교에 다니며 공부하니 늘 고마워하고 있다고 어머니를 위로하더란다.

나는 딸의 말을 전해 듣고 어느새 인격적으로 성숙해져 남을 배려(配慮)하는 마음을 가지고 있는 딸을 생각하며 고마워했다. 남을 대할 때 상대의 마음을 먼저 헤아려 생각할 수 있다면 세상은 훨씬 밝아질 것이다.

그런데 마사지로 나는 곤혹스럽다. 몇 번이나 망설이다가 그분들에게는 직업인데 내가 마사지를 받지 않으면 한분이 수당을 받지 못하겠구나 생각했으나 어쩌면 핑계였을지도 모른다.

결국 다섯 개의 침대가 놓인 방에 들어가 옷을 갈아입고 구석진 침대에 누웠으니 자그마한 체구의 어린 여자가 다가와 더운 물로 발부터 씻기고 마사지를 시작하는데 온몸을 내던져 한다. 무척 힘들어하는 모습을 느꼈다. 그러자 올해 대학에 진학한 손녀딸의 모습이 떠올랐다. 그러면서 맏딸의 모습이 겹쳤다.

정말이지 더 이상은 마사지를 못 받겠다. 슬그머니 일어나 옷을 갈아입고 화장실에 가는 척 나오는 나를 의아해서 따라 나온 여자에게 1달러짜리 지폐를 꺼내어 손에 쥐어 주고는 밖에서 쉬다가 천천히 들어가라고 일렀다.

제3일 (2016년 4월 1일)

전용버스를 타고 바고(Bago)로 이동한다. 양곤에서 북쪽으로 80㎞ 떨어져 있으며 자동차로 두 시간 정도 걸리는 곳이라고 한다. 과거의 영광을 간직한 역사의 도시 바고는 중부나 남동부의 몰래미야인으로 향하는 철도의 분기점에 있으며, 몬족의 수도였던 역사적인 도시지만 지금은 작은 소도시로 전락해 버렸다. 그러나 미얀마에서 볼거리가 많은 고고학적 유적지 중 하나다.

전설에 의하면 서기 573년에 따통(Thaton)으로부터 온 두 명의 몬족 왕녀가 바고를 창설했다고 한다. 도시 역사의 최초 기술은 서기 850년경의 아랍인 지리학자에 의한 것이다.

13세기에 들어서면서 버마인들에게 거의 완벽하게 동화해

간 몬(Mons)왕조의 수도로 발전하였다. 1287~1539년에 이르기까지 몬 왕조시기 미얀마의 중심지로서 번영했으나, 1757년 바고의 대부분 지역이 버마족을 중심으로 새로운 꽁바웅 왕조를 세운 알라웅파야(Alaungpaya)에 의해 파괴되어, 지금은 몇몇 건축물만이 쓸쓸하게 화려했던 역사의 흔적을 지키고 있다.

황금대탑 쉐모도 파고다

바고의 쉐모도 파고다(Shwemawdaw Pagoda)는 위대한 황금의 신이라는 뜻으로 높이가 무려 117m로 미얀마에서 제일 높다. 그러나 규모면에서는 양곤의 쉐다곤 파고다가 제일 크다.

쉐모도 파고다는 1,000년 전에 몬족에 의해 만들어졌으며 부처님 머리카락 두개를 모셨다고 한다. 처음에는 23m 높이였으나 점점 개축을 하면서 현재의 117m에 이르게 되었다고 한다. 지진 등으로 훼손이 되기도 했지만 수많은 보수를 하면서 지금의 모습이 되었다고 하니 그 긴 세월 얼마나 많은 불자들의 신심을 움직였을까 짐작하고도 남는 일이다.

바고의 미얀마남부를 지배했던 몬왕조 유적지 및 전시관

573년에 따통(Thaton)으로부터 온 두 명의 몬족 왕녀에 의해 창설된 바고는 13세기를 거치면서 몬왕조 문화의 중심지로 화려했던 역사의 흔적들을 확인할 수 있는 유적들이 남아 있다.

제4일 (2016년 4월 2일)

황금바위 파고다는 페구와 타톤의 중간 지점, 해발고도 1,100m의 짜익띠오산 정상에 있다. 슈에다곤 파고다와 함께 미얀마에서 가장 신성하게 여기는 불교 유적지 가운데 하나로, 둥글고 거대한 바위에 금박을 입혀 마치 바위 자체가 황금처럼 보인다.

짜익띠오

짜익띠오는 원래 '은둔자(부처)의 머리카락을 어깨에 멘 파고다'란 뜻이다. 매일 두 차례씩 승려들이 주도하는 염불행사가 열리고, 성지순례 기간인 11~5월에 특히 많은 사람들이 찾는다.

자욱한 안개가 산을 감싸는 새벽 무렵이면, 막 솟아오르는 새벽 태양의 햇살을 받아 온통 짙은 황금색으로 물들며 반짝이는 탑의 모습을 볼 수 있다고 한다. 탑 외에도 산 전체가 불교 유적지로 지정되어 있다. 여성이 짜익띠오를 만지면 바위가 굴러 떨어진다는 속설 때문에, 여성들은 짜익띠오를 만지거나 파고다에 모셔진 부처를 친견할 수 없다.

이곳은 '황금바위 탑', '황금바위 파고다'로 불리며 미얀마 사람들이 제일 많이 찾는 성지라고 할 수 있다. 순수 불교수행자나 스님들 보다는 낫(nat)신앙을 믿는 사람들이 이 황금바위 사원을 방문하여 소원을 비는 것을 생애 최고의 기쁨으로 여긴다고 하며 그래서인지 통행이 끊기는 여름철 우기를 제외하고는 연중 순례자들로 가득하다고 한다. 이곳은 미얀마 사람들의 3대 성지라고 한다. 양곤의 쉐다곤 파고다와 더불어 죽기 전에 꼭 방문해 보고 싶어 하는 장소가 짜익띠유 황금바위 파고다라고 한다. 부처님의 머리카락 사리를 모셨다고 전해지며 산 정상 절벽에 7.3m높이의 바위가 걸려있는데 순례자들이 이 바위에 소원을 빌면서 붙인 금박으로 바위가 황금색으로 변했다고 한다.

전용버스로 짜익띠오 파고다가 있는 산 아래 마을에 도착하자 우리를 기다리고 있던 것은 사람을 짐칸에 태울 수 있도록 개조된 트럭이었다. 짜익띠오 파고다가 있는 산 정상으로 오르는 길은 굽이지고 가팔라서 일반 차량으로는 올라갈 수가 없다고 한다.

40명 이상 태울 수 있도록 개조된 트럭은 엄청난 속도로 가파른 산길을 오르기 시작하는데, 커브 길에서도 속도를 줄이지 않아 빽빽이 탄 사람들이 이리 쏠리고 저리 쏠리고 커브길마다 차가 기울어져 넘어질 것 같아 모두들 앞자리에 있는 손잡이를 부여잡고 다른 한 손으로는 모자가 바람에 날려갈까 잡고 있느라 미쳐 다른 것을 돌아볼 틈새가 없다.

무려 30~40분을 마치 바이킹이나 롤러코스트를 타고 있는 이상의 공포에 떨며 산을 올라 정상에 있는 짜익띠오 파고다에서 조금 떨어진 곳에 도착했다.

절 입구에 이르니 신발과 양말까지 벗게 하여 맨발로 절 안에 들어가게 되었는데, 바닥의 대리석이 볕에 뜨겁게 달궈져 발걸음을 옮겨놓기가 쉽지 않았다.

짜익띠오 파고다는 마치 우리나라의 설악산 흔들바위처럼 아슬아슬하게 서 있는 바위 위에 파고다(탑)를 세운 것이다. 짜익띠오 파고다가 있는 산 정상은 해발 1,100m, 바위 높이는 7.5m라 한다.

짜익띠오 파고다는 양곤 쉐다곤 파고다, 만달레이 마하무니 파고다와 함께 미얀마 불교의 3대 성지라고 하는데, 짜익띠오 파고다는 몬족어로 '은둔자의 파고다' 라는 뜻이다.

전설에 따르면 11세기경 이 지역의 왕이 한 수도승으로부터 부처님의 머리카락을 받았는데, 왕은 자신의 머리와 비슷하게 생긴 바위를 찾아 산꼭대기에 그 바위를 안치하려는 뜻을 품고, 연금술사와 해룡의 도움을 받아 바다 속에서 바위를 찾아 지금의 위치에 옮긴 뒤 부처님 머리카락을 바위에 봉안하였다고 하며, 부처님의 힘으로 이 바위가 떨어지지 않고 유지된다고 한다.

그런데, 짜익띠오 파고다의 바위가 황금색인 것은 참배하는 사람들이 그곳에서 돈을 내고 산 금박을 계속 붙이기 때문인데, 여자가 만지면 이 바위가 천 길 낭떠러지 밑으로 떨어져 버린다는 전설이 있어서, 여자들은 접근금지다. 미얀마사람들은 평생 이곳을 세 번 이상 참배를 하면 건강과 부, 그리고 행복을 얻는다고 굳게 믿는다.

바위 밑으로 내려가 보니 바위가 얼마나 신비하게 서 있는지 볼 수 있었다. 그곳에서 산 밑을 내려다보니 까마득하다. 끝없는 평야지대에 사는 미얀마사람들이 이곳에 올라와 이 짜익띠오 파고다 아래에 서서 산 아래를 내려다보면 부처님의 세계에 온 듯한 기분이 들 듯도 하다.

내려오는 길에서는 트럭이 올라갈 때보다는 천천히 내려와 겁이 덜 났지만 아까 올라갈 때 트럭 속도가 대단했던 건 어쩌면 그 속도로 치고 올라가지 않으면 올라가기 힘들기 때문은 아니었을까 생각해본다.

제5일 (2016년 4월 3일)

양곤시의 남쪽 자락에 위치한 달라섬은 양곤시내에서 양곤강을 건너 페리호로 10분 정도면 갈 수 있는 섬인데 미얀마의 작은 마을로 대부분의 사람들이 관광과 농업에 종사하며 살아가고 있다고 한다.

달라섬(미얀마 전통마을)

양곤시 남쪽에 위치한 달라는 섬은 아니지만 양곤 강이 가로놓여 있기 때문에 섬 같이 양곤과 떨어져 있다. 강을 건너는 이동 수단은 큰 배가 왔다 갔다 하면서 사람들을 실어 나른다. 달라 지역은 아직도 옛날 그대의 삶을 살기에 시대에 많이 뒤떨어져 살고 있다. 지금은 어려운 삶을 영위하고 있지만, 본격적으로 개발이 되면 아주 부자가 될 수도 있을 것이라고 한다. 2016년에는 한국에서 강의 남과 북을 잇는 교량을 건설해준다고 한다. 버마는 6·25 때 파병은 하지 않았지만, 쌀을 많이 지원했다고 한다. 하긴 내 또래의 나이만 되어도 그 시절에 먹어봤던 안남미로 지은 밥맛을 기억해낼 것이다. 그때만 해도 버마는 우리나라 보다 훨씬 잘 사는 나라였으나, 1962년부터 2011년까지 50년에 이르는 동안 쿠데타와 군부 독재로 이 나라 국민들의 삶을 세계 최빈국으로 만들었다.

10여분 만에 도착한 배에 오르며 보니 대부분 관광객과 주민들인데 배안에는 초등학교 2~3학년 정도의 아이들이 갈매기에게 던져줄 먹이인 과자를 팔고 있었다. 달라섬에 도착하면 선착장에 오토바이와 자전거를 진열해놓은 가게가 많이 보이는데 양곤시로 출퇴근하는 사람들이 맡겨놓은 임시 보관소라고 한다.

트라이쇼(Trashaw)를 타고 달라섬 일주를 시작한다. 사원 근처나 거리에서 흔하게 눈에 띄던 그 팔자 좋은 견공들이 거리마다 보이고 길가의 판자 집과 밭들이 있는 농촌의 풍경이 한 폭 그림 같다.

쉐다곤 파고다(Shwedagon Pagoda)

쉐다곤 파고다는 미얀마에서 가장 규모가 크고 화려한 불교 유적지로, 미얀마 불교의 관습과 전통을 한눈에 관람할 수 있는 곳이다. 'Shwe'는 금(Golden)을 의미하므로 쉐다곤 파고다는 '금으로 된 다곤의 불탑 사원'이라는 뜻을 지니고 있다. 2500년 전 가우타마(Gautama) 부처 생존 시, 미얀마 상인이 8개의 부처님 성발(머리카락)을 얻어 와 이곳에 안치한 후 불탑을 건립하였다

초기의 쉐다곤 파고다는 약 20미터에 불과했으나 계속 증축되어 현재의 높이는 98미터에 이른다. 1372년 바고(Bago)의 한타와디(Hanthawaddy)왕조의 빈냐우(BinnyaU)가 재건하고, 1455년~1462년에 신소부(Sinsawbu) 여왕이 테라스를 건설했으며, 파고다 상단에서 하단까지 자신의 몸무게만큼의 금박을 입혔다. 신소부 여왕의 오빠인 빈냐기안은 파고다의 높이를 90미터로 증축하였다. 역대 왕들이 쉐다곤 파고다에 많은 시설물을 기증하였다.

콘바웅(Konbaung)왕조의 신뷰신(Hsinbyushin) 왕비는 자

신의 몸무게만큼의 금박을 입히고 파고다를 현재의 높이로 증축하였다. 1788년 싱구(Singu) 왕은 16톤의 동종을 기증하였고, 1841년 타라와디(Tharra-waddy) 왕은 파고다의 북동쪽에 40톤가량의 동종을 기증하였다.

쉐다곤 파고다 경내에는 '타자웅(Tazaung)'이라는 건물들이 많은데, 이는 1857년 민돈(MinDon) 왕의 명령에 의해 건립한 것으로, 그 안에 많은 불상을 안치하였다. 1895년에 전면 보수하였고, 1931년 화재로 거의 전소되었다가 1941년에 다시 개축하였다. 사원은 매일 오전 5시부터 오후 9시까지 개방하며, 맨발로만 입장할 수 있다.

쉐다곤 파고다에 입혀진 금의 양은 수십 톤으로 추산하고 있으며 7천개 이상의 온갖 보석으로 치장되어 있어 매우 화려하다. 2500년의 역사를 자랑하는 이 파고다는 부처님의 머리카락과 다른 신성한 사리들이 안치되어 있어 불교성지로도 유명하다.

쉐다곤 파고다는 양곤 시민들뿐만 아니라 미얀마 국민 모두에게 상징적인 사원이다. 쉐다곤은 순금으로 외벽을 장식한 것으로 유명하며 파고다 정상부에 다이아몬드, 루비 등 수많은 보석들이 장식되어 있다. 양곤의 중심부인 깐도지 호수 부근에 위치해 있으며 파고다 북쪽 문 아래로 아웅산 폭탄 테러가 있었던 아웅산 국립묘지가 있다.

부처님 생전에 만들어진 유일한 황금의 언덕. 미얀마는 흔히 황금의 땅이라고 불린다. 어디를 가나 높이 솟아 있는 황금색 파고다 때문이다. 쉐다곤 파고다는 양곤 시내 어디에서나 보이는 위치에 있다. '쉐(Shwe)'는 미얀마어로 '황금'이라는 의미이고, '다곤(dagon)'은 '언덕'이라는 뜻이다. 즉 '황금의 언덕'이다. 쉐다곤은 60m 높이의 언덕을 만든 후 그 위에 지어진 파고다로, 높이가 99.36m에 이르는 거대한 크기의 사원이다.

미얀마는 우기에는 4,000㎜ 가까운 많은 비가 내리기 때문에 침수를 피하기 위해서 높은 언덕을 만든 후 사원과 파고다를 건설하고 부처의 불발(머리카락) 사리탑을 만든 것으로 생각된다. 쉐다곤 파고다의 면적은 약 1만 평 정도이며 황금의 파고다를 중심으로 빙 돌아가면서 작은 탑과 사원, 불상들이 모셔져 있다. 쉐다곤은 동·서·남·북 사방에서 출입할 수 있도록 문이 나 있으며, 미얀마 사람들에게는 생전에 꼭 한 번은 방문해야 하는 성지이다. 쉐다곤은 밤새 기도의 불빛이 꺼지지 않으며, 밤새도록 조명을 밝혀 놓는다. 아침, 저녁(오후 4시 이후)으로 미얀마 사람들이 와서 기도를 한다.

미안마 양곤 밍글라돈 국제공항에서 대한항공으로 내 조국 한국으로 향하면서 국가지도자가 갖춘 지도력의 차이가 그 나라 국민들의 행·불행을 어떻게 갈라놓는 것인가를 곰곰이 생각해보면서 먼저 미얀마와 한국이 갖고 있는 공통점에 대해서 알아본다.

첫째, 많은 수의 갓난애들의 엉덩이에 우리나라처럼 몽고 반점이 있다고 한다.

둘째, 음식을 먹을 때 음식 전부를 한 상에 차려 놓고 식사를 한다. 이렇게 한상에 전부를 차려놓고 먹는 민족은 그리 많지 않은 것으로 알고 있다.

셋째, 일본의 식민지 지배를 받은 것도 공통점이 있는데 미얀마는 영국의 식민 지배를 받다가 일본이 영국을 몰아내고 미얀마를 식민지로 삼았다.

넷째, 거의 같은 시기에 군부가 구데타를 한 것도 유별난 공통점이다. 군부 구데타로 집권한 한국의 박 정희와 미얀마의 네윈! 이 두 사람의 지도력과 국민을 생각한 차이가 두 민족의 운명을 결정했다.

60년대 한국에서 가장 인기 있었든 명품 중에 하나는 '버마산 나일론양말'이었다고 한다. 그 당시만 해도 미얀마는 한국보다 여러 면에서 잘 살았다. 그런데 반세기도 지나지 않아 한국과 미얀마의 국가 위상은 역전되고 말았다.

미얀마는 '버마식 사회주의'를 통한 자력갱생 전략을 택하여 외부 세계에 대해 빗장을 걸고 홀로서기를 시도하여 실패했고, 반면에 우리는 '외자 도입'을 통한 '수출주도형'경제개발을 택하여 성공했다. 이것이 바로 지도력이다.

국가뿐만 아니라 자녀들도 똑같이 지도력에 의한 차이를 맞았다. 한국 박정희 대통령의 딸은 현재 대통령이고 네윈의 딸은 국가 지도자의 반열에 오르지 못했다. 민중의 삶을 착취하여 소수의 인간들만이 행복을 차지한 탓이니 인과응보다.

현재 미얀마 군부는 민정이양을 통한 글로벌 경제에 편입하려고 노력하고 있는데다 자원이 풍부한 국토와 아웅산 수찌 여사가 있으니 앞으로는 희망이 보일지도 모른다.

서해의 금강, 백령도

어느 날, 내가 있던 군부대의 정보과 사무실로 공군사병 하나가 찾아왔다. 중학교에서 만나 형제처럼 지냈던 친구 본오다. 그는 휴가를 집으로 가지 않고 내가있는 부대로 온 것이다. 우리는 그 여름날, 부대가 있던 경기도 포천의 맑은 개울가에서 며칠을 보냈다.

그때 처음으로 백령도에 대한 이야기를 들었다. 그의 부대가 있는 서해의 외딴섬으로 풍광이 수려하다는 말을 듣고 한번 가보고 싶었다. 나는 군에서 제대를 한 후 백령도에 가보려 했으나 그곳 출입이 자유롭지 못하여 벼르다가 말았다.

그런데 오랜 세월이 지난 뒤에야 그곳에 가볼 기회가 생긴 것이다. 초등학교 동창모임에서 여름여행의 행선지를 고르다가 백령도를 고르게 된 것이다. 나는 아내와 함께하는 조용한 여행을 즐겼기에 자유롭지 못하고 떠들썩한 단체여행은 피해 왔었다. 그런데 접경지역인데다 너무 생소해서 아내와 단둘이 다녀오기에는 좀 내키지 않던 곳이라 이번 기회에 동창들과 어울려 다녀오기로 마음을 정한 것이다.

인천 연안여객 터미널에서 배를 기다리는 마음은 초조하면서도 가보고 싶었던 미지의 섬에 대한 기다림으로 설레고 있었다. 오전 9시, 공기부양 쾌속선 '데모크라시호'에 승선했다. 바다는 잔잔했다. 그 바다 위를 배는 선을 긋듯 내달렸다. 4시간 30분의 질주 끝에 배가 백령도의 용가포항에 도착한 것은 오후 1시30분이 넘어서였다.

백령도의 용기포 지구에 있는 용기패총에서 선사시대의 유물인 무문토기, 타제 및 마제석부, 연석봉, 기타 골편 등이 발견되었다. 이 유물의 연대는 3,000여 년 전 석기시대말기의 것으로 추정된다고 한다. 그러므로 이 시대부터 사람이 거주하였을 것이다.

백령도는 삼국시대에는 고구려의 영토였다. 고구려 때는 '곡도'라 하였다. 백령도와 관련된 문헌 기록으로는 "삼국유사" 권 2 '기이제이'의 진성여왕 거타지조에 나오는 설화를 들 수 있다.

신라 51대 진성여왕이 등극한지 몇 해 안되었을 때 여왕의 아들 양패가 당나라에 사신으로 가게 되었는데, 이때 거타지는 양패를 수행하는 궁사중의 한 사람이었다. 사신 일행이 서해로 향하여 항해 중에 배가 곡도에 이르렀을 때, 풍랑으로 뱃길이 막혀 십여 일을 묵게 되었는데, 그때 양패의 꿈에 한 노인이 현몽하여 섬에 궁사 한사람을 두고 가면 뱃길이 무사하리라고 말하였다.

제비를 뽑아 거타지만 남게 되고 다른 사람들은 항해를 계속하였다. 거타지는 홀로 섬에 남아 근심에 쌓여 있었는데 홀연 한 노인이 못 속에서 나와 거타지에게 말하기를, 해 뜰 무렵이 되면 사미승 한 사람이 내려와 우리 자손들의 간을 빼먹어 다 죽고 우리 부부와 딸 하나만 남게 되었으니 활로 쏘아 달라고 간청하였다. 거타지는 그 노인의 간청을 쾌히 승낙하고 다음날 아침에 그 사미승을 쏘아 죽였다. 그 사미승은 오래 묵은 여우가 변신한 것이었다. 그러자 노인이 다시 나타나 거타지에게 치사하고 그의 딸과 혼인할 것을 청하므로 거타지는 노인의 딸과 결혼하였다. 노인은 그 딸을 꽃가지로 변하게 하여 거타지가 품속에 품고 가게 하였다. 노인은 바로 서해 용왕이었다.

용왕은 두 용을 시켜 거타지를 모시고 신라 사신이 탄 배를 따라가게 하고 그 배를 호위하여 당나라에 이르게 하였다. 그리하여 거타지는 당 황제에게 비범한 인재로 환대를 받고 귀국하여 꽃가지가 여자로 변한 용녀와 행복하게 살았다고 한다. 이 설화를 통해 백령도는 신라 때부터 당나라와 왕래하는 뱃길의 중간 기착지 역할을 하였다는 것을 짐작할 수 있다.

여관에서 점심을 먹은 후 여행사에서 보낸 버스를 타고 섬의 북서쪽에 있는 두무진으로 향했다. 곳곳에 까나리젓을 삭히는 고무 통이 많이 보였으나 야트막한 산들, 그리고 너른 들이 육지의 어느 시골길을 가는 느낌이었다.

서해의 최북단에 위치한 백령도는 둘레가 110리에 달하며 1,500여 가구에 주민은 4,300여명으로 대부분 반농반어로 생계를 꾸려가고 있다고 한다. 들판의 대부분은 논이었는데 관개시설이 잘되어 이곳에서 한해 생산된 쌀로 섬 인구가 3년을 먹고도 남는다하니 쌀 생산 규모를 짐작할 수 있겠다.

두무진에서는 해상관광을 하려고 유람선을 탔다. 두무진해안의 기암괴석들은 금강산의 만물상과 비슷해서 서해의 해금강이라고도 하며, 깎아지른 기암괴석이 마치 장군들이 회의를 하듯 모여 있어 두무진이라고 부른다고 한다.

유람선은 천천히 물길을 따라 두무진 해안을 돌았다. 넘실거리는 푸른 바닷물에 허리를 잠그고 서있는 바위들, 파도에 씻긴 해안의 절벽들, 광해군 때에 정인홍 사견에 연루되어 백령도로 유배되어 온 이대기 선생은 유배지에 있는 동안 백령도의 풍물을 기록으로 남겼다. 그가 저술한 [백령도지]에서 두무진 해안의 기암괴석들을 늙은 신의 마지막 작품이라고 극찬했다 하던가, 층상암벽에 코끼리바위, 장군바위, 신선대, 선대바위, 형제바위 등 온갖모양이 조각들이 어울려 조화를 이루고 있다.

배가 물개바위를 멀리 돌아올 때 바위위에 올라앉아있던 물개들이 다투어 바닷물로 뛰어들고 있다. 그 중 몇 마리는 물위로 눈만 내어놓고 동동 떠서 우리를 호기심어린 눈으로 바라보고 있다. 실은 그놈들은 물개가 아니라 물범이고 한다. 백령도에서는 남한에서 유일하게 물범(천연기념물331호) 200여 마리가 집단 서식하고 있다고 한다. 몸길이 1,4m에 몸무게 90kg까지 성장하는 바다표범 중에서는 가장 작은 무리에 속하는 잔 점무늬 물범으로 몸 빛깔은회색에 검은색 잔 점들이 고르게 박혀있다. 해상관광은 아쉬움을 남기고 끝났다. 해안의 절경에 몇 번이고 돌아도 지루하지 않을 것 같았다.

두무진에서 돌아온 버스는 사곶 해수욕장 모래벌판에 우리를 풀어놓았다. 이곳은 주로 세립질 석영사로 이루어진 해안으로 해수욕장 겸 천연비행장으로 유명한 곳이다. 썰물 때에는 거의 거의 수평에 가까운 평평한 모래벌판이 너비 200m 길이 2㎞에 이른다. 규조로 되어 있어 콘크리트 바닥처럼 단단하다. 자동차가 다녀도 바퀴가 전혀 빠지지 않을 정도여서 비행기의 이착륙 시 활주로로 이용될 수 있어 전에는 군용기가 이착륙했었다고 한다. 해변을 이용하는 천연비행장은 현재 전 세계적으로 이곳과 이탈리아의 나폴리 해안 단 두 곳뿐이라고 한다.

잔잔한 물결이 끝없이 펼쳐가다가 수평선으로 스며들고 있었다. 바라보고 있자니 수평선이 구름의 무게에 주춤주춤 해안으로 다가오고 있었다. 이곳 해수욕장에서는 다른 곳과는 달리 너른 모래벌판 위로 자동차를 달리거나 자전거를 타는 사람들이 많았다.

미처 수영복을 준비하지 못했던 우리들은 해수욕 대신 파라솔 아래 둘러앉자 조개를 구워 소주목욕을 하기 시작했다. 얼마나 퍼 댔던지, 뿔뿔이 흩어져 숙소로 돌아왔을 때, 숙소 앞 등나무 아래서는 몇이서 삼겹살을 굽고 있었다.

저녁을 어떻게 먹었는지, 다시 시내로 나가 술집을 돌다가 정신을 잃었다. 결국 그 바람에 미아까지 생겨 파출소에서 그 밤에 숙소로 연락하는 소동이 벌어지고 말았다. 같이 갔던 한 군이 혼자 떨어져 숙소를 찾지 못하고 밤새 헤맸던 모양이다.

새벽녘에 뿌리기 시작한 비가 안개비로 내리고 있다. 아침을 서둘러 마치고 소지품들을 챙겼다. 날이 궂어 돌아갈 뱃길을 걱정했으나 오후에 출항하는 배가 있다는 말을 듣고 버스에 올랐다. 우리가 콩돌해안에 닿을 무렵 안개비는 그치고 있었다.

천연기념물 제392호로 지정된 이 해안은 백령도의 지형과 지질을 잘 보여주는 곳으로 해변에 둥근 자갈들로 구성된 퇴적물이 단구상미지형으로 발달한 해안이다. 해변의 풍경은 전연 다른 모습이었다. 모래대신 동글동글한 잔자갈이 해안을 덮고 있다.

지름이 0.5cm에서 2cm 사이인 이들 콩돌은 표면이 닳고 닳아 만질만질할 뿐 아니라 흰색, 검은색, 갈색, 보라색등 다양한 색상과 무늬로 눈을 잡아끌었다. 정말 돌들이 이렇게 아름다울 수가 있다니, 발로 밟기가 망설여질 만치 아름다운 모습이었다. 지금 막 걷히고 있는 비구름사이로 비치는 햇살에 물기를 머금은 돌들이 보석처럼 빛났다.

나는 모르는 사이에 돌 몇 개를 골라 주머니에 숨겼다, 그러다 아차 했다. 슬그머니 주머니에 숨겼던 돌들을 내어 바닥에 내려놓았다. 이런 돌들이 만들어지기까지는 생각할 수도 없이 많은 시간들이 걸렸을 것인데 저마다 돌이 아름답다고 집어간다면 언젠가 이 해안은 황폐한 모습을 드러낼 것이고 그리되면 다음 사람들은 이 아름다운 풍경을 볼 수 없게 될 것이라는 생각에 부끄러운 마음이었다.

자갈 위를 발로 밟고 지나가면 돌들끼리 부딪쳐 뽀드득뽀드득 소리를 낸다. 햇볕에 달구어진 자갈들을 맨발로 밟으면 지압효과와 함께 무좀이 낫는다고 한다.

둥근 자갈들은 백령도의 모암인 규암이 파쇄 되어 해안의 파식작용에 의하여 마모를 거듭하여 형성된 것이라고 한다. 일반적으로 대부분의 돌들은 구성광물 중 풍화에 약한 장석이나 운모가 많아 둥글고 매끈매끈한 자갈로 남기가 어렵다. 그러나 규암은 대부분이 석영으로 이루어져 화학적 풍화에 강해 둥근 자갈로 남기가 쉽다고 한다. 이 해안에 이런 자갈이 많은 까닭은 지질조건과 마모 환경의 특이성 때문이다. 거친 돌들이 밀려오는 파도에 의하여 계속적인 왕복운동을 하면서 규암으로 이뤄진 바닥이나 같은 돌들끼리 서로 부딪히며 마모되어 매끈매끈한 잔자갈로 만들어진다는 것이다. 이렇게 부서진 규암조각이 콩돌로 만들어지기까지는 적어도 1만5천 년의 세월이 걸렸을 것이라는 추정이다.

떠나기 싫은 발걸음을 옮겨 버스에 올라 심청각으로 향했다. 백령도 북산(해발999m)에 있는 심청각에 올랐다. 옹진군이 95년 12월부터 3년여 동안 사업비 29억 600만원을 들여 백령면 진촌리 산146의 10번지 1천 384평 부지에 지상 2층 규모의 심청각과 심청 동상을 건립했다고 한다.

북쪽을 바라다보면 바다건너 멀리로 북한 땅이 보이는데 그곳이 몽금포타령에도 나오는 장산곶, 매로 유명한 황해도 장산곶이라 한다. 여기서 직선거리로 17㎞에 불과한 거리로 그 사이 바다에 물살이 거세기로 유명한 인당수가 있다한다.

옹진군은 심청각 건립을 위해 한국민속학회에 의뢰해서 심청전과 관련된 고증을 조사했다고 한다. 심청이 태어난 도화동은 황해도 황주이고 그가 몸을 던진 인당수는 백령도와 장산곶사이로 추정하고 있다. 장산곶 앞바다는 한류와 난류가 겹쳐 파도가 유난히 심하다고 한다. 또한 이곳은 중국과 교역을 하던 물길이었다.

한곳을 당도하여 닻을 주고 돛을 지우니 이곳 인당수라. 광풍이 대작하고 바다가 뒤 눕는데 어룡이 싸우는 듯, 대양바다 한가운데 돛도 잃고 닻도 끊겨 노도 잃고 키도 빠져 바람 불고 물결쳐 안개 뒤섞여 자자진날, 갈 길은 천리나 만리나 남고 사면이 검어 어둑 저물어, 천지지척 막막하여 산 같은 파도 뱃전을 땅땅쳐 경각에 위태하니...

이것이 심청전에 나오는 인당수 정경이다. 멀리 인당수의 굽이치는 물결을 본다. 인당수의 짙푸른 물결, 시시각각 다가오는 죽음을 앞에 두고 심청의 마음인들 얼마나 떨렸을 것이랴. 오직 사랑하는 아비의 눈을 뜨게 하겠다는 일념으로 허든거리는 발길을 옮겨 뱃전을 향해 더듬어 갔으리라. 꽃다운 청춘, 되돌아서 살고 싶은 마음인들 오죽했으랴, 눈을 감아본다, 하염없이 흐르는 눈물을 본다.

심청이 타고 온 연꽃이 바위로 변했다는 전설을 간직한 연봉바위는 백령도 장춘 앞 바다에 있다. 뭍에서 바라보면 연꽃 봉우리처럼 생긴 바위가 두 개 보이고 하늘에서 보면 연꽃이 활짝 핀 것처럼 보인다고 한다. 연꽃이 떠 내려와 연꽃을 피웠다는 연화리도 현존하는 지명으로 백여 년 전만해도 연꽃이 흐드러지게 피는 커다란 연못이 있었으나 논으로 변했으며 최근에 다시 연못을 조성했다고 한다. [백령도지]에서 "연못의 크기가 호수와 같고 둘레가 5-6리 된다."고 기록하고 있어 상당히 큰 연못이었음을 짐작할 수 있다. 그러면 이 연못이 삼국유사에 나오는 거타지 설화의 그 연못은 아닐까.

승선준비를 하면서 용기포항 부두에 있는 특산물 판매소에서 가지고 돌아갈 선물을 고른다. 특산물이래야 까나리젓이나 청정해역에서 채취한 다시마 등이었지만 손에 하나씩은 들었다. 점심으로 먹은 사곶 냉면의 감칠맛은 배에 오른 후에도 입안에 남아있는 듯하다. 메밀이 많이 나는 고장답게 까나리젓으로 간을 맞춘 냉면은 대표적 음식으로 권할만하다.

이제 떠나야할 시간은 다가오고 있다. 백령도의 아름다운 풍광은 마음속에 새겨지고 육지까지 긴 뱃길만이 남아있을 뿐이다.

울릉도로 갈거나

> 동쪽 먼 심해선 밖의
> 한 점 섬 울릉도로 갈거나

유치환 시인의 울릉도를 흥얼거리며 오른 카타마란호의 선실에서 겪었던 배 멀미는 어찌나 지독했던지, 3시간 20분의 항해가 고통스럽기만 했었다. 배는 너울에 널조각처럼 흔들렸다. 나중에 안 일이지만 배가 울릉도로 갈 때에는 먼 바다에서부터 이는 너울을 맞받아 가기 때문에 배의 요동이 심하다고 한다.

울릉도의 도동항은 깎아지른 산으로 둘러싸인 좁은 골짜기에 있었다. 울릉도의 서울이라고 불리는 도동은 울릉도의 행정, 경제, 교육, 교통의 중심지로서 울릉도 전체 인구의 66%인 8,000여명이 거주하고 있다한다. 대구장여관 505호에 여장을 풀고 찬물로 목욕을 하고 났을 때는 온몸이 나른하여 몸을 뒤척이기도 싫었다.

초등학교 동창들의 부부동반 여행이었기에 남자는 남자끼리, 여자는 여자끼리, 4인 1실로 배정받아 505호에는 영만이, 종호, 춘보와 함께 쓰게 되었다. 여자들은 아래층에 있었기 때문에 옷을 갈아입거나 필요한 물건을 찾기 위해서는 층계를 여러 번 오르내려야 했다. 여럿이 여행을 할 때에는 부부가 함께 참여해도 소지품을 각자가 나눠서 가지고 다녀야 편리할 것 같다.

이른 저녁을 먹은 후, 영환이와 장교를 만나 저동항의 해변 산책로를 걸었다. 장교가 토산품가게에서 사가지고 온 울릉도호박엿을 질깃질깃 씹으면서 걸었다. 애초에는 울릉도에 자생하고 있는 후박나무 껍질을 갈아 만든 후박 엿이었는데 천연기념물인 후박나무의 멸종을 막기 위해서 호박으로 바꾸어 제조하게 되었다고 한다. 잇몸이나 입천장에 잘 달라붙지 않는 게 특징인 호박엿은 입에 넣고 우물거릴 만했다. 저동 항 주변은 바위절벽으로 이루어져 있기 때문에 해변의 절벽을 깎거나 다듬어 사람을 겨우 비켜 지날 수 있을 정도의 좁은 산책로를 만들어 놓았다. 한쪽은 깎아지른 바위절벽 발밑은 시퍼런 바닷물이다. 물은 맑았으나 수심이 깊어 잉크 빛으로 검푸르다. 물밑으로는 다시마가 바위에 붙어 물결에 너울거린다. 산책로 군데군데 평평한 바위 위에는 천막을 치고 굴이나 생선회를 안주로 술을 파는 간이 횟집들이 있어 지나는 사람들의 발길을 잡는다. 바다는 너울로 주름지고 갈매기 날개 선을 닮은 수평선은 아득하다. 산책로에서 돌아오다 보니 부두에 정박 중인 카타마란호의 선체가 가볍게 흔들리고 있는 그 뒤로 여객터미널에 불이 켜지고 있었다. 방에 돌아왔을 때 선풍기가 벽에 매달려 돌아가고 있었으나 그래도 후덥지근하여 창문을 열려는데 먼저 와있던 춘보가 "모기 들어와, 창문 열지 마" 한다.

"여기는 모기 같은 거 없어." 자신 있게 말하고 창문을 열어 젖혔다. 오면서 보니 어느 집에도 창문에 방충망을 한집이 없었다. 물론 여관에도 방충망은 없었다. 그런 것으로 미루어보아 이곳은 모기가 없을지도 모른다는 생각이 들었다.

여관에서의 아침 식사는 그런대로 먹을 만했으나 상위에 생선이 별로 없이 나물류가 많이 올라와 있었다. 내가 울릉도를 생각했을 때는 상위에 해산물이 많이 올라와 있을 거란 생각이었으나 어제 저녁상이나 아침상에 그 흔하다는 오징어 한 마리 올라 있지 않고 채소와 나물이 주류를 이루고 있었다. 부두의 덕장에도 오징어 한 마리 걸려있지 않았다. 궁금해서 물어보니 지금은 오징어 철이 아닌데다 예전처럼 오징어가 많이 잡히지 않는다고 한다. 그러나 그런대로 이곳의 별미라는 부지깽이나물이 입맛을 돋웠다.

아침을 먹고는 아내를 불러내어 약수터 공원에 있는 케이블카를 타고 망향봉 전망대에 올랐다. 망향봉은 옛날 울릉도에 들어온 개척민들이 산등성이에 올라 고향 쪽을 바라보며 향수를 달랬다는 곳으로 전망대에서는 도동이 한눈에 내려다보이고 멀리 독도가 보인다고 했으나 해미가 일어서 섬을 휩싸는 바람에 바로 내려왔다. 독도박물관에 들렸으나 거기서도 별 볼거리를 찾지 못했다.

약수터에 들러 약수 한잔을 떠 마시고 유치환 시인의 시비 앞에 섰다.

동쪽 먼 심해선 밖의
한 점 섬 울릉도로 갈거나,

금수로 구비 쳐 내리던
장백의 멧부리 방울 튀어,
애달픈 국토의 막내
너의 호젓한 모습이 되었으리니,

창망한 물굽이에
금시에 지워질 듯 근심스레 떠있기에
동해 쪽빛 바람에

잠시 사념의 머리 곱게 씻기우고.

지나새나 뭍으로 뭍으로만
향하는 그리운 마음에,
쉴 새 없이 출렁이는 풍랑 따라
밀리어 밀리어 오는 듯도 하건만,

멀리 조국의 사직의
어지러운 소식이 들려올 적마다
어린 마음 미칠 수 없음이
아아, 이렇게도 간절함이여,

동쪽 심해선 밖의
한 점 섬 울릉도로 갈거나.

오후에는 해상관광을 위하여 유람선을 탔다. 갑판으로 올라섰을 때, 승객들이 던져주는 새우깡을 받아먹기 우하여 갈매기들이 유람선 뒤를 낮게 날며 쫓아오고 있었다. 유람선은 이렇게 새우깡 몇 봉지로 갈매기를 띄우며 섬을 일주했다.

유람선은 가두봉 등대를 지나 거북바위에 이르렀다. 거기서는 통구미 향나무 자생지의 향나무들이 바위에 붙은 이끼처럼 바라다 보였다. 바닷가 높다란 바위 꼭대기에 지금 커다란 거북이 한 마리가 먼 곳을 바라보며 기어오르고 있다. 그도 떠나온 고향을 그리워함인가.

남양리 선착장을 지나고 곰바위를 지나 학포 앞바다에 이르렀다. 학이 날개를 퍼덕이며 나는 듯한 형상의 학포는 우산국 왕비인 풍 미녀와 학의 전설이 있는 곳으로 전설에 의하면 용맹스러운 우해왕이 일본대마도를 치고 대마도주로부터 항복을 받을 때 그의 셋째 딸을 달라고 하여 왕비로 삼았다. 왕비는 울릉도에 올 때 학을 한 마리 가지고 왔는데 왕비가 죽자 학이 슬피 울며 날아간 곳이라 하여 학포로 불리어 오고 있다 한다. 바닷가에는 용화된 화산암으로 이루어진 만물상이 갖가지 형상을 드러내고 있다.

섬을 돌아 현포를 지나고 구멍바위에 이르렀다. 유람선은 관람객들에게 이 바위를 보거나 사진 찍을 수 있는 시간을 주기 위하여 천천히 한 바퀴 돌았다. 이 바위는 현무암의 주상절리로 이루어져 있어 마치 석축을 쌓아놓은 듯한 모양은 신비롭기만 하다. 멀리서 바라보면 한 마리 거대한 코끼리가 맑은 동해의 바닷물을 마음껏 들이키고 있는 형상을 하고 있어 일명 코끼리바위라고 부르기도 한다.

전설에 의하면 구멍바위가 옛날에는 현포 앞바다에 있었다고 한다. 현포에는 대대로 살아오는 집안에 기운이 센 노인이 있었는데 큰 바위가 자기 마을 앞을 가리고 있는 것이 못마땅하여 하루는 "저 바위를 어디에 가져다 버려야지"하고 배를 저어 바다로 나아갔다. 그러나 바위가 하도커서 밧줄로 묶었더니 잘 묶여지지도 않고 배를 저었으나 잘 따라오지도 않는데 화가 난 노인은 내 힘을 업신여긴다 싶어 다른 바위를 들어 그 바위를 향해 던졌다. 그 바람에 바위는 구멍이 뚫렸으며, 구멍이 뚫리자 바위는 배에 끌려서 따라오기 시작했다.

바위가 천부 앞바다까지 왔을 때, 바위가 암초에 걸려 묶은 밧줄이 끊어지면서 풍덩하는 소리와 함께, 배도, 노인도 순식간에 물속으로 사라졌다. 다만 암초에 걸린 바위만이 지금 이 자리에 있게 되었다한다.

북면 천부리에 있는 송곳산은 성인봉줄기의 하나로 정기어린 산이다. 산봉우리는 송곳처럼 뾰족하게 솟아있으며 봉우리에는 구멍이 뚫려있다. 전설에 의하면 천지개벽 때 울릉도 사람 중에서 죄가 없는 사람을 옥황상제께서 낚시로 낚아 올리기 위해서 뚫어놓은 구멍이라고 한다.

북면의 죽암 마을과 섬목 마을 바다 한가운데 깎아 세운 듯한 세 개의 기암이 서있다. 멀리서는 두 개로 보였는데 가까이 다가가면서 보니 세 개로 되어있다. 선녀들이 이곳에서 놀다가 하늘에 올라갈 시간을 놓쳐 옥황상제의 노여움을 사 바위로 변했다는 전설이 단긴 이 바위 중 나란히 붙은 두 개의 바위에는 풀이나 나무가 자라고 있으나 끝이 가위처럼 벌어져 있어 가위바위라 불리는 좀 떨어진 곳에 있는 일선암에는 풀 한포기 붙어있지 않았는데, 삼선암중 이 바위가 막내선녀로서 이 막내가 좀 더 놀다가자고 졸라대는 바람에 하늘로 올라가는 시간을 놓쳐 옥황상제의 노염을 가장 많이 받게 되어 풀들도 자라지 않는다고 한다.

섬목 마을 앞에 있는 관음 쌍 굴은 옛날 해적들의 본거지였다는 관음도 해상 동굴이다. 높이 14m의 동굴은 용암으로 이루어진 석주와 석벽의 조형이 가히 장관이다. 옛날 해적들이 몰래 들어와 이곳에 배를 숨기고 상선과 어선들을 습격하였다. 하지만 굴의 깊이는 과히 깊지 않다. 그곳을 돌아 나오자 왼쪽으로 울릉도에서 가장 큰 섬이라는 죽도가 저만치 보였다. 해발 72m의 깎아지른 절벽을 병풍처럼 두르고 있어 서쪽 계단을 제외하고는 어느 한곳도 발붙일 곳이 없다고 한다. 섬 위는 봉우리 하나 없이 평평해 보였다.

해상관광을 마치고 몇이서 아직 돌아보지 않은 동쪽 산책로를 걸었다. 이곳도 역시 서쪽 산책로와 같이 바위 절벽에 붙이어 콘크리트로 쌓아 올리거나 절벽을 깎아내어 길을 뚫었다. 물밑으로는 길가의 풀 섶처럼 바위에 달라붙은 다시마 줄기가 나울거리고 있었고 그사이로 이름 모를 고기의 치어들이 송사리 몰리듯 몰려다닌다. 물이 맑아서인가, 깊은 곳 바위 바닥에 검은 색깔의 성게가 밤송이처럼 흩어져 있는 것이 그대로 들어나 보인다.

얼마쯤 가다 보니 옆에는 관우와 기부만 있었다. 몇은 덟고 지루해서 되돌아간 모양이다. 나는 산책로의 끝까지 걷고 싶었으나 관우와 기부가 되돌아설 눈치어서 나도 같이 중도에 서 되돌아섰다. 돌아오는 길에 암벽이 커다랗게 패여 방처럼 생긴 곳에서 음료수를 팔고 있어 더위도 피할 겸해서 들렀다.

맑고 깨끗한 맵시의 젊은 부인이 차를 팔고 있었다. 우리는 냉커피 석 잔을 주문했다. 한참 후 부인이 쟁반에 커피를 받쳐 가지고 오는데 장난기 많은 기부가 농담을 하며 쟁반을 받으려하자 부인이 웃음을 참지 못하고 움찔하는 바람에 쟁반에서 찻잔이 굴러 떨어졌다. 잠시 서로가 민망하여 멈칫했으나 웃음으로 흘려버리고 부인은 다시 돌아가 커피를 가지고 왔다. 커피를 마시며 다시 부인을 바라보니 미인이 많은 고장이라 하지만 그것이 헛말이 아니로구나하는 생각이 들었다. 부인은 울릉도에서 태어나서 울릉도가 좋아 울릉도에서 산다고 하였다. 일어날 때 나는 커피 값을 치르며 깨어진 유리잔 값을 제하라고 하니 사양한다. 잠시 실수는 있었지만 기분 좋게 나와서 돌아오는데 영만이와 영환이가 오면서 산책로를 끝까지 가보자고 한다. 그래서 나는 관우 기부와 헤어져 다시 따라나섰다.

산책로는 꽤나 멀었다. 군데군데, 바위절벽이 쳐진 곳은 터널을 뚫어 길을 내었다. 등허리에 땀이 흠뻑 젖을 무렵에야 산책로의 막다른 곳에 있는 '해 뜨는 마을'이라는 카페에 닿을 수 있었다. 우리 셋은 파라솔 하나를 차지하고 앉아서 냉차 한잔씩 앞에 놓고 먼 바다를 바라보았다. 구름이 바다위로 내려앉아 수평선은 구름의 무게를 이기지못하고 비틀거리며 다가오고 있었다. 저쪽 굽이진 곳에서 갑자기 물고기가 튄다. 뛰어오를 때마다 배때기의 비늘이 햇빛을 받아 번쩍거린다. 한 무리의 물고기 떼가 지나가고 있는 모양이다. 군데군데 물방울을 튀기며 번쩍거린다.

저녁 후, 몇몇은 저동에서 열리고 있는 오징어 축제에 간다고 수선스러웠으나 귀찮은 생각에 우리는 방에서 소주잔을 돌리고 있었다. 몇 잔의 술이 돌아가고 있는데 방문이 열렸다. 보니 병현이다. 손에는 소주 한 병을, 그리고 심부름하는 사람의 손에 탕수육 한 접시를 들려가지고 왔다. 병현이는 우연찮게 우리와 합류하게 되었다. 동창이지만 일찍부터 사업이니 무엇이니 하면서 타향으로 떠도느라 자주 만날 기회가 없었던 것인데 묵호항에서 만나 합류하게 되었다. 마침 묵호에서 토목공사를 하던 중에 그가 맡은 구역의 공사가 끝나 돌아가려다 우리 소식을 듣고 찾아오게 된 것이다.

카마란토호의 울릉도 출항시간은 오후 1시 30분이었다.

아침을 서둘러 봉고차 3대에 편승하여 봉래폭포와 나리분지를 향해 떠났다. 차는 섬 일주도로를 달려서 저동항에 있는 봉래폭포로 향했다. 저동항은 꽤나 큰 규모였다. 옛날부터 많은 모시가 자생하여 모시개항이라고도 불렀다한다. 저동항은 1980년 4월 10일에 동해어업전진기지가 완성되어 30톤급 1,000여척을 수용할 수 있으며 완벽한 방파제와 제방을 비롯한 제조, 유통, 편의 시설 등, 종합시설이 갖추어져 있어 동해 어업의 아성이 되어가고 있다. 이곳에는 울릉도에서 유일하게 아파트가 있고 하나뿐인 종합고등학교가 있다. 방파제 옆에 있는 촛대바위는 촛대와 같이 뾰족하다하여 붙은 이름이며 ㅊ대를 ㅈ대 바위로 부르기도 한다.

저동에서 성인봉에 오르는 나무숲 길을 걸어 봉래폭포를 가까이 볼 수 있는 폭포전망대에 올랐을 때, 바로 눈앞으로 곤두 박히는 폭포의 물줄기는 시원하기만 했다. 폭포의 물줄기는 성인봉 중턱에 있는 구멍에서 지하수가 용출하여 흘러내리는 것으로 하루 수량이 26,000톤이며 이중 12,000톤의 물을 끌어들여 울릉읍 관내 상수도 식수원으로 사용하고 있다고 한다. 폭포는 3단의 폭포로 원폭의 높이는 25m이며 우거진 수림사이로 떨어지는 폭포의 물줄기는 바라만 보아도 시원하고 장쾌하다. 돌아오는 길에 천연 에어컨이라 불리는 바람굴에 들렸다. 바위구멍에서 나오는 찬바람이 삽시간에 온몸의 땀을 거두어 간다.

다시 섬 일주도로를 따라 나리분지로 향했다. 한동안 차는 섬의 해안을 따라 달렸다. 평지가 없는 울릉도의 도로라 대부분 좁고 가파르나 남양리로 가는 길은 몇 개의 터널을 지났어도 길은 비교적 평탄했다. 남양리 선착장에서 차가 멎었다. 내리면서보니 바닷가에 우뚝서있는 사자바위가 먼저 눈에 들어왔다. 저만치 보이는 비파산은 현무암의 주상절리로 국수를 늘어놓은 것 같은 모양을 하고 있어 국수 산이라고도 하며, 비파산이라고 부르게 된 것은 우산국 당시 우해왕은 왕비인 풍 미녀가 죽자 뒷산에 병풍을 치고 백일제를 지내는 동안 평소 왕비가 좋아하던 비파를 열두 시녀로 하여금 매일 치도록 하였다하여 비파산이란 이름이 생겨났다 한다. 그러고 우산국의 우해왕이 신라의 이사부에게 패하여 항복을 결심하고 투구를 벗어놓은 곳이 지금의 투구바위라고 전해온다. 바닷가의 사자바위에 대한 이곳의 전설로는 왕비의 사치를 충당하기 위하여 우산국 우해왕은 멀리 신라까지 가서 노략질을 했다. 신라백성들은 우산국의 노략질을 견디다 못하여 왕에게 토벌해 줄 것을 호소하여 신라왕은 강릉 군주 이사부에게 우산국 토벌을 명하였다. 이사부는 신라군을 이끌고 우산국으로 갔으나 해전 경험이 없는 신라군은 참패하여 이사부와 몇몇 장수만이 살아 돌아왔다. 패전한 이사부는 군사를 다시 훈련하고 계략을 세웠는데 우산국에는 짐승이 없다는 것을 알고 커다란 목 사자를 많이 만들어 오색 칠을 한 다음 유황불을 피우면 입에서 불을 뿜도록 하여 배에 싣고 다시 토벌길에 올랐다.

우산국에 도착하여 싸우기 전에 우해왕의 항복을 권했으나 지난번의 승리로 신라군을 업신여기고 싸움에 응했다. 신라군은 뱃머리에 세운 목 사자들을 일제히 불을 뿜게 하고 화살을 쏘면서 배를 몰았다. 이상한 짐승에 놀란 우산국 군사들은 전의를 상실하고 크게 패하게 되자, 우해왕은 이사부에게 항복하면서 "내가 죽더라도 그 불사자로 하여금 영원히 우산국을 지켜달라."는 부탁을 하고 바다에 몸을 던졌다. 이사부는 죽은 왕의 소원을 들어주기 위해 목사자 한 개를 물에 띄우자 하늘에서 뇌성벽력이 치면서 그 목 사자는 돌로 변하여 지금의 자리에 있게 되었다고 전한다.

분화구였던 나리분지는 울릉도에서 유일한 평지로 넓이가 50여 정보라 한다. 이곳에 나리가 많이 자생하여 처음에 이곳에온 개척민들이 봄이 되면 나리를 캐어 연명하였기에 때문에 나리라는 이름이 붙게 되었다한다. 나리분지를 둘러싼 봉우리들 동쪽의 성인봉을 중심으로 서쪽의 알봉에 이르기까지 나무가 울창하다. 한때는 93호 500여명이 거주한 부락을 이루었다 하지만 지금은 드문드문 농가들이 보였고 경작지에는 작물이 자라지 않고 버려져 있었다. 그곳에 있는 울릉도 투막집을 둘러보고 나오다 현지인을 만나 물어보니 전에는 천궁 당귀같은 약초를 재배하였으나 근래에는 중국산에 밀려 값이 하락하는 바람에 대부분 경작을 포기하고 있다고 한다.

울릉도에는 평지가 없기도 하지만 알주도로 주위의 뙈기밭에는 대부분 더덕, 미역취, 부지깽이, 삼나물 등 나물을 주로 재배하고 있었다. 특이한 것은 이곳의 후박나무는 아이들 손가락 두 개 넓이도 되지 않을 만큼 폭이 좁다. 나리꽃은 섬 곳곳에 흔하게 눈에 띄고 있다.

울릉도에는 여럿이 휩싸여 올 곳이 아니다. 혼자거나 아니면 아내를 동반하여 호젓하게 올 일이다. 울릉도는 바다에 돌출한 한 개 커다란 산과 같아서 해상이나 섬 일주도로를 지나는 것만으로는 울릉도의 아무것도 보지 못하고 돌아오게 된다. 잘해야 부두의 덕장에 날리는 오징어의 발가락이나 이빨같이 솟은 봉우리들 밖에는 보지 못할 것이다. 간편한 등산복 차림에 천막하나는 준비해가지고 가서 천히 등산로를 올라 성인봉 원시림 속에서 그 수액에 한껏 취할 수 있어야 조금은 울릉도에 다가갈 수 있을 것이다.

울릉도는 3무, 그것은 뱀과 도둑과 공해가없다. 3풍, 풍부함에는 물과 향나무, 그리고 오징어이며, 3다, 돌이 많고 바람이 많으며, 미인이 많다. 3고, 산이 높고, 파도가 높고, 물가가 높다. 이 3무, 3풍, 3다, 3고야말로 울릉도를 단적으로 말해주는 육지와 다른 특색이라고 할 수 있다.

일자일배(一字一拜)

천안배원예농협에서 주최하는 '조합원 한마음 대회'가 변산반도 격포에서 있었다. 행사가 끝난 후 버스는 내소사를 들려 간다고 하였다. 가는 도중에 있는 곰소에 버스가 정차할지도 모른다는 생각에 옆자리의 김종호 님에게

"종호, 무슨 젓갈을 젤루 좋아하지?"

곰소에 버스가 서면 젓갈을 선물할 생각에서 슬며시 물어보았다.

"응, 젓갈? 나는 새우젓이 좋아..."

"하긴 새우젓은 조강지처와 같은 젓갈이야. 언제나 물리지를 않거든..."

그러나 버스는 곰소를 지나쳤다. 곰소는 염전과 젓갈로 이

름이 알려진 곳이어서 그냥 지날 줄은 몰랐다. 그런데 그런 어리둥절한 내 머릿속에 퍼뜩 안수환 교수가 떠올랐다. 퍽 오래전 누비라를 코란도로 바꾸기 전이었나 보다. 아내를 옆자리에 태우고 해안도로를 달리던 나는 당시 연암대학교에 재직하고 계시던 안수환 교수를 생각하며 그 유명하다는 곰소젓갈을 고른 일이 있었다. 지금은 어찌 지내고 계시는지 궁금한 마음이 일었다.

아내의 와병 이후 나는 밖의 출입을 자제해왔었다. 그동안 동창회나 친목모임 각종 세미나 어떤 모임도 참여하길 꺼려 더욱 만날 기회가 없었다. 어찌 지내고 계시는지? 현숙하고 아름다운 부인을 위암으로 먼저 보내고 홀로된 외로움을 어찌 감당하고 계시는지? 마음이 저려왔다.

관음봉(433m)은 품안 가득 내소사를 감싸 안고 있다. 내소사는 633년(백제 무왕 43년)에 소래사(蘇來寺)라는 이름으로 혜구두타라는 백제의 여승이 창건하였다고 전해진다. 일설에는 당나라 장수 소정방이 석포리에 상륙하여 이 절을 찾아와 군중재(軍中財)를 시주한 일을 기념하기 위하여 절 이름을 내소사로 바꿨다는 설이 있으나 사료적인 근거가 없는 말이다. 이 절에 관한 기록은 (동국여지승람)과 최자의 보한집(補閑集) 가운데 정지상이 지은 보한집 (補閑集) 가운데 정지상이 지은 "제변산소래사(題邊山 蘇來寺)라는 시가 있고 이규보의 "남행일기"에도 소래사로 되어 있는데 언제 내소사로 바뀌었는지는 분명치 않다.

오랜 세월에 걸쳐 중건 중수를 거듭해오던 내소사(來蘇寺)는 임진왜란 때 대부분 소실되어 폐허가 된 것을 1633년 (조선 인조 11년) 청민(靑旻)선사가 중창하고 그후 1865년(고종2년) 관해(觀海)에 의해 수축된 뒤 오늘에 이르고 있다.

150여 년 전에 심었다는 전나무 숲은 울창하게 하늘을 덮고 있어 일주문으로부터 천왕문에 이르는 숲길을 걸어 나오니 온몸에 침엽수 특유의 향이 배어들어 마음마저 청정해지는 것을 느낄 수 있었다.

전나무 숲을 벗어나자 마주친 사천왕의 왕방울 같은 부라린 눈에 주눅이 들어 돌계단을 오르니 가까이 느티나무 한 그루 절 마당 가득하다. 마침 절에서는 지장 전 건립불사로 기왓장 시주를 받고 있어 집에 있는 아내를 생각하며 다가가 백묵을 찾아들고 좌판 옆에 쌓인 기와 한 장을 조심스럽게 골라 기도하는 마음으로 써내려갔다.

"심세택, 나의 사랑, 당신의 쾌차를 빌고 빕니다. 2009년 8월 18일, 정창순"

내가 백묵을 내려놓자 옆에서 보고 있던 김종호님이 "주소를 써야지?" 했으나 나는 미소로 답했다. 설마하니 절절한 내 마음이 가는데 부처님께서 주소를 모르실까? 정말이지 빌고 비는 마음이었다. 느티나무의 하늘 가득 드리운 가지와 무성한 잎들을 올려다보는데 한줄기 바람이 가슴을 쓸어내린다.

수령 천여 년에 이른다는 느티나무는 의연하다. 본래 절 아래 마을의 할아버지 당산으로 숭상되어온 나무로 하늘을 덮은 가지들하며 나무허리의 무성한 이끼가 오랜 세월의 정취를 느끼게 한다. 일주문 앞에 수령이 오백년 되는 또 다른 느티나무가 서있어 절 안에 있는 할아버지 당산과 짝을 이루는 할머니 당산나무로 해마다 정월 보름이면 이 나무 앞에서 내소사 승려들과 마을 사람들이 함께 모여 당산제를 지낸다고 한다.

임진왜란으로 폐허가 된 절을 중창한 청민(靑旻)선사에 의하여 건축되었다는 대웅보전(보물 제291호)은 조선 중기의 대표적 목조건물이다. 이 건물은 못을 하나도 쓰지 않고 나무토막들을 깎아 끼워 맞춰 세운 것으로 그 공력과 기술이 탄복할 정도인데 전설에 따르면 대웅전을 지은 목수는 3년 동안이나 나무를 목침 덩이만 하게 토막 내어 다듬기만 했다고 한다.

장난기가 발동한 사미승이 그중 한 개를 감추자 나무 깎기를 마치고 토막수를 헤아려 본 목수는 자신의 실력이 법당을 짓기엔 부족하다고 하여 일을 포기하려 했다. 사미승이 감추었던 토막을 내어놓았지만 목수는 부정 탄 재목을 쓸 수 없다 하여 끝내 그 토막을 빼놓고 법당을 완성했다. 그래서 지금도 오른쪽 천정이 왼쪽보다 목재 한 개가 적다고 한다.

무엇보다도 앞면의 여덟 짝 분합문은 문살을 장식한 초화문(草花紋)이 정교하게 투각된 꽃살문으로 지극히 아름답다.

정교하게 목각한 연꽃과 국화꽃이 가득 수놓인 문짝은 그대로 화사한 꽃밭이다. 400여년의 세월이 녹아들어 부식되고 뼈만 남아 오히려 그 아름다움과 세월의 무상함을 온몸으로 느끼게 한다.

절을 돌아 나오는 내 마음속에 지금은 전주시립박물관에 소장되어 있다는 법화경 절본 사본 (보물 제278호)에 대한 생각이 떠나지 않는다. 조선 태종 15년(1415년)에 이씨 부인이 죽은 남편 유근의 명복을 빌기 위하여 글 한자 쓰고 절 한번 하는 일자일배(一字一拜)의 정성으로 필사하여 공양했다는 묘법연화경(妙法蓮華經) 절본(折本) 사본(寫本)이다. 이 법화경의 사경 (寫經)이 끝나자 죽은 남편이 나타나 부인의 머리카락을 만졌다는 애틋한 전설을 떠올리며, 지금 투병에 여력이 없는 아내에게 나는 얼마만큼의 힘이 되어 줄 수 있었는가 되돌아보는 마음은 아리기만 하다.

제주도 기행

카페리호의 고물에서 바라본 섬은 태고의 신비를 그대로 간직한 채 아직도 웅크리고 있는 것처럼 느껴졌다. 해가 떠오르기 직전의 어슴푸레함이 제주항의 바다와 하늘을 온통 감싸고 있었다. 점점 멀어져가는 제주항의 불빛을 바라보는 나의 마음은 아쉬움으로 가득했다.

바다는 잠잠했다. 겨울치고는 푸근한 날씨였지만 갑판 위에 선 내게 바람은 사정없이 부딪쳐 왔다. 이제는 아득히 멀어진 제주도와 카페리호의 거대한 추진기에 산산이 찢기어 부글거리며 쫓아오는 바다를 바라본다. 첫걸음부터 섬은 새로움으로 눈길을 붙잡았다. 검은 용암 흩어진 바닷가에 푸른 파도는 부딪쳐 흰 거품으로 부서지고 돌 각담 안 뙈기밭에 봄처럼 푸르던 마늘, 상치, 푸성귀들, 모르는 새 섬은 내 마음을 끈끈한 끄나풀로 동여매버렸다.

다가왔다 멀어지는 섬들 사이로 하늘은 낮게 내려앉고 있었다. 갑판 위까지 찾아와 옆에 선 아내의 머리칼이 깃발처럼 나부낀다. 바다뿐인 제주도 쪽을 바라보는 아내의 모습에서 섬에 대한 미진함을 읽을 수 있었다. 아내는 무리를 해서라도 제주도에 더 머물고 싶었는지도 모른다. 처음 제주도로 여행의 일정이 잡혔을 때 그리도 좋아했던 아내였으니까. 아내는 열여섯 소녀처럼 발랄했다.

그 긴 용암굴들, 협재굴, 쌍용굴, 만장굴을 샅샅이 더듬고 나오고서도 지친 기색조차 없었다. 만장굴 거북바위 앞에서는 그냥 돌아 나오는 나를 잡아 세우고 기념사진 한 장 없이 지나친다고 아이처럼 투정을 부렸다. 언뜻 난간을 잡은 아내의 마디진 손에 눈길이 머물렀다. 그 곱던 얼굴에 주름이 파고들듯 생활의 진창이 녹아내려 은어처럼 맵시 있던 손가락마다 마디져버린 손이다.

둘이서 살아오면서 바다를 건너는 여행은 이번이 처음이었다. 우리가 제주도 여행을 생각했던 것은 그것을 실행에 옮기는 것은 쉽지 않았다. 빠듯한 살림살이에 목돈을 뺀다는 것도 그러했지만 하루, 이틀 별 준비 없이 다녀올 수 있는 다른 곳들과는 달랐기 때문이다. 비행기를 타거나 배를 타야한다는 번

거로움이 우리를 더 멈칫거리게 했는지도 모른다.

그날 새벽 김포 가도는 안개가 자욱했다. 짙은 안개를 가르며 달리는 차속에서 다른 때 같았으면 나는 그 안개를 보며 오염된 대기로 꽉차있다고 느꼈을 것이나 안개에 휩싸인 도시가 한결 아늑하게 느껴짐은 제주도 여행에 대항 기대감으로 내 마음이 너그러워진 때문은 아니었을까. 누군가 여행은 관용을 가르친다고 말했지만 새로운 풍토 인정에 접할 때마다 자신을 돌아보는 기회를 갖게 된다. 시름을 떨쳐버리고 바라보는 눈에 비친 자연은 그렇게 아름다울 수가 없다. 새삼 자연의 아름다움을 발견하고 거기에 몰두하다보면 스스로 마음마저 가라앉아 맑은 거울로 자신을 비춰볼 수가 있었다.

아스라이 뻗어간 아스팔트 벌판에는 윙윙거리는 심장을 가진 쇠로된 새들이 철새처럼 모였다가 흩어진다. 대합실 창문을 통해 벌판을 바라보던 나는 불안해지는 마음을 어쩌지 못했다. 이제까지는 비행기 옆에 가까이 옆에 가까이 서본 일도 없던 내가 저 비행기를 타고 하늘높이 날아가야 한다는 생각을 하니 아무리 뿌리쳐도 두려움이 남는다.

차멀미까지 자주했던 아내는 멀미약을 먹고 그것도 모자라 요즘 새로 나온 키미테라는 멀미약을 양쪽 귀밑에 붙이느라 자신이 하늘을 날아야한다는 두려움은 미처 생각할 겨를이 없는 것 같아 다행이었다.

제주행 10시 30분 비행기는 정시에 떴다. 창을 통해 바깥세상에 눈을 돌리니 비행기에 오르기 전 마음에 스며들던 불안은 말끔히 가셔버렸다. 옆 좌석의 아내도 창을 통해 열린 세상을 바라보기에 여념이 없다. 비행기는 계속해서 떠오르고만 있는 것 같았다.

아파트 건물들이 성냥갑처럼 줄어들더니 이내 멀어져간다. 발아래 도시들이 장난감처럼 보였다. 구름은 구름에 쌓이고 구름은 구름에 흩어진다. 그것들은 목화송이를 흩 부려놓은 것 같았다.

바다 위의 섬들 그것들은 난장이들의 성채처럼 앙증스럽게 보였다. 바다, 바다, 가없는 바다, 출렁이는 파도는 구름을 삼키고 그래서 구름위에 또 하나의 바다가 펼쳐진다. 구름의 봉우리 구름의 계곡, 이 오묘한 자연의 걸작 앞에 나 작은 인간이 무엇을 말할 수 있을 것인가. 구름 사이로 언뜻 잡히는 제주해안의 물결들, 어느새 기다림에 마주 선 것이다.

아내는 차디찬 바닷바람에 못 견디겠는지 선실로 내려가기를 권했으나 나는 머리를 흔들었다. 좀 더 놓치지 않고 보고 싶었다. 제주도가 눈앞에서 숨어버린 이 바다를 그리고 멀리 떠오르는 섬들과 섬 기슭에 보이는 인가를, 느릿느릿 오가는 고기잡이 조각배를, 이제 내 눈에서 멀어져가는 모든 사물들을 놓치지 않고 바라보고 싶었다.

한라산을 오르지 못한 것은 못내 섭섭했지만 산방산에 올라

천년을 두고 흘러내리는 산방덕이의 눈물이라는 약수로 목을 축이고 산방굴사 앞에서 바라본 끝없이 펼쳐진 바다, 그 가파르고 긴 계단을 따라 올라와 약수를 한 모금 머금고 나에게 보낸 아내의 정겨운 미소, 나는 거기서 그 옛날 지아비를 향한 산방덕이의 지고한 사랑을 느꼈다.

둘러보니 갑판위에는 찬바람 때문인지 아무도 눈에 띄지 않았다. 나는 바닷바람에 조심하면서 잠바 안주머니에서 사진 한 장을 꺼내들었다. 아내의 환한 웃음이 눈앞으로 다가들었다. 아내는 내 오른팔을 두 손으로 움켜쥐듯 꼭 잡고 서있었다. 하얀 잠바 위로 아내의 얼굴이 발그레 빛났다, 뒤로는 무한한 바다, 성산 일출봉에서 아내와 함께 찍은 즉석사진이다. 나는 그곳에서 제주의 맛이라는 해물뚝배기를 먹다가 꽃게 가시에 입천장을 찔려 쩔쩔매던 생각을 해내고는 웃음을 흘렸다.

짧은 시간, 돌아봤지만 제주도는 신비와 전설로 가득한 섬이었다. 그것은 섬 곳곳에서 볼 수 있었던 돌하르방의 표정처럼 언뜻 이해하기 힘들었던 섬이기도 했다. 물에 뜬다는 화산석, 곳곳에 흩어진 용암의 잔해, 외롭게 떨어진 화산도에 살아오느라 독특하게 형성된 섬의 풍속과 이방의 언어를 연상케 하는 방언들, 산굼부리 분화구 앞에 섰을 때 분화구 안에 햇빛이 비치는 위치에 따라 다르게 형성된 수목을 바라보면서 변화무궁한 지구의 연륜 앞에 나는 그만 말을 잊었다.

카페리 호는 무한한 바다위에 홀로 떠있다, 잠시 아무것도 눈에 띄지 않는다, 비늘 같은 물결만 끝없이 이어질 뿐이다.

감귤농장을 들려오느라 서귀포에 있는 천지연폭포에 닿은 것은 저물녘이었다. 아득한 높이에서 곧추 떨어지는 폭포의 물줄기로 두려빠진 못의 물속은 사뭇 검기만 했다. 폭포주위의 기암절벽과 울창한 숲은 웅장하게 비산하는 폭포의 물줄기와 어울려 절경을 이루고 있었다.

나는 못가의 바위에 앉자 물속을 들여다보았다. 못 저리로 어둠이 짙어가는 물위에 물오리처럼 보이는 이름 모를 물새 두 마리가 떠 있었다. 끊임없이 떨어져 내리는 물줄기와 그 파열음이, 깊게 가라앉은 못 위에 이어지는 끝 모르는 곳으로 이끌고 있었다. 제주의 아름다움은 그 장쾌한 폭포에 이르러서 절정을 이루는 것은 아닐까. 멀리 한라산을 배경으로 울창한 수림을 뚫고 흘러내리며 삼단의 폭포를 이룬 천제연폭포와 그 주위의 아름다운 숲, 폭포의 물줄기가 바다로 곤두박질치며 비산하는 물방울들이 아침햇살에 구슬처럼 빛나던 정방폭포, 주위의 바위절벽에 부딪치는 파도소리와 폭포소리가 이루던 웅장한 화음, 폭포 앞에 이른 내 발걸음은 언제나 아내의 재촉을 받고서야 떨어졌다.

오르지 못한 한라산을 먼 곳으로만 돌아봤듯이 빠듯한 일정에 쫓겨 주마간산으로 지나쳤을 뿐인데도 마음에 새겨진 섬의 인상들은 쉽사리 지워지지 않고 오래도록 남을 것이다. 바닷가 절벽 밑으로 무리지어 피어난 수선화의 그 감미롭던 향기, 외돌괴 범섬, 성읍민속촌의 돼지구이 맛, 새로운 전설을 엮어가고 있는 목석원의 아기자기한 이야기, 여의주를 다시 물기만 하면 금방이라도 하늘을 향해 비상할 것만 같은 용두암, 아직도 눈앞에 생생하게 어리는 것들이다.

카페리호의 양옆으로 크고 작은 섬들이 많이 떠오르는 것을 보니 목포항이 멀지 않았나보다, 이제 내릴 준비를 서둘러야 할 것 같다. 그런데도 새벽에 떠나온 제주도의 모든 것들이 쉽사리 놓아주려하지 않는다.

이제라도 다시 가서 머물고 싶은 섬이다. 다시 찾을 때는 시간을 계산하지 않고 섬의 숨소리에 익숙해지도록 머물 수 있는 준비를 하리라. 푸른 바다에 인어처럼 물질하는 해녀들을 보고 싶다. 한라산에도 오르리라, 영산홍 숲길을 따라 영실기암 절경에 취한 눈으로 정상에 올라 신선의 흰 사슴이 물을 마셨다는 백록담 맑은 물에 두 손을 잠그리라.

주왕산, 그 전설의 계곡을 찾아서

얼마 전, 경북 청송이 고향인 친구로부터 안부 편지와 함께 주왕산에 대한 안내 책자를 받았다. 나는 주왕산을 소개한 안내책자를 읽으며 사진으로 보는 주왕산과 계곡의 아름다움 보다는 엉뚱하게 계곡에 얽힌 주왕의 전설에 흥미를 느끼기 시작하였다.

주왕산은 해발 720미터로 동해를 끼고 남하하던 태백산맥이 이곳에 이르러 멈춘 듯 산세가 웅장한데다 기암괴석으로 이루어진 깊은 계곡과 폭포, 계절을 달리하는 봄여름의 꽃과 녹음, 가을 단풍과 겨울 설경의 아름다움은 가히 소금강이라 불릴 만큼 경관이 수려하다고 한다. 청송읍에서 동남쪽으로 11킬로미터 떨어진 곳에 위치하고 있는 주왕산은 계곡을 따라

암벽들이 병풍처럼 둘러져 있다하여 예로부터 석병산이라 불려오다가 신라 선덕왕 때 왕의 조카 김주원(태종무열왕 6대손으로 강릉김씨 시조)이 왕위를 계승하게 되었으나 때마침 큰 비로 집 앞 알천의 물이 넘쳐 후사를 논의하는 자리에 참석하지 못하는 바람에 왕위가 김경선(원성왕)에게로 돌아가자 이곳으로 들어와 은거하였다하여 주방산 또는 대둔산이라 불리기도 했었다한다.

전설에 의하면 당나라 덕종황제 15년(신라 소성왕 원년) 진나라에서 복야상서라는 벼슬을 지낸주의의 8대손 주도가 남양부에서 반기를 들었다. 어려서부터 황하의 물을 들여 마시고 태산을 갈아 없애겠다면서 제왕을 꿈꾸어 왔던 주도는 뜻을 같이한 장사 100명을 데리고 웅이산에 들어가 군사를 모아 남양 땅에 웅거, 스스로 후주천왕이라 칭하고 옛 나라를 회복한다는 구실 아래 당나라 서울인 장안으로 쳐들어갔다. 그러나 장군 곽자의에게 패하여 요동으로 쫓긴 주왕은 형세가 불리해지자 남은 군사를 거느리고 산맥을 따라 남하하여 산세가 험한 이곳 석병산에 숨어들었다. 당나라에서 이를 알고 토벌해줄 것을 요청하자 신라의 소성왕은 마일성 장군을 시켜 치게 하니 아우 이성, 삼성, 사성, 오성과 함께 군사를 거느리고 석병산을 포위했고 주왕은 신라군에게 쫓겨 일생을 마쳤다고 한다.

지난 겨울 동해안을 여행하다가 지나치면서 한번 찾아가 보리라 마음먹었던 곳이기도 해서 이번 아내와 함께하는 여행의 목적지를 정하는데 망설임이 없었다. 우리가 주왕산 국립공원에 도착한 것은 긴 여름해가 기울 무렵이었다. 여인숙을 정하고 아내와 마주앉아 저녁으로 산채비빔밥을 주문할 무렵, 밖에는 산그늘에 묻어온 어둠이 서서히 번져가고 있었다.

여행을 하다보면 매번 그런 것이었지만 처음 찾아간 곳의 밤은 가벼운 흥분으로 잠을 설치고는 했었다. 밤이 깊어서야 밖으로부터 소나기처럼 쏟아져 들어오는 냇물소리를 자장가 삼아 잠을 청했다.

아침에 일어나 산속의 맑은 공기에 접하니 어제의 노독도 가신 듯 생각보다 몸이 가뿐하다. 이른 아침을 청해 먹고 서둘러 여인숙을 나섰다. 주왕산 계곡으로 향하는 길목의 잡다한 토산물 가게들을 지나 대전사 가까이 이르자 하늘을 향해 치솟은 거대한 바위 봉우리들이 앞을 막아섰다. 이 바위 봉우리는 어제 버스를 타고 들어서면서 맨 먼저 내 눈에 들어온 것이기도 했다. 이곳으로 오면서 내내 저만치 바라보며 왔었다.

울창한 푸른 숲으로 덮인 산 위로 불끈 솟은 바위 봉우리들은 주왕산 계곡 입구를 관문처럼 버티고 서 있다. 그것은 바위봉우리라고 하기 보다는 자연이 신비한 힘으로 마름질해서 깎아 세운 거대한 비석 같았다. 뫼산 자 같기도 하고 자세하게 살필수록 꼿꼿하게 편 다섯 개 손가락 모양을 닮은 바위 봉우리들은 손오공이 권두운을 타고 달음질쳐도 닿을 수 없었던 부처님 손가락을 언뜻 떠올리게 한다. 주왕이 신라의 마일성 장군과 싸울 때 이엉을 둘러 마치 노적가리처럼 속였다 하며 나중에 주왕을 토벌한 후 가운데 제일 높은 봉우리에 대장기를 세웠다하여 깃대바위(기암)라 부르게 되었다고 한다.

나는 이런 주왕의 전설을 따라 계곡을 둘러보기로 하고 걸음을 재촉했다. 길옆 내에는 맑은 물이 돌밭에 스미듯 흐르고 있었다. 길옆 산비탈과 기슭으로는 갖가지 나무들로 울창한 숲을 이루고 바위 틈틈이 이곳에서만 자생한다는 작은 키의 수달래나무가 드문드문 눈에 띄었다.

냇바닥에 떠내려 오다 멈춰선 듯한 바위가 있다. 서너 길은 실히 되어 보이는 둥글게 생긴 바위가 몇 개의 받침돌 위에 올려져있어 마치 떠있는 듯하다. 이 아들바위에서 한참을 내를 따라 가다보면 왼쪽 산비탈에 위로부터 흘러내린 돌무더기가 군데군데 나타난다. 주왕이 신라 군사를 막기 위해 쌓은 성터라 한다. 자하성은 나한봉을 가로막아 쌓은 돌담으로 주위가 삼십 리에 달했다고 전하나 지금은 대부분 무너져 내려 덩굴 아래 무심할 뿐이다.

주방천 저리로 산자락 나무 그늘에 더위를 식히는 젊은 부부가 느긋하게 누워있었고, 냇바닥 웅덩이 물에는 남매인 듯한 너덧 살짜리 아이 둘이서 벌거벗은 채 물장구를 치며 놀고 있었다. 그림 같은 풍경이다. 조용하고 평화롭다. 나는 아내의 옆얼굴을 훔쳐보았다. 그러고는 살며시 아내의 손을 잡아본다. 영문 모르는 아내는 나를 돌아다보며 엷은 미소를 떠올린다. 어쩌다보니 세상을 쫓기듯 살아온 것만 같았다. 저 젊은 부부들처럼 여유를 한가롭게 즐길 틈새도 없이 세상을 바쁘게만 살아온 것은 아닐까 생각되어 지난날이 조금은 후회가 된다.

자하성을 지다 폭포로 가는 길에서 잠시 벗어난 연화굴은 가파른 비탈길을 한참이나 더듬어 올라가야 했다. 굴은 몇 발짝 안으로 들어가면서 바른쪽우로 구부러지다가 다시 휘어져 연화봉을 향하고 올라갔다. 폭이 좁고 긴 굴로 안에 들어가서는 하늘이 보이는 굴이었다. 굴 양쪽 벽은 수십 길이나 높은 석벽으로 이루어져 있어 올려다보면 까마득한 곳에 하늘이 조각나 있었다. 이곳은 주왕의 딸 백련공주가 은거하여 수도하던 곳으로 굴 입구엔 연화사가 있었다고 한다. 부드러운 손길로 나뭇가지를 휘어잡으며 돌부리 험한 산길을 오르내리기 그 얼마나 힘겨웠으랴. 의지했던 아버지를 비명에 잃고 따르던 군사들마저 흩어졌을 때, 한도 사랑도 작은 가슴에 묻은 채 통곡하듯 부처님 발아래 무너졌으리라.

굴 앞에 서니 한 떼의 바람이 불어와 땀 젖은 몸을 시원하게 식혀준다. 담배를 꺼내 물며 잠시 백련공주의 애처로운 모습을 떠올려 보는데 나도 모르게 콧마루가 시큰해진다.

주방천을 따라 잘 다듬어진 길은 발밑에 흐르는 냇물과 어우러진 나무그늘로 해서 여름 한낮의 더위를 잊게 해 준다. 깎아지른 바위 절벽으로 둘러진 병풍바위를 지나며 보니 계곡

건너편에 수십 길 높이의 절벽이 지금이라도 무너져 내릴 듯 위태하다. 주왕의 군사들이 절벽위에 무자위를 차려놓고 계곡의 물을 길어 올렸다 해서 이 절벽을 급수대라 한다.

병풍바위를 지나 돌기된 바위기둥이 특이하게 생긴 시루 봉 아래서 계곡을 가로지른 다리를 건너자 바로 눈 위로 학소대가 까마득하게 올려다 보인다. 옛날에 청학 백학이 떼를 지어 살았다는 학소대를 지나면 폭포로 향하는 출렁다리가 나타난다. 다리로 깊은 계곡을 건너 다시 절벽 밑에 이르면 저만치 폭포의 물소리가 시원스럽다.

제1폭포에서 석문처럼 생긴 바위절벽 사이로 내려다보면 기암괴석 사이로 울창한 숲. 그리고 그 수위로 다시 힘차게 하늘은 향해 뻗쳐오는 바위 절벽의 웅장함. 아래로 내달리는 계곡이 절묘함을 이루고 있다. 폭포수에 발을 담그고 그 아름다움에 술처럼 취하고 싶어진다.

제2폭포는 세련된 여성미를 보듯 그 아기자기한 맛이 비할 데 없다. 물줄기가 둥그런 바위 구멍을 휘돌아 솟구치면서 아래로 떨어져 연못을 이루고 있다. 폭포 위쪽의 둥그런 구멍이 구룡소이고 아래로 맑은 물이 머물면서 흐르는 연못을 선녀탕이라고 전한다.

제3폭포 양옆으로는 노송이 울창한 숲을 이루고 있어 이제와는 다른 느낌을 준다. 두 갈래로 갈라진 폭포의 물줄기가 중간에서 꺾이면서 떨어져 흐르다가 제2폭포에서 내려오는 물줄기와 합쳐지면서 내를 이루어 제1폭포에 닿는다.

다시 학소대 앞 갈림목까지 되돌아와 휴게소에서 감자부침 한쪽으로 시장기를 달랜 후 거기서 오르막길을 올라 주왕암으로 향했다. 좁다란 산길은 가파른 비탈에 띠처럼 매달려 있어 한번만 발을 헛디뎌도 계곡 아래로 굴러 떨어질 듯 험하다. 급수대 절벽 밑을 지도리로 지나 망월대에 이르렀다. 주왕의 아들 대전도군과 딸 백련공주가 달을 바라보며 시름을 달랬을 그곳엔 이제 세월의 풍화작용에 침식되고 있는 한 개 커다란 바윗덩이만 계곡을 굽어보며 박혀있을 뿐이다.

조심조심 산길을 내려와 가학루에 서니 지붕너머로 촛대봉의 뾰족한 바위 봉우리가 하늘을 찌를 듯 솟아있다. 주왕암의 문간채인 낡은 목조 2층 가학루를 지나면 관음봉 아래 오색단청의 주왕암에 이른다. 주왕암은 산 입구에 있는 대전사와 거의 가은 시기에 창건되었다고 한다.

주왕굴은 여기서 다시 절벽사이로 난 좁은 길을 찾아 들어가다 왼쪽으로 꺾어지는 곳에 있었다. 철 계단을 오르니 벼랑에 바위굴이 나타났다. 방처럼 평평한 굴 바닥은 습기로 눅눅했다. 이 굴은 신라의 토벌군에게 쫓긴 주왕이 마지막 몸을 숨겼던 자리라고 한다. 낭떠러지에서 떨어지는 폭포수가 굴 입구를 막고 있어 천혜의 은신처라 생각하고 방심했던 주왕은 어느 날 굴 입구로 떨어지는 물에 세수를 하러 나왔다가 화살을 맞았다고 한다. 바람을 가르며 날아온 화살이 가슴을 꿰뚫었을 때, 죽음을 앞에 둔 주왕의 눈에 어렸던 것은 이루지 못한 후주천왕의 꿈이었을까? 어쩌면 주왕의 부릅뜬 눈에는 의지 없이 남겨질 사랑하는 딸 백련공주의 애처로운 모습이었을지도 모른다.

지금도 그 물줄기는 낙숫물처럼 쉬지 않고 떨어져 굴 입구를 막고 있다. 주왕의 군사들이 갑옷과 무기를 숨겨두었었다는 무장굴을 둘러보고 내리막길을 조심조심 자하성에 닿으니 주왕의 전설이 서린 계곡을 대충 둘러본 셈이다.

한 가지 아쉬움으로 남는 것이 있다면 지금이 한여름이어서 늦은 봄부터 첫여름에 걸쳐 핀다는 수달래 꽃을 볼 수 없다는 것이다. 화살을 맞고 떨어진 주왕이 마일성장군의 철퇴 아래 숨을 거둘 때 그 흘러내린 피가 주방천을 붉게 물들이더니 그 이듬해 물가 곳곳에 핏빛의 수달래꽃이 피어났다고 한다. 진달래꽃과 비슷하나 핏빛으로 짙고 꽃잎에 검은 반점이 있는 것이 특징인 이 꽃은 해마다 오뉴월에 주방천을 따라 피면서 주왕의 원한어린 넋처럼 맑은 냇물을 붉게 물들인다고 한다.

이번이 주왕산과의 첫 만남이었지만 발길 닿는 곳마다 펼쳐진 경관의 수려함에 매료되고 말았다. 더욱 마음을 잡아끌었던 것은 계곡과 산자락마다 서린 주왕의 전설이었다. 그 전설은 나를 주왕이 살았던 시대로 이끌어 홀로 남겨졌을 백련공주의 눈물로 마음을 적시게 했다.

산 입구에 있는 대전사는 천 년 전(고려 태조 2년) 보조국사가 주왕과 그 아들 대전도군의 명복을 빌기 위해서 창건한 절로서 임진왜란 당시에는 사명대사가 승병을 훈련시켰던 곳이라 한다. 백련공주의 이름을 따서 지었다는 백련암은 대전사에서 주방천을 건너 마주보이는 곳에 있다. 백련암에서 장군봉 쪽으로 올라가다가 보면 계곡 냇바닥에 둥글고 덩치 큰 바위 한 개가 멈춰있다. 바위의 중심이 한칼로 베어낸 것처럼 반듯하게 갈라진 채 위가 조금 벌어져 있었다. 그 집채만 한 바위가 수박을 쪼개듯 갈라져 있는 것이 괴이하기만 하다. 그 바위에 대해서는 유래를 알 수 없었으나 그것은 신라군에 쫓기던 주왕의 한 맺힌 칼질에 바위가 그렇게 두 동강이 나버린 것은 아니었을까.

전설이란 구전에 의한 미족의 지적표현이라고 할 수 있으며 현실에 접근해 있고 역사와도 밀접한 관계를 맺고 있다고 본다. 전설은 우리 조상들의 체험에서 우러난 것이므로 거기서 옛 모습을 발견할 수 있기 때문에 현존하는 증거물(고목, 거암, 불사, 성의 흔적, 등)을 소중하게 보존해야 하리라고 믿는다. 내가 돌아본 주왕산만 해도 지명, 암석, 불사, 축성의 전설을 갖추고 있다. 우리가 여행길에서 무심하게 지나쳤던 사물일지라도 거기에 깃들인 전설을 음미하여 다시 바라본다면 감흥은 새로워질 것이다. 이제까지 우리는 우리의 전설을 너무 가볍게 여겨 지나쳐버렸던 것은 아니었을까. 지금은 우리의 산하에 묻혀 잊히고 있는 애틋하고 아름다운 전설을 발굴해내어 가꾸고 다듬어야 할 대인지도 모른다.

천년의 사랑, 할미바위 

태안반도 남서쪽의 안흥만에 있는 안흥항은 서해 중심어항이라고 할 수 있다. 지리적으로 본토로서는 서해로 가장 깊숙이 파고들어가 있어 백제시대부터 당나라와 무역항으로 사용된 유서 깊은 항구이다. 태안읍에서 지방도로를 따라 서쪽으로 17㎞ 떨어진 곳에 있는 본토의 내항과 신진도에 있는 외항은 다리로 연결되어 있다. 어선들 대부분이 신항으로 옮겨 가면서 내항은 낚싯배와 유람선이 출항하는 항구로 바뀌었다.

며칠 전, 이곳을 다녀왔다는 친구 김종호님의 재촉으로 갯바위 낚시를 하려고 서둘러 달려왔다. 그는 나의 초등학교 동창생으로 죽마지우다. 그와 내가 부부 동반하여 여행을 하기 시작한 것은 오래 전부터다. 마음 맞는 친구와 여행을 하니 말

벗이 되고 한 대의 자동차로 갈수 있으니 여행경비도 절약할 수 있어 좋았다. 차 트렁크에 일용품을 싣고 아무 곳에서나 차를 세우고 자리만 깔면 되었다.

우리가 태안군 근흥면 신진도리 마도에 여장을 풀었던 것은 하루를 묵어가면서 갯바위 낚시를 하기 위해서였다. 그런데 우리 네 사람이 한나절 낚시를 드리우고 있었어도 입질 한 번 안했다. 지금은 숭어와 학꽁치가 물린다고 했으나 갯바위 다른 사람들의 낚시도 마찬가지였다. 거기다 썰물 때가 되어 바닷물까지 빠지고 있었다.

오후 늦게야 빈 낚시를 접었다. 그리고 다음 행선지를 안면도로 정하고 차를 몰았다. 그것은 태안 8경의 하나인 꽃지 해수욕장에 있는 할미 할아비 바위의 낙조를 보기 위해서였다.

안면도에 들어서 해변도로를 따라 차를 몰았다. 바다가 한눈에 들어왔다. 그러나 어쩌랴, 우리가 밧게 해수욕장을 지날 무렵엔 하루의 태양이 바다로 떨어지기 직전이었다. 서둘러 길가에 차를 세웠다. 그리고 차에서 내려 자리를 폈다. 일몰의 아름다움을 바라보며 감상에 젖어 있자니 늘 그랬던 것처럼 자리위엔 간단한 술자리가 마련되었다. 친구가 준비해온 양주 한 병에 마른안주로는 황태포, 갯바위에서 낚시를 하면서 찔끔거린 술은 반으로 줄어있었다. 우리 네 사람은 지금 술 한 잔씩을 손안에 움켜쥔 채 일몰의 장엄한 아름다움에 취해갔다. 붉은 노을이 바다 위에 길게 늘어지고 있었다. 태양이 이제 하루를 접는 시간이다. 그것을 바라보는 마음에 눈물이 번진다. 일흔을 바라보는 나이에 이른 우리의 삶, 또한 저 일몰의 시기에 도달했으리니, 정말이지 저 아름다운 노을처럼 우리의 삶을 아름답고 소중하게 후회 없이 지울 수 있을 것인가 하는 물음이었다.

꽂지 해수욕장에 도착한 것은 저물녘이었다. 이곳까지 오면서 몇 군데 해수욕장을 지나왔어도 대부분 썰렁한 바람뿐이었는데 꽂지 해수욕장은 꽤나 많은 사람들이 서성거리고 있었다. 그것은 해수욕장 오른쪽 바다 저만치 수문장처럼 막아선 할미 할아비바위 때문인 것 같았다. 마침 썰물 때라 물이 빠져 바위까지 오가며 사진을 찍거나 소곤거려 걷는 젊은 남녀들이 땅거미 속으로 묻혀가고 있었다. 우리도 초입의 군밤장수에게 군밤 한 봉지를 사서 나눠 먹으며 할미, 할아비바위를 돌았다.

안면읍 승언리 소재지에서 서남쪽으로 4㎞떨어진 승언리 4구 해변에 위치한 꽂지 해수욕장은 낙조로 유명한 할미, 할아비 바위가 있어서 연중 많은 사람들이 찾고 있다. 바다를 바라보고 있는 할머니 같이 보인다 해서 할미바위라 불리는 이 바위에 대해서 슬픈 전설이 전해져 내려온다.

지금으로부터 1,150여 년 전인 신라의 흥덕왕 때였다. 당시 바다를 주름잡고 있던 장보고는 청해진(전남 완도)에 거점을 두고 해상활동을 펴나가는 동시에 서해안의 견승포(안면도)

에도 해상전진기지를 두고 이 기지를 관할하는 책임자로 승언(承彦)이란 사람을 두어 다스리게 하였다. 견승포에 부임하게 된 승언은 미도라는 아름다운 아내를 동반했는데 두 사람은 금실이 매우 좋았다고 한다.

그러던 어느 날, 멀리 청해진으로부터 군사를 이끌고 북쪽으로 진군하라는 명령이 전달되었다. 그는 사랑하는 아내와 떨어지는 것이 안타까웠지만 아내에게 곧 돌아오겠다는 말을 남기고 견승포에 주둔했던 군사들을 이끌고 북쪽으로 떠났다.

미도는 바닷가에 나와 멀리 출정하는 남편을 아픈 마음으로 떠나보냈다. 그러나 곧 돌아오리라 믿었던 남편은 돌아오지 않았다. 한 달이 가고 또다시 두 달이 가고 또다시 한 해가 가고 두해가 갔지만 미도는 날마다 남편을 태운 배가 돌아오기만을 기다리고 있었다. 미도는 바닷가 높은 바위에 올라 먼 바다를 바라보며 남편을 애타게 기다렸다. 눈이 오나 비가 오나 날마다 남편이 떠난 바다를 바라보며 기다렸다. 결국은 기다리다, 기다리다, 기다림에 지쳐 죽었다한다. 그 후 바위는 미도가 남편을 기다리며 먼 바다를 바라보고 서 있는 모습으로 변해버렸다고 한다.

지금도 이 할미바위는 변함없이 먼 바다를 바라보고 서 있어 보는 사람의 마음을 아련하게 슬픔으로 젖어들게 한다. 그런데 할미바위에서 조금 떨어져 있는 할아비 바위에 대해서는 이렇다 할 전설이 없다고 한다. 그러나 부부의 사랑은 지고지순한 것이다. 출정하여 임무를 수행하다 불행하게 승언은 전사하였으나 그 영혼은 사랑하는 아내 미도에 대한 그리움으로 걷잡을 수 없었다. 그리하여 마침내 바다에 떠도는 부서진 배에 얹혀 천신만고 끝에 출항한 해변에 돌아왔으나 이미 망부석으로 변한 아내의 모습을 보고 절망하여 멈춰선 채 그대로 배와 함께 바위로 변한 것은 아니었을까?

칠백의총(七百義塚)

나는 고속도로를 이용하길 싫어하는 편이었다. 시간에 쫓기는 일 없이 여유롭게 일반 도로 를 달리며 주위의 풍경을 마음껏 돌아볼 수 있어서 그랬던가. 아니면 아무 곳에서나 차를 길 가에 세워 놓고 쉬어갈 수도 있어서였던가. 그래서인지 요즘 이곳저곳에서 뚫리는 자동차 전용 도로도 들어가기 싫어했다. 더구나 옆에 아내가 타고 있을 때는 잘못 실수하여 몸이 튼실하지 못한 아내에게 해가 될까봐 절대 속력을 내지 않으려고 해왔다.

금산은 그렇게 낯익은 고장은 아니었으나 아내에게 홍삼이 좋다하기에 인삼을 구입하러 자주 드나들게 되었다. 내가 사는 곳에서 금산까지 가려면 만만치 않은 거리다. 그렇지만 천안 인터체인지에서 진입하여 경부고속도로를 달리다 대전을 지나면서 대전 통영고속도로로 갈아타고 조금 더 가면 금산 인터체인지가 나온다. 한 시간 조금 웃도는 거리다. 그런데도 고속도로 진입을 싫어하는 나로서는 국도 1호선을 따라가다가 조치원에서 옛길을 더듬어 멈칫멈칫 신탄진에 이르러 대전 도심을 조심조심 빠져나와 추부를 지나 금산에 이르려면 족히 세 시간은 넘게 걸리는 거리였다.

대전 시내를 지나 들깻잎으로 이름이 알려진 추부를 비켜서 금산으로 접어들다 보면 오른쪽 으로 '칠백의총'을 알리는 갈색 표지판이 보인다.

'아! 칠백의총(七百義塚)...'

임진왜란 당시 왜군과 맞서 싸우다 전원 분사한 민중의 무덤이 있는 곳, 기억의 한 자락에 잠시 떠올랐을 뿐이다. 그런데 금산을 몇 번 오가다보니 그 갈색표지판이 자꾸 눈에 걸렸다.

그러던 중 우연한 기회에 김종호님 부부와 함께 가게 되었다. 그래서 우리 부부는 읍내에 있는 주차장에서만나 김종호님 차에 편승했다. 두정동 입구에서 천안 인터체인지에 이르는 진입로가 새로 뚫려 시원스럽고 경쾌했다. 우리는 대전을 지나면서 대전통영고속도로로 바꿔 타고 가다 인삼센터에 들려 잠시 쉬면서 커피 한잔을 마신 뒤 곧바로 금산인터체인지에 이르렀다.

금산 약초시장을 한 바퀴 돌면서 필요한 약초를 고르고 수삼을 구입하여 짐을 묶어 차의 짐칸에 싫었는데도 점심때가 멀었다. 그래서 이른 점심을 먹다가 생각난 것이 칠백의총의 갈색 표지판이었다.

금산에서 추부를 향해 가다가 의총리 삼거리에서 갈색 표지판을 보고 좌회전하여 조금 들어가 너른 주차장에 차를 대니 저만치 칠백의총의 경내를 둘러싼 담장과 관리소 건물이 보였다.

우리는 차에서 내려 잘 다듬어진 잔디사이로 난 길을 따라 의총문과 취의문을 지나 종용사 앞에 이르러 몸을 가다듬고 향을 사르며 누란의 위기에 처한 나라를 위해 의로 일어나 왜적에 맞서 싸우다 분사하신 칠백의사를 향해 묵념을 올렸다.

금산의 왜적은 고마야가와 다께가께(小景)가 이끄는 1만5천명이 넘는 막강한 군사력이었다.

엄청난 적을 맞아 의병장들은 망설이고 승산이 없다며 후퇴하여 후일을 도모하자고 했으나 의병장 조헌(趙憲)은 말했다.
"수많은 왜적을 이기는 것만이 우리의 목적이 아니다. 그들에게 이 나라 조선이 살아 있음을 보여줘야 할 것이오."

1592년 8월 18일. 의병들은 왜적과의 싸움에서 중과부적으로 전원 옥쇄하였다. 의병들은 단 한명도 물러섬도 없이 죽음으로 적을 맞아 싸운 것이다. 이 싸움으로 해서 왜적은 금산에서 물러났다.

싸움이 있은 4일 후, 조헌 선생님의 제자 박승량과 진승업이 700여명 의사들의 유해를 한 무덤에 모시고 칠백의총이라 하였으며 선조 36년(1603년) '중봉 조헌선생 일군 순의비'를 세우고 인조 25년(1647년)에는 사당을 건립하여 칠백의사의 위패를 모시게 되었으며 현종4년 (1663년)에는 이 사당에 종용사라는 사액과 토지를 내렸고 대대로 제사를 지내게 하였다,

'칠백의총' 거대한 흙무덤이 가슴으로 다가오며 순간 형언할 수 없는 감회가 온몸을 훑고 지나간다.

당시 의병들의 면모를 돌아보기로 하자.

1차 금산싸움의 의병장 고경명(高敬命). 아름다운 시문으로 일찍이 이름을 떨쳤던 노 시인(老 詩人)은 임진왜란이라는 미증유(未曾有)의 국난에 즈음하여 농민과 함께 힘차게 북을 울리고 의기를 휘날려 왜적에 맞서 싸우다 둘째아들 인후와 함께 장렬한 최후를 마쳤다.

2차 금산 싸움의 의병장 조헌(趙憲). 이이(李珥)의 문인 중 가장 뛰어난 학자로 임진왜란이 일어나자 옥천에서 의병을 일으켰다. 금산 전투에서 전세가 위급해져 부장이 후퇴할 것을 권하였을 때 "대장부가 국난을 당하여 마땅히 죽음이 있을 뿐인데 어찌 구차스럽게 삶을 구할 수 있겠느냐"고 외치면서 끝까지 적을 무찌르다 장렬하게 전사하였다.

은거하고 있던 갑사(甲寺)에서 출전한 영규대사(靈圭大師)

는 승병을 이끌고 조헌(趙憲) 선생과 더불어 금산 싸움에서 "다만 의를 쫓아 죽을 따름이다." 외치면서 장창을 휘둘러 적을 무찌르다 장렬한 최후를 마쳤다.

평택현감 명광계(明光啓), 조헌의 문하생인 노응환(盧瀌晥), 의병장인 소행진(蘇行震). 이보 (李寶)등 몇몇을 제외하면 이름이 알려지지 않은 무명의 민중이다. 그들은 국난을 당하자 의병을 자원하여 맨손으로 왜적과 싸우다가 이슬처럼 사라져 갔다. 이보는 부모의 상중임에도 불구하고 가솔과 주변의 농민 400여명을 이끌고 금산과 진안의 경계인 배재에서 왜적을 맞아 싸웠으나 중과부적으로 패하여 전사했다. 이때 소행진도 전사를 하였는데 장자 계와 차자 동의 또한 왜적과 싸우다 전사하였다. 그런데 남편이 전사하였다는 말을 전해들은 차자 동의 아내 민 씨는 피난처인 강화도에서 자결을 하니 한 집안이 모두 몰살을 하였다. 나라의 어지러움을 당하여 자신의 한 몸을 아낌없이 던져버린 그 정신이야 말로 오늘의 우리를 있게 한 원동력이 아니겠는가.

역사를 돌아봐도 국난을 당했을 때. 그때마다 일어서 나라를 구한 것은 민중이었다. 어느 전승지보다도 더욱 성역화 되어 기억되어야 할 곳은 바로 이곳이라는 것을 새삼 느낀다. 다행히 박정희 대통령시절 성역화 사업으로 얼마간 면모를 갖추었다고는 하나 더 많은 사람들이 이곳을 찾아 참배할 수 있어야 하겠다. 그리고 학생들의 수학여행지로 빠질 수 없는 곳이 되어 자라나는 아이들에게 민중 의식을 고취시킬 수 있어야 하겠다. 역사를 지탱하여 온 것은 몇몇 지도자가 아닌 민중의 힘이었다는 것을 느끼게 해야 할 것이다.

가신님들을 생각하며 무거운 마음으로 기념관과 순의비를 둘러 나오다 숭의지에 이르렀을 때 맑은 물속에는 잉어들이 떼 지어 노닐고 있었다. 무심하다.

화성에서의 하루

아내와 내가 화서역에 내렸을 때 조카사위 방 선생이 상덕이와 함께 나와 기다리고 있었다. 조카라지만 맨 윗분이시던 큰 오라버님의 맏딸이니 오남매의 막내딸인 아내와는 일곱 살 차이로 어찌 보면 자매 같은 사이기도 하다. 그러하니 나 또한 상덕이는 그러려니 하지만 조카사위인 방 선생한테는 "이봐, 명직이" 하고 이름을 부르기가 버거워 방 선생이란 호칭을 즐겨 쓰게 된다. 약관의 나이에 초등학교 교사로 교육계에 투신하여 이제 정년을 맞아 퇴직한 몸이니 방 선생이란 호칭 또한 자연스럽지 않겠는가? 나 또한 번족한 집안 처가의 막내사위 노릇하기가 그리 쉽지 많은 않은 일이구나 하는 생각이었다.

화서역에서 정자동까지는 그리 멀지않은 거리여서 방선생의 무쏘에 오르자 금방이었다. 정자동 주택가에 있는 조카딸네 집은 아담하게 지은 벽돌 2층집으로 아래층은 초등학교 교사부부인 아들내외에게 내주고 위층을 쓰고 있는데 아들내외가 불편하지 않도록 방의 통로를 따로 쓰고 있었다. 모든 곳에서 방선생의 자상하고도 너그러운 풍모가 잘 나타나고 있는 것 같았다. 언뜻 돌아봐도 살림살이가 여유로워 보여 마음이 족했다.

점심을 먹은 후 집에서 멀지않은 곳에 있는 만석공원에 바람을 쐬러 가자기에 따라 나섰다. 집을 나올 때 흐린 하늘에서 드문드문 빗방울이 떨어져 저마다 우산을 챙겼다.

만석공원은 화성 축성당시 신도시의 생산기반시설로 1795년 5월 18일에 축조했던 만석거라는 저수지를 일부 매립하여 1998년에 조성된 것이라 한다. 저수지 안에는 인공으로 만든 섬과 분수대 시설이 있으며 덩굴시렁을 비롯한 휴게시설과 게이트볼장, 테니스장, 축구장등 체육시설이 있고, 편의시설과 주차장이 완비된 데다가 수원미술관까지 들어서있어 휴식을 취하며 예술작품을 감상할 수도 있었다. 저수지 둘레로는 자전거 도로와 조깅을 할 수 있도록 길이 닦여져 있어 언제든지 저수지를 한 바퀴 돌며 운동을 하는 데는 안성맞춤이다. 저수지 안 인공 섬에는 나무들이 우거져 있었으며 저수지 갓으로 얕은 물속에는 노랑과 보라색 꽃창포가 어울려 한창 꽃을 피우고 있는데다. 그 곁에서 노닐고 있는 몇 마리 청둥오리가 한 폭의 풍경화를 보는 듯 정겨웠다.

아침에 일어나니 하룻밤밖에 지나지 않았지만 비어있을 집이 그래도 궁금하여 아침 후 바로 돌아가려 했는데, 방 선생이 여기까지 오신 길에 화성이나 한번 들렸다 가시라고 권했다. 이제 서로 늙음의 길로 들어서는 조카딸 내외가 고모를 따듯이 모시려는 마음이 넘친다. 그러고 보니 시간을 내기도 어려운데 이왕 온 길에 유네스코 세계문화유산으로 등록된 수원 화성을 한번 둘러보고 싶은 마음이 생겼다.

수원화성은 조선왕조 제22대 정조 대왕이 양주 배봉산에 모셔져있던 아버지 사도세자의 능침을 조선제일의 명당이라는 수원 화산으로 천봉하고 화산부근에 있던 읍치를 수원의 팔달산아래 지금의 장소로 옮기면서 축성되었다. 축성은 아버지에 대한 정조의효심이 근본이 되었을 뿐 아니라 아버지 사도세자를 뒤주속의 죽음으로 내몰았던 당쟁에 의한 당파정치 근절과 강력한 왕도정치의 실현을 위한 원대한 정치적 포부가 담겨져 있었을 것이다.

수원 화성은 다산 정약용이 동서양의 기술을 참고하여 만든 "성화주략"(1793년)을 지침서로 영중추부사 채재공의 총괄아래 1794년 1월에 착공하여 1796년 9월에 완공하였다고 한다. 축성에는 화성유수 조심태가 현장 지휘하여 신기재인 기중기, 녹로 등으로 석재 등을 옮기며 성을 쌓았다고 한다.

수원화성은 축조이후 일제의 강점기를 지나 한국 전쟁을 겪으면서 성곽의 일부가 파괴되었으나 축성이후 발간된 '화성 성역의궤'에 의거하여 대부분 축성당시의 모습대로 보수 복원하여 현재에 이르고 있다 한다. 화성은 사적 제3호로 지정 관리되고 있으며 소장문화재로 팔달문(보물 제402호), 화서문(보물 제403호), 장안문, 공심돈 등이 있으며 1997년12월 유네스코 세계문화유산으로 등록되었다.

성곽을 따라 팔달산까지 다녀올 수 있는 화성열차를 타기 위하여 차표를 끊었으나 탈 차례까지는 한 시간을 넘어 기다려야 했다. 그래서 연무대 주위의 건물들과 성곽을 따라 한 바퀴 돌았다. 방 선생은 옆에 따라오면서 들르는 건물마다 자세하게 설명을 해주고 있다. 그렇게 성곽을 따라 한 바퀴 돌았어도 시간이 되지 않아 활터 앞에 있는 마트의 빈 의자에 앉아 쉬고 있는데 방 선생이 아이스크림을 방 선생이 아이스크림을 사가지고 다가온다.

팔달산에서 돌아온 화성열차가 한 바퀴 원을 그리며 돌아서 멈춰 서자 기다리고 있던 한 떼의 유치원 어린이들이 재잘거리며 화성열차에 올랐다. 아이들은 밝은 햇살아래 피어나는 송이송이 꽃이다. 방글방글 웃음마다에서 피어나는 꽃송이.

화성열차는 자동차 바퀴로 구르고 있었으며 머리에는 은색 철판으로 용의머리를 만들어 씌웠다. 축구공만한 붉은 색깔 여의주를 다부지게 한입 문 은색 용머리 뒤로 세 칸의 열차가 연결되어 있다.

화성열차는 천천히 움직이기 시작했다. 그리고 성곽의 외벽으로 난 시가지 길을 느릿느릿 굴러갔다. 화홍문 일곱 개의 홍예에서 맑은 물이 콸콸 쏟아진다. 화홍문은 화성 안을 남북으로 길게 흐르고 있는 수원천의 북쪽에 있는 북 수문이다. 인구가 밀집된 도심을 흐르는 개울인데도 맑은 물이어서 화성에 대한 자긍심을 가지고 있는 수원시와 시민들의 노력을 엿볼 수가 있었다. 옆에서 상덕이가 제 고모에게 물속에 있는 잉어를 보라고 손짓한다. 그래서 내려다보니 맑은 개울물에 잉어 몇 마리가 한가롭게 노닐고 있다.

느릿느릿 화성열차는 장안문 앞의 장안공원 안을 한 바퀴 돌아서 팔달산을 향해서 오르기 시작하였다. 한참이나 언덕을 힘겹게 오른 화성열차는 산중턱의 정류장에 도착하였다. 팔달산은 상덕이 내외가 자전거를 타고 와서 자주 등산을 하는 곳이라 한다. 우리 네 사람은 등산로를 따라 천천히 걸어서 산을 오르기 시작했다. 한참이나 올라서야 우리는 팔달산 정상에 있는 서장대에 도달할 수가 있었다. 등산로 주변으로는 수림이 울창하다.

서장대는 일명 화성장대라고 알려져 있으며 화성의 군사를 총 지휘하는 곳이었다고 하는데 현재의 건물은 얼마 전 소실되어 다시 복원한 것이라고 한다. 세계적 문화유산인 서장대가 술 취한 한 젊은이의 무모한 객기에 의해서 소실되었다하니 정말 어이없는 일이다. 2006년 5월 1일 새벽 1시경 나무로 된 2층 누각이 모두 불에 타버리는 데는 20여분 밖에 걸리지 않았다고 한다.

이처럼 허술한 문화재관리를 생각하며 멀리 동북쪽으로 수원 시가지를 띠처럼 두른 산줄기에 눈을 주다가 방 선생이 곁으로 다가오기에 물으니 광교산이라 귀띔한다. 5월의 중반, 날씨는 맑고 따사로워 이마를 스친,S 한 점 바람이 시원하다. 일세의 영명한 군주였던 이산 정조를 생각해본다. 당쟁의 제물이 되어 비명에 돌아가신 아버지, 어머니 혜경궁홍씨의 한 많은 삶, 틈만 있으면 자신을 몰락시키려 눈을 밝히던 노른 벽파의 음모 속에서 칼날위에 올려 진 아슬아슬하고도 초조했던 세손으로서의 삶.

생명을 바쳐 자신을 지켜주었던 홍국영마저 내치며 왕도의 길을 걸으려 했으나 노론 벽파의 그늘에서 끝내 벗어나지 못하고 결국은 비명의 삶을 마쳐야 했던 비운의 역사를 생각해 본다.

화성의 축성 시기는 사람마다 조금씩 다르다. 나로서는 착공시기가 1794년 1월의 설이 옳지 않을까 생각해 본다.그것은 축성 시 다산의 '성화주략'을 지침서로 사용했다면 '성화주략'이 발간된 1793년 이후가 되었을 것이다. 그러고 다산을 비롯하여 반계 유형원 등 몇몇 실학자들이 축성에 참여하였다면 그들이 논의하고 검토하는 시간이 얼마간 걸리지 않았을까하는 생각에서 이다. 그러나 축성이 완공된 시기가 2년 8개월 뒤인 1796년 9월이라는 것에는 의문을 않을 수가 없다. 아무리 기중기, 녹로 등 신 기재를 사용했다 하더라도 불과 2년 8개월 만에 완공할 수 있었을까 의문이 없을 수 없다. '화성 성역의궤'가 나온 1801년을 생각한다면 적어도 5~ 6년의 시간은 걸리지 않았을까 생각해본다.

낙양, 정주, 태항산 여행일기

제1일 (2015년 9월 7일)

대한항공(KE809) 탑승이 끝나자 08시 정각에 비행기는 날아올라 서쪽으로 기수를 돌렸다. 잠깐이다. 09시 25분(중국시간)에 중국 정주(鄭州) 국제공항에 도착했다.

정주는 대평원으로 진입하면서 넓어지는 황하(黃河) 남쪽 유역, 웅이산맥(熊耳山脈) 동쪽 끝에 있다. 수(隨 581~618)·당(唐 618~907)·북송(北宋 960~1127) 시기에 이곳은 아주 중요한 도시였으나, 송대(宋代)에 도읍이 동쪽에 있는 개봉(開封)으로 옮겨가면서 중요성을 상실했다.

이 도시는 남북으로 태항산맥(太行山脈)과 하남성(河南省)

서부 산맥의 가장자리를 따라 난 길과 동서로 황하(黃河) 서안을 따라 놓인 길이 교차하는 곳에 있다. 1950년대 이후 발견된 고고학적 유물들은 이 지역이 신석기인들의 주거지였으며, (기원전) 1500년경부터 번성하기 시작한 은(殷)나라의 청동기 문화가 성곽도시에 집중되어 있었음을 보여준다. 정주 외곽에서는 거대한 공공건물의 유적뿐 아니라 작은 주거단지도 발견되었다.

이 유적지를 은(殷)의 수도였던 오(隞)라고 보는 것이 일반적인 견해이다. 은(殷)나라는 계속해서 도읍을 옮겼는데 (기원전) 1300년 무렵 오(隞)에서 다른 곳으로 이동한 것 같으나 이곳에는 계속해서 사람들이 거주했다. 정주에서는 주대(周代)의 묘지도 발견되었다. 서주(西周)의 무왕(武王)이 은(殷)을 멸(滅)하고 돌아가면서 이곳에 아우인 숙선(叔鮮)을 하남성 관(管)에 봉했다.

그래서 이 지역은 줄곧 관(管)씨 가문의 봉토였다. 여기에서 이름을 따와 관성현(管城縣)이 되었다. 605년에 비로소 정주로 불리게 되었으며, 그 후 이 이름이 계속 쓰였다.

정주(鄭州)는 하남성(河南省) 중부에 위치한다. 북쪽으로는 황하에 인접해 있고, 서쪽으로는 숭산(嵩山)에 기대어 있으며, 동남쪽에는 광활한 황준(黃準)평원이 있다. 서고동저(西高東底)의 지리적 조건으로 서부에는 산과 언덕이 많으며, 동쪽으로는 평원이 대부분이다.

정주는 온난대륙성 기후로 사계절이 분명하고 3,500여년의 역사를 지닌 역사도시다. 중국 최초의 원시자기(原始磁器)가 이곳에서 출토되었고, 서주(西周)·춘추시대(春秋時代)를 거쳐 지금에 이르렀다. 또한 정주는 교통의 중심지로 이곳을 통과하지 않는 열차가 거의 없을 정도다. 중국대륙의 중간부분에 있기 때문에 남과 북을 이어주는 역할을 하며, 교통의 요지답게 유수한 호텔 등의 숙박시설과 레스토랑이 도시를 채우고 있다.

정주국제공항에 도착하여 입국수속을 마친 뒤 가이드를 따라 버스를 타고 초작(焦作)으로 향했다. 도로 양옆으로 무한히 뻗어나간 들에는 지금 키 작은 옥수수들이 벼처럼 이삭을 뽑아내고 있었고 그 사이사이에 미루나무들이 줄줄이 키 재기를 하고 있었다. 방풍림으로 심은 것 같은데 오래되지 않은 어린나무들이다.

협곡과 폭포가 비경을 이루는 운대산(云台山)은 하남성(河南省) 초작시에 위치하며 산세가 험준하고 봉우리 사이에 항상 구름이 걸려있다고 하여 운대산이라 이름 지어졌으며 중국 10대 명산 중 3위에 오른 명산이라고 한다.

주요 볼거리는 홍석협과 담폭협이며, 세계 최초의 유네스코 지정 세계지질공원인 만큼 국가 1급 보호식물인 홍두삼, 태항화, 5각홍품 등 각종 희귀식물이 많다고 한다.

홍석협(紅石峽)은 총 길이 2,000m의 협곡으로 샘물, 폭포, 계곡 등 여러 경치가 한 골짜기에 모여 있다. 14억 년 전 지각

운동으로 조성된 독특한 붉은 암석 군과 기암절벽이 진귀한 풍경을 이룬다.

담폭협(潭瀑峽)은 총 길이 1,270m의 협곡으로, 동쪽의 깎아지른 절벽과 서쪽의 기이한 봉우리로 둘러싸여 있다. 골짜기 안으로는 소룡계라 불리는 물이 흐르며, 그 옆으로 층층이 높이가 다르고 색채가 아름다운 돌계단이 있다. 100m 높이의 폭포 또한 장관이다.

> 九月九日憶山東兄弟 獨在異鄕爲異客 每逢佳節倍思親
> 遙知兄弟登高處 遍揷茱萸少一人*
> (홀로 타향에 낯선 나그네 되어 봉우리마다 명절 오면
> 부모생각 간절하네. 멀리 형제들이 높은 곳에 올랐음
> 을 알거늘 수유봉 다 돌아도 여전히 혼자라네.)

결코 득의(得意)하지 못한 벼슬아치로서 고뇌에 찬 삶을 살았던 당(唐)나라 시인 왕유(王維 699-759)가 운대산의 풍광을 빗대어 고향을 그리며 지은 시로 중국인들이 애송하는 시(詩)라고 한다.

숙소로 정해진 신향(新鄕)으로 옮겨서 샤브샤브로 저녁을 먹은 후 호텔에 투숙 하여 중국에서 첫 밤을 보낸다.

---

* 여기서 한자는 우리나라에서 사용하는 음을 따랐다.

제2일 (2015년 9월 8일)

천계산(天界山)은 '북방(北方)의 계림(桂林)'으로 불릴 만큼 보이는 곳이 모두 절경이어서 '백리화랑(百里畵廊)'이라는 별칭이 있다. 천계산이란 하늘과 산의 경계를 이루는 높은 곳이란 뜻이다.

주차장 입구에서 천계산 전용 서틀버스로 갈아타고 굽이굽이 천계산 계곡의 절경들을 보면서 해발 1,660m의 정상으로 오르는 길에는 1960년대 마을사람 7명이 곡괭이와 정만으로 수직암벽으로 된 좁은 협곡에 15년에 걸쳐 바위를 뚫어 만들었다는 7.5㎞ 길이의 '괘벽공로(掛壁公路)'가 나타나고 바위굴 도로 입구에는 당시 인부들의 동상이 세워져 있다. 놀라운 일이다.

우공이산(愚公移山)의 후손들이기에 가능할 수 있었을 것이라고 생각하며 그 끈기에 마음마저 숙연해진다.

천계산 정상부근 주차장에 도착하면 이곳이 "회룡천계산(回龍天界山)" 임을 알리는 표지석이 서있고 여기서도 한국관광객을 위한 한글로 표기된 음료수와 막걸리를 팔고 있어 마른 목을 축일 수 있었다.

내려다보면 조금 전 올라온 구불구불한 고갯길과 함께 신비한 '괘벽공로'의 햇빛을 받아드리기 위하여 뚫어놓은 구멍들이 굴처럼 보이고 저 멀리 정상부에 위치한 '노야정(老爺頂)'

을 올라가는 '케이블카'가 바라다보였다. 그러고 어디서든 홍암으로이루어진 협곡들이 눈 아래 펼쳐진다.

천계산 정상 노야정을 향해 줄기에 매달린 열매들처럼 2인승 케이블카들이 쉬지 않고 오르내린다. 2인승이라 뒤따라 나와 한규장 님도 함께 케이블카에 올랐다. 케이블카에 오르니 지상에서 보는 것과는 또 다른 천계산의 아름다움이 발아래 펼쳐진다. 하부 주차장에서 15분 정도면 200m 위의 상부 주차장에 도착한다.

노야정은 상부 주차장에서 내려 걸어서 올라가야한다. 노야(老爺)란 중국에서 나이가 많은 노인을 가리키는 말이다. 노야정으로 오르다보면 우리나라 돈으로 음료수와 아이스크림을 사먹을 수 있는 포장마차가 있다. 거기서 노야정을 구경한 후 제멋대로 미끄러지는 스릴을 맛보며 내려올 수 있는 대리석 미끄럼틀도 보인다.

노야정은 도덕경(道德經)의 저자로 도교사상의 창시자인 노자(老子)가 120세의 생을 마칠 때까지 42년간 도를 닦으며 지냈던 곳이라고 하며 777개의 돌계단을 오르며 내려다보면 산 아래가 한눈에 보인다고 한다.

노자는 (기원전)6세기경에 활동한 중국 제자백가 가운데 하나인 도가(道家)의 창시자로 성(姓)은 이(李) · 이름은 이(耳) · 자는 백양(伯陽) · 또는 담(聃) · 노군(老君) 또는 태상노군(太上老君)으로 신성화되었다. 도교경전인 도덕경(道德

經)의 저자로 알려져 있다. 노자는 유가에서는 철학자로 일부 평민들 사이에서는 성인 또는 신으로, 당나라(唐 618~907)에서는 같은 오얏나무 이씨(李氏)를 근거로 당황실(唐皇室)의 조상으로 숭배되었다.

노자는 그 역사적 중요성에도 불구하고 신원이 자세하게 알려져 있지 않다. 그의 생애에 대해서는 사마천(司馬遷)이 쓴 사기(史記)의 노자전(老子傳)이 전부다. 그러나 (기원전) 100년경에 사기를 저술한 이 역사가도 노자에 대한 확실한 정보는 제공하지 못했다. 사기에 따르면, 노자는 초(楚)나라 고현(古縣) 여향(術鄕) 곡인리(曲仁里)(지금의 하남성(河南省) 록읍현(鹿邑縣)) 사람으로 (기원전) 111~255 주(周)나라 수장실(守藏室)의 사관(史官)*이었다.

그는 주(周)나라가 쇠망해가는 것을 보고는 주를 떠나 진(秦)으로 들어가는 길목인 함곡관(函谷關)에 이르렀다. 관문지기 윤희(尹喜)가 노자에게 책을 하나 써달라고 간청했다. 이에 노자는 5,000언(言)으로 이루어진 상편·하편의 저서를 남겼는데 그것이 도(道)와 덕(德)의 뜻을 말한 도덕경이다. 그러고 나서 노자는 그곳을 훌쩍 떠났고, "아무도 그 뒤 그가 어떻게 되었는지 알지 못한다."라고 사마천은 기술하고 있다.

노자가 역사적으로 실존했던 인물인가 하는 의문은 많은 학자들이 제기해온 것이지만, 그 같은 의문은 별 의미가 없다. 현존하는 도덕경은 1명의 저작이 아님은 분명하다.** 그 내용

가운데는 공자 시대의 것도 있지만 다른 내용은 훨씬 후대의 것임이 분명하므로, 이 책은 전체적으로 보아 (기원전) 300년 경에 써졌을 것으로 추정된다. 이 같은 사실 때문에 일부 학자들은 도덕경의 저자가 태사 담이라고 주장한다.

노자라는 인물은 모든 계층에게 일반적으로 존경의 대상이 되어왔다. 유생들에게는 존경받는 철학자로, 평민들에게는 성현이나 신으로, 도교 추종자들에게는 도(道)의 화신이자 도교의 가장 위대한 신들 가운데 하나로 숭배되었다. 도덕경을 통해 볼때, 노장사상(老莊思想)의 핵심은 '무위자연'(無僞自然)에 있으며, 그것이 '도'(道)라는 개념으로 집약된다. 여기서 '무위(無僞)'는 우주론적 정향을 지향하는 것, 즉 부자연스런 행위를 조금도 하지 않는 것을 의미한다. 무위자연의 구체적인 의미를 말한다면 '사실 자체의 바탕 위에서 떠나지 말라'는 것이다. 사실 자체란 다름 아니라 노자에게 있어서는 자연이요, 도(道)요, 기(氣)요, 변화이다. 그리고 무위란 그 바탕 위에서 떠나지 않음을 의미한다.

---

* 사관은 오늘날 '역사가'를 의미하지만, 고대 중국에서는 천문(天文)·점성(占星)·성전(聖典)을 전담하는 학자였다.

** 현대 학자들은 도덕경이 한 사람의 손에 의해 저술되었을 가능성은 받아들이지 않고 있다.

나는 아무 생각 없이 김종호 님, 박종국 님, 한규장 님이 계단을 오르기에 따라서 한구비의 계단까지 오르다가 잠시 머뭇거렸다. 몇 년 전 동맥이 막혀 혈관 스텐스 시술을 세 번씩이나 하고 그로 인해서 약을 계속 먹고 있는 자신을 돌아보고 잘못하면 같이 온 분들에게 폐가 될 것을 생각하자 주저 없이 내려왔다. 포장마차 옆에는 안수웅 님, 장인환 님, 아주머니 네 분이 계시기에 슬그머니 그곳에 섞여들었다.

장인환 님 부부를 마주보고 있으면 두 분이 서로 아끼며 사랑하고 있음이 눈빛에서 스며져 나온다. 앞으로도 손 마주잡고 같은 길을 가시기를 바라는 마음이다.

왕망령(王莽嶺)은 산서성(山西省)과 하남성(河南省)의 경계선으로 황토고원(黃土高原)과 중주평원(中州平原)의 단층지질대에서 지세가 가장 험준한 부분인데 높고 낮은 100여개 산봉우리로 조성되어있다. 신(新 9~23)나라 황제 왕망(王莽)이 훗날 후한(後漢)의 세조(光武帝)가 된 류수(劉秀)를 쫓다가 이곳에서 진을 쳤다고 하여 왕망령이라는 이름을 가졌는데 최고 해발이 1,665m에 달하고 최저 해발이 300m 정도로 해발고의 차이, 그리고 크고 깎아지른 절벽과 기암괴석이 왕망령의 대표적인 경관이다.

이곳에 있는 버드나무는 돌밭에서도 오래도록 잘 살아간다고 고류유풍(古柳遺風)이란 이름이 있는데, 유수가 왕망과의 어느 전투에서 패하고 도망 칠 때였다. 하늘이 자신을 버렸다는 것을 알고 몰래 태항산줄기를 따라 줄행랑을 치다가 우연히 이 버드나무 옆을 지나게 되었다고 한다. 이곳에는 버드나무가 많아 잎사귀가 무성한 버드나무 숲속으로 몸을 숨기기도 좋았지만, 이 산은 돌산이라 먹을 게 별로 없어 버드나무 잎을 따먹으며 겨우 목숨을 부지할 수 있었다고 한다.

유수는 후에 왕망의 신(新)나라 100만 대군을 곤양(昆陽)전투에서 물리치고 권력을 잡은 후 이곳에 있는 고류(古柳)인 버드나무에 대해 마땅히 해줄 게 없어 봉공류(奉公柳)라는 멋진 이름을 하사했다고 한다.

이곳 태항산에는 유방이 세운 한(漢)나라의 목줄을 끊고 신나라를 세운 왕망을 기리는 고개인 왕망령도 있고, 유방의 먼 후손이라고 우기며 왕망의 시대를 끝장낸 유수를 기억하여 이름을 붙인 유수성도 있다고 한다.

신선(神仙)의 산이라 불리는 만선산(萬仙山) 곽량(郭亮)마을에서 왕망령으로 가기 위해서는 비나리길이라 불리는 아찔한 절벽을 뚫어 만든 동굴도로인 괘벽공로(掛壁公路)를 지나야 한다. 비나리길은 절벽 위에 위치한 곤산마을에 갇혀 결혼도 제대로 못하며 외부와는 단절된 상태로 살던 마을 청년들 13명이 외부로 나가기위해 삽과 곡괭이로 동민들의 도움을 받아 절벽을 뚫어 만든 길이 1,250m의 동굴도로이다.

태항산(太行山)에는 모두 9개의 절벽장랑이 있는데 비나리길이 가장 아름답다고 한다. 비나리길이란 이름은 2009년 이 길을 처음 발견하고 관광 상품으로 만든 우리나라 비나리여행사의 상호를 그대로 사용하여 특별한 이름 없이 괘벽공로라 불리던 것을 '비나리길'이라 명명하였다고 한다.

중국의 곽량촌(郭亮村)에 있는 태항산(太行山) 절벽장랑(絕壁長廊)의 인공터널은 세계 9대 불가사의로 일컬어진다고 한다. 인공터널은 길이 1,250m, 폭 4m, 높이 5m로 곽량촌에 사는 가난한 민초들이 맨손으로 일궈낸 기적의 터널이다. 곽량촌은 하남성(河南省) 신시안시 휘이현에서 서쪽으로 60㎞ 떨어진 해발고도 1,700m의 태항산을 깎아서 만든 절벽 위의 자연부락이다. 현재 83가구 320명 정도가 살고 있다.

예로부터 곽량촌에서 외부와 통하는 길은 오직 협곡과 절벽 사이 '천제(天梯)'라 불리는 절벽 길 뿐이어서 무척 불편하고 오르내리는 것 자체가 너무 위험했다고 한다. 그래서 마을 청년 13명이 곽량촌의 유일한 절벽길인 '천제'* 아래에 모여 반드시 절벽을 뚫어 길을 내겠다고 결의하고 1972년 3월9일 본격적인 공사에 들어갔다.

곽량촌 사람들은 기계를 사용하지 않고 5년 동안 거대한 절

---

* **천제(天梯)** : ① 매우 높은 사다리 ② 하늘에 오르는 사닥다리 ③ 매우 울퉁불퉁하여 다니기 힘든 산길

벽에서 26,000㎥의 돌덩어리를 캐내고 정 12톤을 마모시켰으며 8파운드짜리 쇠 추 4,000개를 소모했다. 70세 노인부터 10대 소녀까지 공사에 참여하여 커다란 돌덩어리는 손으로 들어서 옮기고 돌가루는 작은 광주리나 바구니에 담아 어깨나 머리에 걸쳐 운반했다. 마침내 1977년 5월 1일 절벽장랑이라 불리는 곽량터널은 마을 사람들의 피눈물 나는 노력으로 개통된 것이다.

임주(林州)로 이동하여 중국에서 두 번째 밤을 맞는다.

제3일 (2015년 9월 9일)

우리는 여기서 태항산(太行山)에 대하여 한번 돌아봐야 할 것 같다. 태항산(太行山)의 行은 '가다'라는 의미일 때는 행으로 읽지만 줄이나 순서 등을 뜻할 때는 '항'으로 읽는다. 그러니 '태항산'이란 커다란 산들이 줄지어 있다는 의미를 지니고 있다.

태항산은 하남성(河南省)·하북성(河北省)·산서성(山西省)의 경계에 걸쳐있는 거대한 산맥군(山脈群)으로 내몽고초원 아래인 산서성(山西省) 북부에서 시작하여 남북 600㎞·동서 250㎞에 걸쳐 뻗어있고 협곡의 길이가 45㎞이며 평균 해발은 1,500m에서 2,000m 정도이다. 최고봉은 하북성 장자커우

시의 소오대산(小吾臺山)으로 해발 2,882m이다. 산서성(山西省)·산동성(山東省)이라는 지명은 이 태항산맥의 서쪽 동쪽에 있는 것에서 유래되었다.

이 산맥은 남쪽으로 뻗어나가다가 하남성(河南省)의 수무현(修武縣)에 이르면 서쪽으로 방향을 바꾸어, 황하(黃河)평원을 내려다보는 산서고원(山西高原)의 남서부 가장자리를 이루고 있다. 태항산맥은 쥐라기에 형성되었으며, 갈색과 적갈색을 띤 산림토양이다. 고도가 1,000~1,200m로 화북평원에서부터 가파르게 솟아 있으며, 만리장성의 일부가 이 산맥의 동쪽 기슭을 따라 남북으로 뻗어 있다.

태항산맥의 북단은 북경(北京)으로 흐르는 거마하(拒馬河)에 의해서 북경 북부를 둘러싼 군도산(軍都山)과 멀어지며 남단은 하남성의 심야평원에서 끝난다. 산맥의 동쪽은 화북평야로부터 우뚝 솟아 낙차가 크며 1,000m 이상의 절벽을 형성하고 있는 곳도 있다. 산맥의 서쪽은 산서성의 고원지대로 완만하게 연결되어 있다. 많은 강이 산맥으로부터 시작되며 서쪽의 황하(黃河)나 동쪽의 해하(海河)에 합류한다.

북부와 남부는 석회암, 중부의 지형은 편마암으로 구성되어, 많은 강에 의하여 심하게 침식되어 험한 계곡이나 우뚝 솟은 봉우리들을 형성하고 있다. 이러한 계곡이 산맥을 동서로 가로질러 화북평야와 산서성을 연결하고 있어 옛날부터 낭자관(娘子關)이나 자형관(紫荊關)등의 관문이나 요새가 설치되어 왔다. 또 이러한 강이 평야에 나오는 곡구에 해당하는 부분도 전략상, 교통상의 요지이다. 산맥에는 석회암 외에도 석탄 자원이나 도자기를 구을 수 있는 흙이 풍부하여, 도자기 제조, 시멘트 제조 등의 공업이 발달하였다.

이 산맥은 옛날부터 오늘날에 이르기까지 산서성과 하북성의 교통에 커다란 장애물이 되어왔으며, '타이항을 넘는 길'이란 말은 인생의 좌절을 상징하는 시(詩)적 표현이 되었다. 주요통로는 이른바 태항의 여덟 고개 '태항팔목(太行八陘)인데, 그중 가장 중요한 것이 정목(井陘)에 있는 고갯길이다. 오늘날에는 이 고갯길을 따라 하북성 석가장(石家莊)에서 산서성 태원(太原)에 이르는 철도가 놓여 있다. 산맥 동쪽의 가파른 비탈에는 매장량이 풍부하고 채굴이 쉬운 석탄층이 이어져 있다. 이 석탄층은 하북성 한단(邯鄲)을 중심으로 한 남부지역에서 광범위하게 채굴되고 있다. 산서고원을 마주보고 있는 산맥 서쪽에도 석탄이 풍부하게 매장되어 있어, 북부의 양천(陽泉)과 남부의 장치(長治)에서 채굴하고 있다.

이 산맥에서 형성된 물은 동쪽으로는 해하(海河) 수계의 많은 지류들로 흘러간다. 그중에서도 후퉈강과 줘장강은 산맥의 주요줄기를 가로지르면서 산맥 뒤쪽에 있는 내부 분지로 흘러들어간다. 후퉈강 유역은 본래의 태항산맥과 좀 더 북쪽에 있는 오대산맥(吾臺山脈)을 갈라놓고 있다. 이 두 산맥은 구조적으로 전혀 다르나, 하북성 동쪽에 있는 산계 전체를 태항산맥이라고 부르는 경우가 많다.

아침을 먹은 후 석판암(石版岩) 도화곡(桃花谷)으로 가기위하여 버스에 올랐다. 그동안 보면서 느낀 것은 중국의 고속도로는 길도 넓은데 차들이 뒤엉켜 교통질서가 엉망으로 보인다. 하지만 보기에 엉망이지 실타래 풀리듯 술술 풀리면서 운행되는 게 참으로 신기했다. 비결은 절대 속도를 내지 않고 운행하는 것이 아닐까 싶다. 중국민족의 만만디(慢慢的)*는 서두르지 않는 대륙인의 기질이라고 할 수 있으나, 우리가 배워야 할 것인지도 모른다. 우리는 조급함 속에서 너무 서두르느라 늘 쫓겨 가며 살아가고 있는 것은 아닐까. 그나마 우리에게 버팀목이 되어주었던 유교사상이 붕괴되면서 우리는 갈 곳을 잃은 것은 아닌지, 오래간만에 마주한 가족끼리도 불화하고 무조건 사회 자체를 불만스럽게 느끼는 속에서 자신마저 파멸의 길을 걷고 있는 것은 아닌지 모르겠다.

도화곡(桃花谷)은 한겨울에도 복숭아꽃이 핀다하여 유래된 곳으로 협곡(峽谷)의 가장 좁은 곳은 2m 밖에 되지 아니하며 맑은 물이 흘러 폭포를 형성하고 연못을 이룬다. 오랜 세

---

* **만만디(慢慢的)** : 중국어로 행동이 굼뜨거나 일이 진행되는 속도가 느린 것을 이르는 말

월 협곡으로 급류가 흐르면서 물길을 만들어 놓은 곳으로 계곡을 따라 맑은 물과 폭포가 이어진다. 벼랑의 곳곳에는 폭포가 떨어지는데 이룡희주·함주·비룡협·황룡담·구련폭포 등이 연이어 있어 눈을 즐겁게 한다.

이룡희주(二龍喜珠) – 도화곡을 올라가다보면 계곡 사이에 거대한 둥근 돌이 끼어있고 물길이 두 줄기로 갈라지는 모습을 볼 수가 있다. 이 모습이 두 마리 용이 구슬을 가지고 노는 모습과 같다하여 이룡희주라는 이름으로 불려진다. 점점 계곡의 물소리와 바람의 시원함속에서 펼쳐지는 아름다운 풍경속에 저도 모르게 묻히게 된다.

함주(含珠) – 돌을 차곡차곡 쌓아 놓은 듯 절벽은 가로줄무늬가 새겨져 있는데 이것은 12억년에 걸쳐 형성된 것이라고 한다. 절벽에 함주(含珠)라고 붉은 글씨로 새겨져있다. 도화곡 비좁은 협곡사이로 흐르는 물길을 내려다보고 있으면 마치 커다란 용이 누워 있는 모습과 같은데 함주는 용의 입에 해당하는 부분이라고 한다.

비룡협(飛龍峽) – 계곡을 막아선 바위 절벽에 새겨진 비룡협이란 붉은 글씨가 용이 날아오른 골짜기란 말이겠다. 저 아래서부터 돌바닥에 물길을 내며 쏜살같이 달려오던 황룡(黃

龍) 한마리가 절벽이 막아서자 꼬리로 바닥을 치며 하늘로 날아오르는 모습이 눈에 잡히듯 선하다.

황룡담(黃龍潭) - 황룡이 날아오르느라 꼬리로 바닥을 친 절벽 밑바닥에는 커다란 웅덩이가 패어져 맑은 물이 넘실넘실 바닥을 훤히 드러내고 있다. 편마암이 배부른 듯 튀어나와 둘러친 사이로 하얀 폭포가 실 비단처럼 옥빛 못으로 흘러든다.

구련폭포(九連瀑布) - 아홉 개의 폭포가 이어진다는 뜻인데 가물어서인지 수량은 넉넉하지 않았다.

태항천로(太行天路)는 태항산맥의 백미(白眉)라고 한다. 도화동에서 출발하여 고가대(高架岱)에 이르는 29㎞의 코스로 해발고도 약 1,200m 내외의 절벽상단을 달리는 코스이다. 아래로는 깎아지른 절벽이 금방이라도 집어삼킬 듯 입을 벌리고 있고 위로는 한참을 올려다보아야 할 정도로 웅장한 바위산이 위압감을 준다. 차량이 다니는 길은 1,000m 이상 높이의 길로 군데군데 유리잔도가 있어 주위와 계곡아래의 경치를 조망할 수 있게 배려했다.

환산선 일주코스라고도 불리는 이곳은 빵차*라고 불리는 전동차를 타고 도화동마을에서 출발하여 왕상암까지, 1,200m

내외의 절벽위의 가장자리를 따라 만든 도로를 아슬아슬하게 달리며 중국의 그랜드캐년이라고 불리는 절경인 태항협곡을 돌아볼 수 있다.

전동차는 양옆에 벽이 없는 오픈카여서 주위의 경관을 오감으로 느낄 수 있다. 도로변의 계단식 밭에는 주로 식량인 옥수수를 많이 심었는데 산간마을의 지붕은 우리나라 울릉도 너와집의 나무판자처럼 납작납작한 돌(片石)로 이어놓았다.

몽환지곡(夢幻之谷) 주위의 험산준령과 첩첩이 겹쳐진 산봉우리의 엇갈린 배열이 정취를 더해 꿈속에서나 볼 수 있는 아름다운 골짜기라는 이름처럼 주위의 경관이 수려하다

왕상암(王相岩) 태항(太行)의 혼(魂)이라고 칭해지는 곳. 상(商)**나라 왕 무제(武帝)가 피신하여 은거하면서 이곳에서

---

* **빵차** : 길이 높고 험한 절벽 위에 있는데다 굽이가 심하고 길이 좁아 내려오는 차와 부딪치는 것을 피하기 위하여 굽이마다 수시로 경음기(크락션)를 눌러 늘 빵빵거린다.

** 상(商:기원전 1600년경)나라는 역사적으로 실제로 존재했다고 여겨지는 최초의 중국 왕조이다. 반경(盤庚)이 옮긴 마지막 도읍이 은(殷)이기 때문에, 은이라고도 부른다. 은나라를 세운 부족 이름인 '상'(商)이라는 이름을 더 많이 사용했기 때문에 학계에서는 '상'으로 통일해 부르고 있다. 그렇다면 여기서 무제(武帝)는 상(商)나라 22대 무정(武丁)을 말하는 것 같다. 특히 은허로 도읍을 옮긴 후, 반경의 동생인 왕 무정(武丁) 이후의 은나라 후반기의 실재가 확인되었다.

*** 상인(商人)이라는 말은 상(商)나라 사람들이 나라가 멸망한 후에 생업을 위해 각지를 떠돌아다니며 물건을 팔았던 것에서 유래되었다.

노예를 만나 문무(文武)를 가르치고 나중에 왕이 되어 이 노예를 재상으로 삼았다하여 왕상암으로 불리게 되었다고 한다.

점심은 정주로 오는 길에서 '시골집'이라는 한글 간판이 붙은 곳에서 먹었다. 중국의 식당은 거의가 회전상(回轉床)이어서 그런 습관에 익숙지 못했던 나는 뜨거운 찌개그릇을 식탁에 쏟는 실수를 하고 당황해서 어쩔 줄 몰라 했는데, 옆에서 시중을 들던 젊은 여자 두 분이 침착하게 치워주어 위기를 모면했다. 두 분에게 행운이 함께 하기를 마음속으로 빌어본다.

정주의 신도시인 정동신구에서 버스를 내려 이곳 랜드마크랄 수 있는 핵심 비즈니스지구(CBD)에 있는 인공운하에 띄워진 유람선(보트수준)으로 주변의 신도시를 관람했다. 우뚝 선 정주 유일의 칠성급 호텔과 금빛외관의 실내체육관과 공연장, 운하주변으로 늘어선 아파트를 비롯한 고층건물 등, 핵심 비즈니스 지구(CBD)란 이미지에 걸맞게 최첨단을 지향하는 듯하다.

CBD 유람은 황하의 지류까지 불과 1㎞ 남짓한 물길을 돌아오는 것으로 끝났다. 어쨌거나 나로서는 생전 처음 마사지사에게 전신마사지를 받으며 느긋한 시간을 보내고 좀 피로가 풀린 느낌으로 저녁식탁에 앉았는데 박종국 님 아주머니께서 집에서 준비해 오신 고추장과 멸치볶음을 식탁에 올려놔 느끼함으로 일렁이던 뱃속을 바로잡았다.

제4일 (2015년 9월 10일)

중국의 역사는 삼황오제(三皇五帝)에서 출발한다. 일반적으로 삼황(三皇)은 복희씨(伏羲氏), 여와씨(女媧氏), 신농씨(神農氏)를 말하며 복희는 역(易)을 만들었고 여와는 인류를 낳았으며 신농은 백성에게 농업을 가르쳤다고 한다. 사기(史記)의 저자 사마천(司馬遷)은 전설의 시대인 삼황시대를 제외하고 오제본기(五帝本紀)로부터 역사를 기록하고 있다. 오제(五帝)는 황제(黃帝), 전욱(顓頊), 제곡(帝嚳), 당요(唐堯), 우순(虞舜)을 말하며 황제는 국가를 세우고 관제를 정하고 문자를 만들었다고 한다.

황하의 치수에 공을 세운 우(禹)*가 순(舜)으로부터 양위 받

---

* 우(禹)의 시대에 획기적인 발명이 하나 이루어졌다. 세계 최초로 쌀로 빚은 술이 생겨난 것이다.
  그것을 만든 것은 의적(儀狄)이라는 신하였다. 의적은 어느 날 물에 담근 쌀에서 향긋한 냄새를 맡았다. 놀라서 맛을 보니 전에 경험한 일이 없는 아주 야릇한 맛이었다. 의적은 이렇게 맛있는 것이 있다니 하고 마시다보니 취했다.
  그는 부랴부랴 우(禹)에게 헌상했다. 우는 그 술을 받아마셨다. 향기가 코를 찔렀다. 감탄하면서 한 잔, 또 한 잔하는 동안, 드디어 황홀경에 빠져 잠이 들었다.
  이윽고 제정신을 되찾은 우는 말했다.
  "너무 맛있구나. 이렇게 맛이 좋아서야, 후세에 이 때문에 나라를 망치는 자도 있으리라."
  그러고 다시는 술을 입에 대지 않았다고 한다.

아 세운 나라를 하(夏)라고 한다. 그러고 처음으로 세습제가 이루어졌다.

황하(黃河)는 서장자치구(西藏自治區)의 동쪽 고지로부터 발원하여 5,464㎞를 흘러 발해(渤海)로 유입된다. 황토를 대량으로 운반하여 물이 누렇게 흐리기 때문에 황하로 불린다. 큰 하천을 일컫는 일반명사인 하(河)는 원래 이 강을 가리키는 고유명사였다.

전한(前漢)의 초기에 생긴 중원축록(中原逐鹿)이라는 고사성어(古事成語)가 있다. 중원에서 사슴을 쫓다. 제위(帝位)나 정권 따위를 얻으려고 다투는 일을 비유하여 이르는 말이다. 중원(中原)이란 중국 한족이 일어난 황하 중하류의 양쪽 기슭 지역을 말한다. 지금의 하남성(河南省)과 산동성(山東省) 서부, 하북성(河北省)의 동부를 포함한다.

지금 우리가 가고 있는 낙양(洛陽)은 (기원전) 770년에 처음 주(周)나라의 수도였다. 원래 낙양이라는 이름은 도시가 낙수(洛水)*의 북쪽에 위치한 데에서 유래되었다. 강은 서쪽에서 동쪽으로 흐르고 해는 강의 남쪽 부분에서 뜨기 때문에 햇빛은 항상 강의 북쪽 부분이 받게 된다.(이것은 중국의 오래된 작명 방식이다.) 낙양은 몇 세기 동안 낙읍(洛邑), 낙주(洛州)와 같은 다양한 이름으로 불렸다. '위경(魏京)'은 지금도 다른 낙양의 비공식적 이름으로 사용된다. 이는 낙양이 삼국시대 위(魏)나라의 수도였기 때문이다.

또, 북망산(北邙山)은 낙양(洛陽) 북쪽에 있는 산으로, 옛날의 왕후(王侯)나 공경(公卿)들이 대부분 이곳에 묻혔다. 북망산(北邙山)의 본래 이름은 망산(邙山)이다. 망산이 낙양의 북쪽에 위치하기에 북망산이라 불리는 것이다. 본래 북망산은 풍광(風光)이 수려(秀麗)한 명산(名山)이었다. 그러나 그 수려한 풍광 때문에 명당자리를 찾는 고관대작들이 하나둘씩 북망산에 묏자리를 만들었고 북망산을 공동묘지로 만들었다.

하(夏)나라, 상(商)나라, 주(周)나라 때에 이곳을 도읍으로 잡아 생활했다는 말이 갑골문에 전해진다. 그리고 한(漢) 고조 유방(劉邦)이 세운 한나라때에 대도시로 발전하고, 황하를 통해 물자가 많이 들어와 경제적으로 발달한 도시로 거듭난다. 그 이후 후한(後漢) 세조 유수(劉秀)가 다시 외척 왕망(王

---

* 낙수(洛水)는 낙양 남쪽에서 가로질러 황하(黃河)로 흘러 들어가는 강 이름이다. (북망산(北邙山)을 뒤로 두고 앞으로는 낙수(洛水)를 바라보면서 주공(周公)이 술잔을 들었다.)

낙양 성 십리 하에
높고 낮은 저 무덤은
영웅호걸이 몇몇이며
절세가인이 그 누구냐
우리네 인생 한번가면
저 모양이 될 터이니
에라 만수 에라 태신이야.....

여기서 '성주풀이' 한 구절을 적어본다.

莽)을 무찌르고 낙양에 수도를 두어 도시 발전에 힘을 쓴다. 그 결과 낙양은 경제적으로나 정치적으로나 모든 면에서 상당히 발전한 도시가 된다.

그러나 한나라는 말기에 황건적의 난을 거치면서 쇠퇴해지고, 동탁(董卓)이 집권하자 조조, 손견, 원소 등이 궐기하여 동탁에 맞서 싸웠으며 이로 인하여 후한의 수도인 낙양은 결국 승상인 동탁이 불을 질러 폐허로 만든다. 이 사건 이후로 옛날이나 지금이나 낙양 시민들은 동탁에 대해서 깊은 반감을 가지고 있으며, 동(董)씨 성을 가진 사람들을 핍박하고 혐오한다. 멋대로 권력을 휘두르던 동탁이 왕윤(王允)과 여포(呂布)에 의해 죽음을 당하자, 또다시 낙양은 군벌들의 싸움에 휩싸인다. 그러자 낙양은 수도로써 제 기능을 할 수 없었는데, 그 중 강력했던 군벌인 조조(曹操)가 황제에게 건의하여 낙양을 완벽하게 재건하는 한편, 수도를 임시로 하남성에 있는 허(許)로 옮겼다. 위(魏)나라가 세워지고 조조가 죽고 조조의 아들인 위 문제 조비(曹丕)가 낙양을 다시 정비하여 위나라와 낙양의 권위를 상당히 높였다. 그러자 낙양은 새로이 황궁이 들어서고 많은 주민들이 이곳으로 이사를 오자, 삼국시대 중 가장 화려하고 번창한 도시였다. 위(魏)를 이은 서진(西晉) 역시 수도를 인구 많고 살기 좋은 낙양에 두었다. 이에 따라 낙양 시민들은 동(董)씨 성을 가진 사람들을 혐오하는 반면 조(曹)씨 성을 가진 사람들을 우대하고 존경한다.

그러나 화려한 번영을 누리던 도중, 4세기에 들어 북방의 유목민족이 화북에 침입해오기 시작했다. 439년 북위(北魏)가 북중국을 통일했고, 493년에는 수도를 낙양으로 옮겼다. 북위는 534년에 분열되었고, 589년에는 수(隋)나라가 중국을 통일하였다. 수양제(隋煬帝) 양광(楊廣)은 무리를 하면서까지 아버지인 수 문제 양견(楊堅)이 수도를 장안(長安)에 두었던 것을 낙양으로 옮기려 하였는데, 이는 수나라가 망하는 한 원인이 되기도 했다.

낙양은 바로 그 흥미진진한 삼국지에서처럼 후한(後漢) 말기 주요 사건이 펼쳐지는 무대이기도하고, 중국에서 최고의 시인으로 칭송받는 이백과 두보, 백거이가 낙양을 중심으로 활동하면서 예술의 꽃을 피웠던 곳이다. 그리고 유교에 철학을 담아 새로운 학풍을 만든 주자학(朱子學)이라는 중요한 학문이 생겨난 곳이기도 하다. 그러니까 낙양은 중국에서도 경제와 예술과 사상이 번성하던 그야말로 역사적인 문화 도시다. 낙양 시내와 중국 3대 석굴 가운데 하나인 용문석굴(龍門石窟) 사이에는 관림(關林)이 있다. 이곳은 관우(關羽)의 사당이 모셔진 곳이다. 관우를 신으로 받들어 모시는 사당은 중국 여러 곳에 있지만, 이곳 관림은 관우의 무덤이 함께 있는 사당이라서 특별하다. 삼국시대에 관우는 형주 전투에서 오나라의 왕 손권의 계략에 사로잡혀 끝내 머리를 베이고 말지만 손권은 관우와 의형제를 맺은 유비의 복수가 두려워서 관우의 머리를 조조에게 보내서 책임을 떠넘기려고 한다. 관우의 시신을 확인한 조조는 손권의 잔꾀를 알아차리고는 고민한다. "이건 분명 나를 모함에 빠뜨리려는 손권의 술수다. 도대체 어떻게 해야 이 난관을 헤쳐갈 수 있을까..." 그러다가 신하 사마의(司馬懿)의 건의로 오히려 후하게 관우의 장례를 치러 주었다. 그러고 조조가 몸소 상복을 차려입고 왕족의 예로 국장의 절차를 다한 다음, 침향나무에 관우의 형상을 새겨 머리와 함께 낙양성 남문 밖 나지막한 산언덕에 매장하고 크게 무덤을 만들었던 것이다. 그곳이 바로 관림이다. 관림에는 최초의 관우 사당을 비롯해서 머리의 무덤 그리고 위풍당당한 관우상과 묘비 등이 보존되어 있다. 근처에 있는 관우 기념관에는 삼국지(三國志)의 역사적인 장면 등이 벽화로 그려져 있고, 길이가 2미터나 되는 관운장의 그 유명한 칼, 청룡언월도(青龍偃月刀)가 남아 있다. 중국에서는 학문과 덕의 성인으로 공자(孔子)를 모셔, 그의 무덤을 '공림(孔林)'이라 하고, 무예와 의로움의 성인으로 관우(關羽)를 숭배하여 그 무덤을 '관림(關林)'이라고 부르고 있는 것이다.

용문석굴(龍門石窟)은 둔황(敦煌)의 막고굴(莫高窟), 대동(大同)의 운강석굴(雲岡石窟)과 함께 중국 3대 석굴로 꼽힌다. 하남성과 낙양을 대표한다고 해도 과언이 아닐 정도로 그 명성이 대단하며, 명성에 걸 맞는 규모와 문화적 가치를 지니고 있다. 이곳을 보러 낙양에 들르는 여행객이 대부분일 정도다. 이곳은 낙양시 남쪽 13㎞ 지점에 위치해 있으며, 백거이 묘가 있는 향산과 용문산이 서로 마주보고 서 있다. 이곳의 시작은 북위 효문제 때에 대동에서 이곳 낙양으로 천도했을 때부터 운강석굴을 계승하는 형식으로 처음 뚫어졌고 그 작업이 동서위(東西魏) · 북제(北齊) · 북주(北周) · 수(隋) · 당(唐)에 이르는 400년간 계속되었다.

용문산(龍門山)의 바위에 동굴 1,352개를 파고, 동굴에는 불상 9만 7,300개를 새겨 놓았고, 각종 비석 3,600개, 불탑 40여 좌가 빽빽하게 들어차 있다. 그러면서도 하나하나가 그렇게 정교할 수가 없다. 석굴이란 바위에 자연적으로 뚫린 굴이나 일부러 뚫은 것으로 불교도들은 그 안에 불상을 새겨 놓거나 모시고 부처님에 대한 기도의 마음을 담았다.

현재는 2,345여 개의 석굴, 2,800여 개의 비문, 50여 개의 불탑, 10만 개 정도의 조각상이 남아있다. 용문석굴은 현존하는 종교·미술·서예·음악·의료·건축 등 방면의 살아있는 역사 자료이다. 따라서 '대형 돌조각 예술 박물관'이라고도 칭해진다. 용문석굴은 주로 북위시대(北魏時代)와 당(唐)의 측천무후(武則天后)시대에 많이 만들어졌는데 규모가 가장 크고, 유명한 굴은 당(唐)대 측천무후시대에 만들어진 봉선사 석굴이다. 이곳의 불상조각은 온화하면서 우아한 미를 자랑한다.

용문석굴은 중국 역사상 유일한 여자 황제, 당나라 고종 임금의 비로 들어와 황제의 자리에 오른 뒤 40년 이상 중국을 통치했던 측천무후(則天武后)와도 인연이 있다. 측천무후가 당시 수도였던 장안(長安)보다 오히려 애착을 가지고 자주 왕래하면서 불사를 일으킨 도시가 낙양이다. 용문산에는 당(唐)나라 때 측천무후와 인연이 깊은 봉선사(奉先寺)라는 절이 있다. 갈지(之)자 형으로 구부러져 있는 수많은 계단을 오르면 널따란 광장이 나오는데, 그곳에 거대한 불상들이 설치되어 있다. 가운데 안치된 불상의 모습이 인자하면서도 아름다운데, 용문석굴 불상 가운데 으뜸이라고 한다. 측천무후가 그 모델이었다는 이야기도 전해진다. 용문석굴 불상들 주위에는 작은 절을 짓고 승려들이 불교 공부를 했으며, 신라의 승려들도 이곳에 와서 공부를 하고 불상을 만드는 데도 참여한 흔적도 있다고 한다. 한 석굴 입구에 '신라불감(新羅佛龕)'*이라고 쓰여 있는데 우리나라와 중국이 불교를 교류한 것을 알려 주는 중요한 유적이다.

용문교 왼쪽 향산(香山)기슭에 있는 백거이(白居易)의 묘인 백원(白園)은 백거이가 839년에 중풍으로 고생하면서도 향산에 왕래하며 '취음선생전(醉吟先生傳)' 등의 작품 활동을 하던 곳이며, 846년 8월 75세의 나이로 세상을 떠나자 무덤을 조성

---

* **불감(佛龕)** : 불상을 모셔두는 집 모양으로 된 장. 좌우에 여닫는 문이 있다.

한 곳이다. 이곳에 들어서면 나지막한 언덕의 비탈길이 나오고, 여기저기에는 정자와 기념관도 서 있다. 경내에서 가장 높은 언덕을 돌아가면 평평한 곳에 백거이의 무덤이 있는데, 직경이 10m 안팎, 높이 2.5m쯤 되고 아래는 화강암으로 호석을 둘렀다. 무덤 앞에는 일주석문과 거대한 백낙천의 사적비, 일본인 불교신자들이 세운 백거이의 시비들이 서 있다. 백거이는 두보, 이백과 함께 당대(唐代)를 대표하는 3대 시인(詩人)의 한사람이다. 그의 시는 민중시인, 사회시인, 풍유시인 등으로 불릴 만큼 하층빈민의 입장에서 세상에 대한 불공평을 개탄하는 내용이 많다. 그의 풍유시 170여수와 신악부(新樂府) 50수는 평민들의 비참한 생활과 사회적인 모순과 갈등을 인본주의적인 견지에서 파헤친 것으로 알려져 있다.

향산사(香山寺)는 용문석굴 반대편에 위치해있다. 용문협(龍門峽)의 다리를 건너 향산 기슭에 있는 북위(北魏) 화평원년(和平元年 516)에 창건된 고찰로 당나라의 유명한 시인 백거이가 18년간 기거한 곳 이기도하다

용문석굴을 돌아보고 길 아래로 유유히 흐르고 있는 황하(黃河)의 지류인 이하(伊河)의 흐름을 바라보고 있는데 저만치서 안수웅 님이 소리쳤다. "정창순 님, 저 건너에 백거이(白居易) 무덤이 있다네요." 그분은 내가 시를 쓰고 있으니 반가움에 일러준 것이지만 실은 나에게 이번 여행의 관심은 백거이 시인이 말년에 불교에 귀의했던 향산사(香山寺)와 무덤 백

원(白園)을 돌아보기 위함이었다.

831년 원진 등 옛 친구들이 세상을 떠나자 인생의 황혼을 의식하고 낙양 교외의 절을 자주 찾았고 그곳 향산사를 보수 복원해서 향산거사라는 호를 쓰며 불교에 귀의(歸依) 했다고 한다.

백거이 시인과 어느 선사님의 유명한 대화가 있어 여기에 적는다.

백거이 시인 : '불교란 무엇입니까?'
선사왈 : '악한 행을 하지 않고 착한 일을 하는 것입니다.'
백거이 시인 : '그건 나도 압니다.'
선사왈 : '이 일은 어린아이도 다 알지만 실천하기란 80
노인도 어렵습니다.'

백거이시인은 이 대화에서 감동을 받았다고 한다. 백거이 시인은 말년에 향산(香山)에 은거하면서 수많은 명시를 남겼다고 한다. 대표적인 풍유시인이자 민중시인인 백거이는 하층민의 시각에서 바라본 세상의 불공평을 노래한 내용의 시가 주를 이룬다고 하는데 그런 시 한편을 여기에 적는다.

賣炭翁　　숯 파는 늙은이

伐薪燒炭南山中	남산에서 나무를 베어 숯을 굽는다.
滿面塵灰煙火色	연기와 재로 시커먼 얼굴
兩鬢蒼蒼十指黑	잿가루를 뒤집어쓴 머리와 새카만 열 손가락.
賣炭得錢何所營	숯 팔아 번 돈 어디다 쓰는가 하니
身上衣裳口中食	겨우 옷 한 벌 걸치고 목구멍에 풀칠만 하지.
可憐身上衣正單	입고 있는 옷 고작 홑겹이지만
心憂炭賤願大寒	행여 숯 값이 떨어질까 봐 추워지라고 빌고 있네.
夜來城外一尺雪	어젯밤 성 밖에 눈이 한 자 내려서
曉駕炭車輾氷轍	새벽에 수레 몰고 빙판길 위로 숯을 나른다.
牛困人飢日已高	해는 중천에 떠서 소는 지치고 사람은 허기지네.
市南門外泥中歇	시장 남문 밖 진흙길에 앉아 쉬고 있노라니
翩翩兩騎來是誰	기세등등하게 달려오는 저기 말 두 필.
黃衣使者白衫兒	노란 옷의 사자와 하얀 옷의 젊은이

手把文書口稱勅	손에는 공문서, 입으로는 칙령이라 외치며
廻車叱牛牽向北	수레를 북쪽 궁중으로 돌려 끌고 가 버리네.
一車炭重千余斤	수레 가득 실은 숯은 1천 근
客使驅將惜不得	관리를 상대로 어찌 싸우리.
半匹紅綃一丈綾	고작 붉은 비단 반 필과 무늬비단 한 조각만
繫向牛頭充炭直	소머리에 걸어 놓고 숯 값이라 하는구나

그의 시 중, 당 현종과 양귀비의 사랑을 노래한 장편 시 장한가(長恨歌)가 유명하며 부인에 대한 시인(詩人)의 사랑이 잘 반영되어 있다.

長恨歌의 끝 구절

七月七日長生殿 (칠월칠일장생전)
　칠월 칠일 장생전에서
夜半無人私語時 (야반무인사어시)
　깊은 밤 사람 없어 다정히 말씀하실 때

在天願作比翼鳥 (재천원작비익조)

하늘에서는 비익조* 되기를 원하셨고

在地願爲連理枝 (재지원위연리지)

땅에서는 연리지 되기를 원하셨지요.**

天長地久有時盡 (천장지구유시진)

하늘과 땅 영원해도 시간은 끝이 있지만

此恨綿綿無絕期 (차한면면무절기)

이 한은 길고 길어 그 끝을 기약할 수 없네요.

백거이는 800년 29세 때 최연소로 진사에 급제해 여러 관직을 거쳤으며, 75세의 나이로 세상을 떠났다. 자는 낙천(樂天), 호는 향산거사(香山居士), 시호는 문(文). 하남성(河南省) 신정현(新鄭縣) 사람이다.

백거이는 문학 창작을 삶의 보람으로 여겼다. 그가 지은 작품의 수는 대략 3,840편이라고 하는데, 문학 작가와 작품의 수가 크게 증가한 중당(中唐)시대라 하더라도 이같이 많은 작품을 창작했다는 것은 놀라운 일이다. 더구나 그의 작품은 형식

---

* **비익조(比翼鳥)** : 전설상의 새. 암수의 눈과 날개가 각각 하나씩이라서 짝을 짓지 아니하면 날지 못한다.

** **연리지(連理枝)** : 한 나무와 다른 나무의 가지가 서로 붙어서 나뭇결이 하나로 이어진 것.

이 다양하여 고체시(古體詩)로부터 서간(書簡)의 산문작품에 이르기까지 모든 문학형식을 망라했다.

또한 그는 훌륭한 친구를 많이 사귀었는데, 친구들과 서로 주고받은 시문에는 친애의 정이 물씬 배어 있다. 특히 원진(元稹) 및 유우석(劉禹錫)과의 사이에 오간 글을 모은 (원백창화집 元白唱和集)과 (유백창화집 劉白唱和集)은 중당시대의 문단을 화려하게 장식한 우정의 결실이라 일컬어진다.

그는 한편의 시가 완성될 때마다 노파에게 읽어주고 어려워하는 곳을 찾아 고치기까지 할 정도로 퇴고(推敲)를 열심히 했다. 그가 어휘를 선택하고 그 의미를 확인하는 데 얼마나 많은 노력을 들였는지 알 수 있다.

시간에 쫓겨서인지 차는 향산사(香山寺)와 백거이(白居易) 무덤을 그냥 지나쳐 하남성(河南省) 등봉(登封) 숭산(嵩山)으로 가는 길을 골라잡았다. 동주(東周) 때부터 중악(中岳)으로 불려 지던 숭산은 산동성(山東省)의 태산(泰山) · 섬서성(陝西省)의 화산(华山) · 산서성(山西省)의 항산(恒山) · 호남성의 형산(衡山)과 함께 오악으로 불린다. 복우산계(伏牛山系)에 속하는 숭산은 태실산(太室山) 소실산(小室山)등으로 구성되어 동서로 60㎞나 이어지고 있는데 태양(太陽), 소양(少陽), 명월(明月), 옥주(玉柱) 등 72개 봉우리가 기라성같이 자리 잡고 있다. 높이 1,540m에 불과한 산이지만 중국의 유일한 여황제(女皇帝)인 측천무후(則天武后)가 자신이 황제가 되었음을 선포한 곳으로도 유명하다.

소실산(小室山)에 있는 소림사(少林寺)는 북위(北魏) 태화(太和) 19년에 효문제(孝文帝)가 인도의 고승 발타선사를 위해 지어진 절이다. 495년에 인도의 승려 발타가 중국까지 천리 길을 멀다않고 찾아와서 불교를 전파하였는데 북위의 효문제(孝文帝)는 불교를 무척 숭상하였던 터라 소실산 깊은 숲속에 절을 짓게 하고 숲이 우거진 곳에 지어진 절이란 뜻으로 소림사(少林寺)란 이름이 붙여졌다. 흔히 소림사는 달마대사가 창건했다고 알려져 있으나 이는 잘못된 것으로 사실은 약 1,500년 전 북위의 효문제 때 인도에서 온 발타선사가 창건했다.

전설에 따르면 발타선사는 여섯 명의 친구와 함께 출가했는데 친구들은 모두 성불하고 발타만 부처가 되지 못하였다. 그래도 낙망하지 않고 구도의 길을 떠난 발타는 마지막으로 중국에 이르러 효문제(孝文帝)를 만나게 되고, 효문제의 도움으로 소림사를 세웠다. 그는 30년간 소림사에 머물다가 떠났다고 한다.

등봉에서 소림사에 이르는 곳곳에 소림무술에 대한 간판들이 눈에 들어온다. 절에 이르는 길 양옆으로는 측백나무 가로수가 우거졌다. 중국에서는 예부터 신선이 되는 나무로 알려져 귀하게 대접받던 나무다. 그러기에 사당이나 절, 정원등에 즐겨 심었다. 측백나무의 잎과 열매는 약용으로 귀중하게 쓰이며, 묘지근처에 심으면 시체를 갉아먹는 염라충을 방지할 수 있다고 한다. 절을 돌아 나오다가 오래된 측백나무 한그루가 우람하게 서있는 것을 보면서 길가에 가로수로 서있던 측백나무들은 모두 이 나무의 자손들이라고 생각되었다.

527년 인도의 고승 보리달마(菩提達磨)가 이 소림사에 와서 면벽수련을 하다가 깨우침을 얻으니 바로 선종(禪宗)*이다. 달마(達磨)는 선종의 초대 종정(宗正)이 되었다.

소림사하면 달마대사가 떠오를 정도로 달마대사의 면벽(面壁) 수련은 널리 알려져 있다. 면벽 수련은 9년 동안 지속되었는데, 면벽은 움직임이 없는 벽과 같이 정신의 동요가 없게 하는 수련 과정이다. 면벽을 마친 후 신체가 많이 약해진 달마대사는 건강회복을 위한 신체수련에 들어갔는데, 이것이 점차 발전되어 소림파 무술의 일부가 되었다. 소림무술의 시초는 달마대사(達磨大師)가 면벽수련(面壁修鍊)을 하는 승려들의 건강을 위해 다섯 가지 동물의 움직임을 본 따서 만들었다고

*** 선종(禪宗)이란?**
인간의 마음을 관조(觀照=지혜로서 사리를 비추어 봄)하여 본래 지니고 있는 성품이 부처님의 성품임을 깨달을 때 부처가 된다는 "직지심(直指心)"과 "견성성불(見性成佛)"을 내세우며, 주로 좌선(坐禪) 수행(修行)을 함을 말한다.

전해지며 현재는 중국무술의 대명사로 통한다.

달마대사(達磨大師)의 면벽 수련과 함께 또 유명한 것이 그의 제자 혜가(慧可)의 이야기이다. 혜가는 달마대사의 제자가 되기 위해 찾아가 받아줄 것을 청하였다. 하지만 달마대사는 하늘에서 붉은색의 눈이 내리면 받아주겠다고 했다. 그러자 주저 없이 혜가는 자신의 왼쪽 팔을 잘라서 쌓여 있던 하얀 눈 위를 붉게 만들어서 달마대사의 제자가 될 수 있었다.

혜가대사께서 단비구법(斷臂求法)하시고 팔을 치료하시면서 머무셨던 이조암(二祖庵)은 소림사 서남쪽의 발우봉(鉢盂峰) 아래 있다. 혜가(慧可)는 6년 동안 달마대사(達磨)를 모셨으며 달마대사(達磨大師)의 그 첫 법문은

- 外息諸緣 內心無喘
  (밖으로 모든 인연을 쉬고 안으로는 마음에 헐떡임을 없게 하라)
- 心如墻壁 可以入道
  (마음을 장벽처럼 하면 가히 도에 들 수 있느니라) 라고 했다

소림사에서 서쪽으로 400m떨어진 산기슭에 자리 잡고 있는 탑림(塔林)은 소림사 역대 고승(高僧)들의 사리탑(舍利塔)으로 수많은 탑들이 흩어져 있는 모습이 마치 숲과 같다고 하

여 이름이 붙여졌다.

이곳은 중국에서 현존하는 가장 많은 수의 탑이 있으며 규모역시 가장 큰 고분군으로 벽돌로 만들어진 묘탑이 240여개 있으며 면적이 1,400여 평방미터에 달한다. 탑은 7층 정도로 가장 높은 것이 15m이며 형태는 정방형, 장방형, 육각형, 원형, 원주형, 송곳형, 병모양, 나팔형 등이 있으며 불가의 법에 따라 명승이나 고승의 원적 후에만 탑을 만들어 생전의 공적 등을 탑 돌에 새길 수 있었다.

탑의 형태나 층수 높이와 크기 벽돌건축과 조각예술의 표현이 모두 다르기 때문에 그 차이에 따라 스님의 생전 불교계의 지위나 덕망의 높고 낮음을 가늠할 수 있으며 이곳 탑들의 형상과 구조는 매우 다양하고 명문 내용도 풍부하여 불교사 및 중국고대 벽돌건축 필법조각 연구에 매우 귀한 자료가 되고 있다고 한다.

이조암(二祖庵)은 소림사 맞은편 서남쪽의 숭산(소실산)의 발우봉(鉢盂奉) 아래에 있다. 가이드를 따라 몇 분은 이조암을 보러간다고 떠나고 몇 분은 탑림 옆에 있는 그늘에서 이조암을 보러간 분들을 기다리며 쉬었다.

계곡을 오르거나 산을 타는데 매번 앞장서는 것은 김종호님이다. 부지런해서 과수원으로 논으로 농사일도 열심이지만 운동을 좋아해서 그 나이에 철봉에도 매달리는 분이다. 운동으로 다져진 체력으로 이곳에 와서도 계곡이나 절벽의 계단을 가리지 않는다. 나이 일흔을 넘기면 학벌도 경력도 다 소용없는 일이고 체력이 첫째라는 말이 있다. 때로는 부럽다. 그러나 애초부터 게으름이 습성이 된 나 같은 사람에겐 부러워 해봤자 소용없는 일이다.

이조(二祖) 혜가(慧可 487~593)는 무뢰(武牢 하남성 낙양 부근)에서 출생하여 어릴 때 이름을 광(光) 또는 신광(神光)이라 하였다. 성은 희씨(姬氏)였다. 젊었을 때에는 노장(老莊)의 전적과 불전을 공부하고 후에 낙양의 용문(龍門) 향산(香山)에 가서 보정선사(寶靜禪師)를 따라 출가하여 영목사(永穆寺)에서 계율(戒律)을 받았다.

그 후 각지를 편력하며 내외의 고명한 학문에 접하고 지식을 넓혔다. 32세에 다시 향산에 돌아가 8년간을 명상으로 보냈다. 520년 숭산 소림사를 찾아 선종의 제1대조인 보리달마의 제자가 되어 이곳에서 8년 동안 수도에 정진하였다.

552년에 도를 제자인 승찬(僧璨)에게 전수하였다. 그 뒤에 업도에서 선(禪)을 펴기 34년, 박해(迫害)에도 굴하지 않고 각지를 돌면서 도문(屠門)*과 주가(酒家)**에도 출입을 하였다

---

* **도문(屠門)** : 고기를 잡아 파는 집
** **주가(酒家)** : 술을 파는 집

한다. 광구사(匡救寺)에서 열반경을 강하여 많은 학승이 모였다. 마지막에는 중 변화(辨和)의 미움을 받아 읍장(邑長)인 적중간(翟仲侃)에 의하여 처형되었다고 한다.

혜가(慧可)는 출가 전에 유학(儒學)에 정통하고 특히 시경(詩經)과 역경(易經)에 정통한 대학자였다. 이러한 지식들은 삶의 지혜와 처세를 위한 도움이 될 수 있으나 인생의 궁극적인 문제인 생사윤회(生死輪回) 문제를 해결하지 못함을 알고 구도의 길을 찾아 30세에 향산사(香山寺)로 출가한다. 달마에 의한 선불교가 전파되기 이전 이미 중국에는 유교, 도교와 더불어 불교도 기복 신앙의 형태로 중국인들 삶 속에 깊이 자리 잡고 있었다.

호국과 기복신앙 형태의 불교에 출가한 혜가는 궁극적인 문제해결을 위한 수행의 진전을 보지 못하고 고뇌와 번민을 계속하던 중 꿈에 현몽(現夢)을 받아 숭산 소림사의 달마를 찾아 나선다.

스승인 보정선사의 허가를 얻어 향산사에서 단숨에 숭산의 달마동굴(達磨洞窟) 앞에 섰지만 달마는 이러한 혜가를 거들떠보지도 않는다. 동굴 앞을 지킨 지 3일이 지났다. 그 사이 눈이 내려 눈이 발목을 덮고 다음 날 새벽이 되자 눈은 어느덧 무릎을 덮고 있었다.

"눈 속에 서서 그대는 무엇을 구하고자 하는가?"

"여러 중생을 널리 제도할 수 있는 도를 향해 나아갈 참법을 가르쳐 주십시오."

"부처님의 도는 여러 겁을 부지런히 닦았더라도 행하기 어려운 일을 행해야 하고 참기 어려운 일을 참아야 하거늘 어찌 작은 공덕과 얇은 지혜를 소지한 자가 경솔한 행동과 교만한 마음으로 참 법을 바라는가? 헛수고만 할 뿐이니 돌아가라."

이미 되돌아 갈 수 없는 아라한(阿羅漢) 경지에 이른 혜가는 "부처님도 도를 구할 때 뼈를 깨뜨려서 골수를 빼내고 피를 뽑아서 주린 이를 구하고 벼랑에서 떨어진 호랑이에게 자신을 먹이로 던져주었다. 부처님이 이러하거늘 나는 어떠한가!" 하면서 망설이지 않고 자신의 팔 한쪽을 잘랐다.

이에 달마는 "부처님도 처음 도를 구하실 때는 몸을 던지셨다. 그대가 팔 하나를 끊으면서 법을 구하니 내 한마디 하지 않을 수 없구나."

"부처님의 심인(心印)은 남에게서 얻어지는 것이 아니다."

자신의 법의 진수인 이입사행(二入四行)수행방법을 전수한다. 이입(二入)이란 도(道)와 실천을 통해 법으로 들어간다는 것이며 사행(四行)이란 원망을 지었으니 억울함을 참고, 무슨 일이든 인연으로 받아들이며, 사물을 탐하는 마음을 일으키지 말고, 진리대로 살라는 것이다. 언뜻 보면 당연해 보이지만 골수와 같은 진리의 말씀에 머리가 숙여진다. 혜가(慧可)는 달마를 스승으로 모시고 달마동굴 가까이 토굴을 짓고 수행하면서 많은 선문답을 통해 달마의 도를 얻으려고 했지만 3년이 지나도록 불안한 마음이 가시지 않아 자기의 심정을 고백한다.

"스승이시어 마음이 불안합니다. 부디 마음을 편안하게 해주십시오."

"그대의 마음을 가지고 오라. 편안하게 해주리라."

"마음을 찾아도 찾을 수 없습니다."

"이미 나는 그대의 마음을 편안케 하였다."

안심법문으로 인해 혜가는 무심(無心)을 얻었으며 달마로부터 의발(衣鉢)과 전법계(傳法戒)를 전수받고 선종의 2조가 된다. 훗날 혜가는 문둥병이 걸려 찾아온 40대 거사의 법 그릇을 알아본다.

머리를 깎아주고 보물 찬(璨)자를 써 승찬(僧璨)으로 이름 지어주고 제자를 삼아 6년 동안 수행케 한다. 때가 이르자 승찬에게 전법계와 의발을 전수하여 곧 닥칠 국난을 피하도록 더 깊은 산골로 피난시키고 자신은 저잣거리로 나와 무애(无涯)* 의 법을 편다. 기복 불교를 믿는 무리들의 시기와 모함으로 극형을 받아 107세로 생을 마감한다. 이를 혜가는 자신이 전생에 지은 묵은 허물을 벗기 위한 인과(因果)로 받아들인다.

---

* **무애(無碍.불교)** : 막히거나 거칠 것이 없음. 너무나 넓고 멀어서 끝이 없음.

이조암(二祖庵)은 혜가대사의 수행처(修行處), 지금으로부터 1520년 전에 태어나 107세를 살다 갔지만, 후대의 수행자들에게는 단비구법(斷臂求法)의 커다란 가르침으로 영원히 살아 있는 큰 스승이다. 이조암은 소림사 서남쪽의 발우봉(鉢盂奉) 아래 있다. 혜가대사의 구법의지를 오늘날을 살아가는 우리로서는 어떻게 받아드려야 할 것인가? 면벽을 하고 앉은 스승 달마대사를 향해 서서 오로지 법을 구하던 사람. 눈이 내려 무릎을 덮어도 자세를 흩트리지 않고 구법(求法)의 불길을 활활 태우다가

"천하에 붉은 눈이 내릴 때 제자로 받아들이겠다."

는 스승의 한마디에 팔뚝을 잘라 바친 초인. 단비구법(斷臂求法)의 감동이 본생담(本生談)의 설산동자(雪山童子) 이야기만큼이나 큰 울림으로 다가 오는 것은 바로 동토(東土)로 전해진 선불교(禪佛敎)의 정점에 혜가 스님이 있기 때문이다. 이조암에는 원나라 때 축조됐다는 6각 전탑(塼塔)이 뒤에는 당나라 때의 4각 전탑이 있다. 이곳이 혜가스님의 수행처(修行處)였다는 사실 만으로도 이미 혜가 스님의 우렁찬 법문을 듣고 있는 듯하다.

내가 본래 이 땅에 온 것은
법을 전해 어리석은 이를 제도하고자 함이었다.
한 꽃에서 다섯 잎이 피게 되리니

열매는 자연히 맺으리라.

달마(達磨) 스님이 혜가(慧可) 스님에게 내린 전법게다. 이 게송으로 스승의 법을 이은 혜가 스님은 다시 제자 승찬 스님에게 게로써 법을 전한다.

꽃과 종자는 땅에서 나고
땅으로부터 종자와 꽃이 나지만
종자를 뿌리는 사람이 없으면
꽃도 땅도 생겨나지 않으리.

절에는 우물이 4개 있다. 사미정(四味井)이다. 단맛, 쓴맛, 신맛, 매운 맛의 네 가지 맛이 나는 물이라 한다. 키 작은 비석에 '사미정'이라는 표석을 볼 수 있다. 혜가 스님이 이 터에서 수행할 때는 물이 없어 고생스러웠다고 전한다. 이를 안 달마 스님이 찾아와 짚고 있던 지팡이(錫杖)로 땅을 치니 물이 솟아 우물을 만들었다는 얘기가 전한다. 실제로 중국의 사찰에는 이렇게 지팡이로 '탁' 쳐서 우물을 만들었다는 탁석천(卓錫泉)이 많다고 한다. 이조암을 내려와 다시 위로 한 시간 정도 올라간 곳에 달마굴이 있다. 그곳이야말로 '단비구법(斷臂求法)'의 현장이다. 달마스님이 양 무제에게 '불식(不識)'을 설하고 숭산으로 들어 와 9년 면벽(面壁)을 했다는 것으로 유명한 곳이다. 오유봉(五乳峰) 중턱에 자리한 달마굴의 내부에도 달마 스님의 소상이 조성되어 있다. 동굴 입구에는 돌문을 세우고 '묵현처(默玄處)'라 음각으로 표기해 두었고 벽에는 '달마동(達磨洞)'이라 새겼다. 달마스님의 9년 묵언 면벽의 장소라는 것을 그렇게 알리고 있다. 뒷벽에는 '동래조적(東來肇跡)'이라는 음각이 있고 옆면에는 소림권(少林拳)'을 부조해 놓았다.

다시 정주로 돌아와 이곳에서의 마지막 밤을 보낸다. 주마간산(走馬看山)으로 그 넓고 너른 지역의 한쪽 구석을 돌아보았다. 남아있는 날, 그 어느 날에는 되살아 날 때도 있으리라.

온북스
ONBOOKS